神奇的蝶变

莫言小说人物从生活原型到艺术典型

李晓燕　著

作家出版社

丛书总序

张志忠

一

呈现在读者面前的这部九卷本丛书，是笔者主持的国家社科基金重大招标项目“世界性与本土性交汇：莫言文学道路与中国文学的变革研究”的最终结项成果。从 2013 年 11 月立项，其间在青岛和高密几次召开审稿会，对项目组成员提交的书稿几经筛选，优中选优，反复打磨，历时数载，终于将其付梓问世，个中艰辛，焦虑纠结，真是不足为外人道也。

“世界性与本土性交汇：莫言文学道路与中国文学的变革研究”课题内含的总体问题是：作为从乡村大地走来、喜欢讲故事的乡下孩子，到今日名满天下的文学大家莫言；作为拨乱反正、改革开放的伟大时代之情感脉动的新时期文学；作为在被西方列强的坚船利炮打开国门，被动地卷入现代性和全球化，继而变被动适应为主动求索，走上中华民族独立和复兴之路的三千年未有之大变局的描述者和参与者的百年中国新文学这三个层面上，在其发生和发展的过程中，做出哪些尝试和探索，结出哪些苦果和甜果，建构了什么样的文学中国形象？百余年的现代进程所凝结的“中国特色中国经验”，如何体现在同时代的文学之中？在讲述中国故事的同时，百年中国新文学塑造了怎样的自身形象？它做出了哪些有别于地球上其他国家、其他民族文学的独特贡献而令世界瞩目？

针对上述的总体问题，建构本项目的总体框架，是莫言的个案研究与中国新时期文学、百年中国新文学的创新变革经验和成就总结相结合，多层面地总结其中所蕴涵的“中国特色中国经验”，通过个案研究与宏观研究相结合的方式展开，研究重点突出，问题意识鲜明。我们认为，莫言的文学创新之路，是与个人的不懈探索和执着的求新求变并重的，是与新时期文学和百年中国乡土文学的宏大背景和积极助推分不开的，而世界文化的激荡和本土文化的复兴，则是其变革创新的重要精神资源。反之，莫言的文学成就，也是新时期文学和百年中国乡土文学的重大成果，并且以此融入中外文化涌动不已的创新变革浪潮。

本项目的整体框架，是全面考察在世界性和本土性的文化资源激荡下，莫言和中国文学的变革创新，总结新时期文学和百年中国乡土文学所创造的“中国特色中国经验”。这一命题包括两条线索，四个子课题。

两条线索，是指百年中国新文学面临的两大变革。百年中国新文学，其精神蕴涵，是向世界讲述现代中国的历史沧桑和时代风云，倾诉积贫积弱面临灭亡危机的中华民族如何置之死地而后生，踏上悲壮而艰辛的独立和复兴之路，以及与之相伴随的民族情感、社会形态的跌宕起伏的变化的。百年中国新文学自身也是从沉重传统中蜕变出来，在急骤变化的时代精神和艺术追求中，建构具有现代性和民族性特征的审美风范。前者是“讲什么”，后者是“怎么讲”。这两个层面，对于从《诗经》《左传》《楚辞》起始传承甚久的中国文学，都是“数千年未有之大变局”，表现内容变了，表现方式也变了，都需要从古典转向现代，表述现代转型中的时代风云和心灵历程。

所谓“中国特色中国经验”，并非泛泛而言，是强调地指出莫言和新时期文学对中国形象尤其是农民形象的塑造和理解、关爱和赞美之情的。将目光扩展到百年中国新文学，自鲁迅起，就是把中国乡土和广大农民作为自己的重要表现对象的。个中积淀下来的，是以艺术的方式向世界传递来自古老而又年轻的东方国度的信息，显示了正在经历巨大的历史转型期的“中国特色和中国经验”，其

中有厚重的历史底蕴，就是中国农民在现代转型中一次又一次地迸发出强悍蓬勃的生命力，在历史的危急关头展现回天之力，如抗日战争，就是农民组成的武装，战胜了装备精良的外来强敌。改革开放的新时期，农民自发地包产到户，乡镇企业的勃兴，和农民工进城，都具有历史的标志性，根本地改变社会生活的面貌，改变中国的命运，也改变了农民自身——这些改变，恐怕是近代以来中国最为重要最为普遍的改变。

文学自身的变革，也是颇具“中国特色”的。古人云，若无新变，不能代雄。今人说，创新是文学的生命。这是就常规意义而言。对新时期文学而言，它有着更为独特的蕴涵。新时期文学，是在“文革”造成的文化断裂和精神荒芜的困境中奋起突围。这样的变革创新，不是顺理成章的继往开来，而是在很大程度上另起炉灶，起点甚低，任重道远。由此，世界文化和本土文化资源的发现和汲取，就成为新时期文学能够狂飙突进、飞速发展的重要推力。百年中国新文学的起点，五四新文学运动，同样地不是有数千年厚重传统的古代文学自然而然的延伸，而是一次巨大的断裂和跳跃，它是在伴随着现代资本主义的政治经济扩张汹涌而来的世界文化、世界文学的启迪下，在对传统文学、传统文化的彻底审视和全面清算的前提下，在与传统文化的紧张对立之中产生，又从中获得本土资源，破土而出，顽强生长，创建自己的现代语言方式和现代表达方式的（有人用“全盘性反传统”描述五四新文学，只见其对传统文化鸣鼓而攻之的一面，却严重地忽略了五四那一代作家渗入血脉中的与传统文化的联系）。

我们的研究，就是以莫言的创新之路为中心，在世界性与本土性的中外文化因素的交汇激荡中，充分展现其重大的艺术成就，揭示其与新时期文学和百年中国乡土文学的内在联系和变革创新，为推进二十一世纪中国的文化创新和走向世界提出新的思考，作出积极的贡献。

为了使本项目既有深入的个案研究，又有开阔的学术视野，在个案考察和宏观研究的不同层面都作出新的开拓，本项目设计由点

到面、点面结合，计有“莫言文学创新之路研究”“以莫言为中心的新时期文学变革研究”“莫言及新时期文学变革与中外文化影响研究”“从鲁迅到莫言：百年中国乡土文学叙事经验研究”四个子课题。

二

本项目相关的阶段性成果计有报刊论文400余篇，学术论著10部，分别在多所大学开设“莫言小说专题研究”课程，并且在“中国大学慕课”开设“走进莫言的文学世界”和“莫言长篇小说研究”课程，在“五分钟课程网”开设“张志忠讲莫言”30讲，多位老师的研究论著分获省市级优秀学术成果奖，可以说是成果丰厚。作为结项成果的是专著10部，论文选集1部，共计280万字。一并简介如下（丛新强教授的《莫言长篇小说研究》已经由山东大学出版社出版，论文集《百年乡土文学与中国经验》因为体例问题未收入本丛书）：

（一）子课题一“莫言文学创新之路研究”包括3部专著。

张志忠著《莫言文学世界研究》。要点之一是对莫言创作的若干重要命题加以重点阐释：张扬质朴无华的农民身上生命的英雄主义与生命的理想主义；一以贯之地对鲁迅精神的继承与拓展，对“药”“疗救”和“看与被看”命题的自觉传承；大悲悯、拷问灵魂与对“斗士”心态的批判；劳动美学及其对现代异化劳动的悲壮对抗等。要点之二是总结莫言研究的进程，提出莫言研究的新的创新点突破点。

李晓燕著《神奇的蝶变——莫言小说人物从生活原型到艺术典型》，对莫言作品人物的现实生活原型索引钩沉，进而探索莫言塑造人物的艺术特性，怎样从生活中的人物片断到赋予其鲜活的灵魂与秉性，完成从蛹到蝶的神奇变化，既超越生活原型，又超越时代、超越故乡，成为世界文学殿堂中熠熠生辉的典型形象，点亮了

神奇丰饶的高密东北乡，也成就了世界的莫言。

丛新强《莫言长篇小说研究》指出，莫言具有自觉的超越意识，超越有限的地域、国家、民族视野，寻求人类的精神高度。莫言创作中的自由精神、狂欢精神、民间精神等等无不与其超越意识有关。它是对中心意识形态话语所惯有的向心力量的对抗和制衡，是对个体生存价值和人类生命意识的全面解放。

（二）子课题二“以莫言为中心的新时期文学变革研究”的2部书稿，城市生活之兴起和长篇小说的创新，一在题材，一在文体，着眼点都在创新变革。

二十世纪七十年代末期开始的社会—历史的巨大转型，是从农业文明形态向现代文明和城市化的急剧演进，成为我们总结莫言创作和中国文学核心经验的新视角。江涛《从“平面市井”到“折叠都市”——新时期文学中的城市伦理研究》将伦理学引入文学叙事研究，考察新时期以来城市书写中的伦理现象、伦理问题、伦理吁求，揭示文本背后作者的伦理立场，具有青年学人的新锐与才情。

新世纪以来，长篇小说占据文坛中心，风云激荡的百年历史，大时代中形形色色的人物命运与心灵悸动，构成当下长篇小说创作的主要表现对象。王春林《新世纪长篇小说叙事经验研究》就是因应这一现象，总结长篇小说艺术创新成就的。作者视野开阔，笔力厚重，对动辄年产量逾数千部的长篇作品做出全景扫描，重点筛选和论述的长篇作品近百部，不乏名家，也发掘新作，涵盖力广博，尤以先锋叙事、亡灵叙事、精神分析叙事、边地叙事等专题研究见长。

（三）子课题三“莫言及新时期文学变革与中外文化影响研究”的成果最为丰富，有4部书稿。

樊星教授主编《莫言和新时期文学的中外视野》立足于全面、深入地梳理莫言在兼容并包世界文学与中国本土文学方面表现出的个性特色与成功经验，莫言创作与后期印象派画家凡·高、高更色彩、意象和画面感之关联，莫言与影视改编、市场营销、网络等大众文化，莫言的文学批评，莫言的身体叙事等新话题，对作家和文

本的阐释具有了新的高度。

张相宽《莫言小说创作与中国口头文学传统》指出，从口头文学传统入手，才能更好地理解莫言小说。大量的民间故事融入莫言文本，俚谚俗语、民间歌谣和民间戏曲选段的引用及“拟剧本”的新创，对说书体和“类书场”的采用、建构与异变，说书人的滔滔不绝汪洋恣肆，对莫言与赵树理对乡村口头文学的借重进行比较分析，深化了本著作的命题。

莫言与福克纳的师承关系，研究者已经做了许多探讨。陈晓燕《文学故乡的多维空间建构——福克纳与莫言的故乡书写比较研究》独辟蹊径，全力聚焦于福克纳的约克纳帕塔法文学领地和莫言的高密东北乡文学王国的建构与扩展，采用空间叙事学、空间政治学等空间理论方法，从空间建构的角度切入，刷新了莫言与福克纳之比较研究的课题。

李楠《海外翻译家怎样塑造莫言——〈丰乳肥臀〉英、俄译本对比研究》，将莫言《丰乳肥臀》的英俄文两种译本与原作逐行逐页地梳理细读，研究不同语种的文字转换及其中蕴涵的跨文化传播问题，中文、英文、俄文三种文本的对读，文学比较、语言比较和文化比较，界面更为开阔，论据更为丰富，所做出的结论也更有公信力说服力。

（四）子课题四“从鲁迅到莫言：百年中国乡土文学叙事经验研究”是本项目中界面最为开阔的，也是难度最大的。百年中国的现代进程，就是乡土中国向现代中国、农业化向城市化嬗变的进程。百年乡土文学，具有最为深厚的底蕴，也具有最为深刻的中国特色中国经验。从研究难度来说，它的时间跨度长，涉及的作家作品众多，要梳理其内在脉络谈何容易。现在完成并且提交结项的是1部专著，1部论文集，略显薄弱。

张细珍《大地的招魂：莫言与中国百年乡土文学叙事新变》从乡土小说发展史的动态视域出发，发掘莫言乡土叙事的新质与贡献，探索新世纪乡土叙事的新命题与新空间，凸显其为世界乡土文学所提供的独特丰富的中国经验与审美新质，建构本土性与世界性

同构的乡土中国形象。

张志忠编选的项目组成员论文集《百年乡土文学与中国经验》，基于2018年秋项目组主办“从鲁迅到莫言：百年乡土文学与中国经验”国际学术研讨会的会议成果，也增补了部分此前已经发表的多篇论文。它的要点有三：其一，勾勒百年乡土文学的轮廓，对部分具有代表性的重要作家和作家群落予以深度考察。其二，对百年乡土文学中若干重要命题，作出积极的探索。其三，在方法论上有所探索和创新。这部论文集选取了沈从文、萧红、汪曾祺、赵树理、浩然、陈忠实、贾平凹、路遥、张炜、莫言、刘震云、刘醒龙、李锐、迟子建、格非、葛水平等乡土文学重要作家，以及相关的山西、陕西、河南、湖南、四川、东北等乡土文学作家群落，从不同角度对他们提供的文学经验予以深度剖析，并且朝着我们预设的建立乡土文学研究理论与叙事模型的方向做积极的推进。

三

在提出若干学术创新的新命题新论点的同时，我们也在研究方法上有所探索和创新。务实求真，文本细读，大处着眼，文化研究、精神分析学、城市空间与地域空间理论、城市伦理学、比较文学研究、民间文学研究理论、文化领导权理论、生态批评、叙事学、文学发生学、文学场域等理论与方法，都引入我们的研究过程，产生良好的效果，助推学术创新。

本项目成果几经淘洗，炼得真金，在莫言创作和中国现当代文学的创新经验研究上，都有可喜的原创性成果。它们对于增强文化自信、以文学的方式向世界讲述中国故事和促进中国文学走出去，都有极好的推动作用。对于当下文坛，也有相当的启迪，鼓励作家在世界性与本土性交汇中创造文学的高原和高峰。

我要感谢本项目团队的各位老师，在七八年的共同探索和学术交流中，我们进行了愉快的合作，沉浸在思想探索与学术合作的快

乐之中。我要感谢吴义勤先生和作家出版社对出版本丛书的鼎力支持，感谢李继凯教授和陕西师范大学人文社科高等研究院对丛书出版的经费资助，感谢本项目从立项、开题以来关注和支持过我们的多位文学、出版、传媒界人士。深秋时节，银杏耀金，黄栌红枫竞彩，但愿我们这套丛书能够为中国文学的繁荣增添些许枝叶，就像那并不醒目的金银木的果实，殷红点点，是我们数年凝结的心血。

2020年11月5日

内容摘要

人物是莫言小说的核心与灵魂之所在。莫言立足于高密东北乡创作出具有独特风格的人物谱系，在世界文学与中国文学的人物画廊中占有重要的一席之地。莫言小说中的大部分人物在高密历史以及现实生活中都可以找到其原型，研究这些原型与莫言小说人物之间的关系，可以更为深入地把握莫言小说创作的规律、成功的奥秘以及人物形象的独特价值。

本书共分为八章，第一章概括介绍莫言小说人物原型的文学演变背景、特征规律、思想艺术价值，从第二章到第八章则选取了莫言小说中的七组主要人物进行原型分析。这七组人物分别是代表着民间土匪英雄的《红高粱家族》中的余占鳌，代表着民国官员形象的《红高粱家族》中的高密民国县长曹梦九，代表着高密民间艺人形象的抗德英雄《檀香刑》中的孙丙，代表着大地母亲形象的《丰乳肥臀》中的母亲上官鲁氏，代表着父亲形象的西方传教士《丰乳肥臀》中的马洛亚牧师，代表着民间妇产科医生形象的《蛙》中的姑姑万心，以及莫言以自身为原型塑造的黑孩、莫言、蓝解放、上官金童、蝌蚪等，这些人物形象基本涵盖了莫言最主要的小说作品，贯串了中国百年的历史变迁。针对这七类主要人物以及他们的生活原型，本书进行了深入对比分析，对每个人物原型的研究，都是先分析莫言笔下的人物形象，再考察这些人物的生活原型，然后再分析从原型到小说人物的文学演变，最后分析莫言笔下人物形象超越原型的思想艺术价值。本书深入探讨了莫言是如何利用人物原型进行小说人物创作的，通过对其由生活原型到小说人物演变过程的归纳分析，把握其文学演变的规律。在结语部分，总结了莫言小

说原型人物的谱系化以及莫言小说人物创作的精神走向等。

莫言在人物创作中汲取了生活源泉以及古今中外文学作品中人物创作之精华，他将深厚的乡土情怀以及对人类永恒的爱恨、生死、善恶等主题的深刻揭示皆倾注进他的小说人物创作之中，令其笔下的小说人物实现了神奇的蝶变——既超越生活原型，又超越时代、超越故乡，成为世界文学殿堂中熠熠生辉的典型艺术形象。莫言用生花妙笔构建起他的高密东北乡人物谱系，亦用最本真最质朴的方式重构原型人物，刻画出高密人物风骨，也写出了一个多世纪的历史生命传奇。精彩独特的原型人物创作点亮了神奇丰饶的高密东北乡，也成就了世界的莫言。

目　录

绪论　书写生命的蝶变

十九世纪以来，世界文学迎来了新的转型。西方工业发展造成了生态恶化、人的异化、主体价值丧失、理想信念迷失等一系列问题，随之而来的是西方非理性主义的兴起。在这样的时代背景下，西方作家由传统的小说创作，逐渐转向现实主义小说与现代小说的创作。现实主义小说是对传统小说的继承与发展，现代小说则由传统的重视小说结构、故事情节、人物塑造转向象征性、意识流、客观物化等叙述方式，由原来的线性叙事逐渐转向情节交错、人物模糊的时空交织化写作。现实主义小说与现代小说在并行发展中相互融合，共同推动着世界文学的发展。

随着二十世纪七十年代末以来中国改革开放进程的发展，西方文艺思潮涌入中国，许多中国作家的创作也深受西方思潮的影响，他们逐渐偏离了传统小说的创作方法，不再重视真实社会历史现实的再现、人物的塑造，而转向注重个体心灵的体验与深层意识的描绘。然而，依然有一些中国作家坚守他们传统的创作立场，他们重视故事情节的叙述，重视小说人物的创作，莫言就是其中一位杰出的代表。莫言看似逆时代潮流，大踏步撤退，实则他坚守的正是小说创作的根本。无论时代潮流如何变幻，真正有价值的小说，是可以通过塑造生动感人的艺术形象，唤醒人、鼓舞人、激励人、感召人的。莫言有开放的心胸，他并不拒绝象征性、意识流等现代小说创作手法，但他的小说永远有精彩的故事、立得起来的人物。他以这样的小说书写生命的蝶变，引人入胜，感人至深，能给疲惫的心灵以文学的慰藉，给迷茫的生命注入振奋的力量。

莫言从事创作四十多年来，一直站在人的角度上，立足于“写

人”[①]。他笔下的人物，一直都是其小说的核心与灵魂之所在。他们既是具有中国独特文化和民族风情的高密东北乡人，又以其普适化特征，超越了地区和族群，成为具有广泛意义上的人类。莫言以全球化的视野，立足于高密东北乡创作出具有莫言独特风格的人物谱系，在世界文学与中国文学的人物画廊中，莫言小说中的人物如翩翩起舞的彩蝶，是熠熠生辉、独具魅力的，精彩独到的人物创作是莫言小说能够享有世界盛誉的重要原因之一。莫言笔下的这些人物究竟是如何生成的？探究莫言小说人物的原型，既可以深入了解在中国百年历史风云变迁中人的命运浮沉，又可以深入透视这些人物及其精神内涵与现实人物原型的内在关联，并在此基础上解读莫言小说人物创作的奥秘及其蕴含的精神价值。

何谓原型？从字面上解释，就是指原来的类型或模型。“原型”，在文学原型研究中有两种含义，第一种是特指文学艺术作品中塑造人物形象所依据的现实生活中的人；第二种则是指文艺理论“原型批评”中抽象的“原型范式”。“原型”的英文是archetype，由“arche”（原初）和“type”（形式、模式）组合而成，在希腊语中原指模子或者人工制品的原初形式。“arche”（原初）具有具体和抽象两重含义，所以“原型”这个词既可以是具体的用来复制的模特，也可以是抽象的“范式”。在西方古典哲学、宗教、神学等领域中，“原型”“上帝形象”被认为是物质世界的精神本原，与此类似的还有柏拉图的“理式”、康德的“先验范畴”等等。神话原型批评的集大成者弗莱认为，原型是“一种典型的或重复出现的意象”[②]。“文学的结构原则同神话和比较宗教有着千丝万缕的联系，正如绘画的结构原则同几何学的联系一样。”[③]在最高层次中，神话的运动与自然是同构的，自然是神话的原型，神话又是文学的

① 莫言:《碎语文学》，作家出版社2012年版，第329页。

② （加拿大）弗莱:《批评的剖析》，陈慧、袁宪军、吴伟仁译，百花文艺出版社1998年版，第99页。

③ （加拿大）弗莱:《批评的剖析》，陈慧、袁宪军、吴伟仁译，百花文艺出版社1998年版，第148页。

原型，弗莱又进一步提出了神话、传奇、喜剧、悲剧和反讽等文学活动的范畴。弗莱指称的原型既可以是典型人物，又可以是典型意向、主题、叙事结构等。本书所指的“原型”，在大多数的情况下采用的是第一种“生活原型”的含义，在对孙丙、母亲、马洛亚牧师等人物形象的原型进行研究时，则同时涉及了“原型”的上述两种含义。

一、寻觅莫言小说人物的原型

莫言小说的人物大部分皆有原型，这些原型大多出自高密的历史人物以及莫言故乡——高密东北乡的人物原型，莫言小说故事发生的时代背景大部分集中于自1900年以来的近现代，在高密近现代历史上叱咤风云的很多人物都被莫言写进了他的小说，成为他小说的部分关键性人物；莫言小说故事发生的地点大多在高密东北乡，莫言的家人和乡亲们亦成了莫言小说的人物原型。莫言亦将自己作为原型写进了小说，从很多小说人物的身上，都可以觅到原型莫言的踪影。莫言曾说他对故乡感受太深了，“我熟悉的就是那个小村庄，如数家珍把村东头家里的男主人、女主人一直讲到村西头，每家每户的人物，活灵活现的七百多口人，每个人我都能叫上名字来，他们有什么生理特征，有什么爱好，说话的腔调，走路的声音，我闭着眼睛都可以想到”①。由于这些生活中的人物原型对莫言小说的人物创作产生了非常广泛而深刻的影响，所以有必要对其人物原型真实的生命经历及其所处的社会背景、历史场域等进行深入考察，并对莫言如何基于这些原型人物进行小说人物创作的来龙去脉进行深度分析。

在莫言小说中，曾经出现过的高密历史及生活人物众多。例如清末抗德英雄孙文、民国县长曹梦九、抗日将领曹克明、北海道穴

① 莫言：《碎语文学》，作家出版社2012年版，第169页。

居人刘连仁、莫言的母亲、姑姑等等。以这些人物在高密历史上出现的年代早晚来排序，孙文抗德的故事发生在1899—1900年左右，曹梦九则是1935—1937年期间的高密县长，曹克明、曹直正部队组织的孙家口伏击战发生在1938年，高密西乡人刘连仁穴居日本北海道深山的故事发生在1944—1958年期间……这些历史、现实人物后来都成为莫言小说中最具传奇色彩的主人公之一，体现着莫言小说人物创作取材于历史现实又超越现实的精神风貌，彰显着高密人不屈的意志与追求生命自由的人格精髓。对这些人物原型进行研究，有利于更好地把作家的小说创作置于历史的进程中去比较、去呈现，从历史宏观的角度客观地分析莫言小说人物的复杂性和多义性。从现实人物到小说人物，其间经过了莫言天才的系统组织力、天马行空的想象力以及独特的艺术创新，高密地域文化的浸润则赋予了莫言笔下人物特有的东方神韵。莫言对小说人物塑造极其重视，对莫言小说人物原型的研究，是值得重视的研究课题。

莫言小说人物原型研究是莫言文学研究的新领域，目前国内外对这一领域关注的学者较少，这一领域的研究相对薄弱。迄今尚未有相关专著，学界对莫言小说人物原型的研究也仅有为数不多的几篇研究论文，很多问题悬而未决，更有一些基本问题尚未展开与深入。目前学界大部分莫言小说人物原型研究采用的是文献研究的方法，非常缺乏实证研究。笔者作为莫言故乡的人，充分利用得天独厚的天时、地利、人和条件，与莫言小说人物原型相关人员进行了几十次面对面的沟通交流，获得了大量的第一手研究资料。笔者还通过对高密地方文献资料的掌握，进行了接地气的地方史志与莫言小说人物对比的研究。通过运用原型批评理论、生态批评、心理分析、对话、接受美学等理论，笔者还对莫言小说人物原型的相关问题进行了深入剖析。

二、莫言小说艺术典型与生活原型的相关言说

1985 年，莫言发表其成名作《透明的红萝卜》，在当代文坛引起强烈反响，莫言研究由此兴起。自 1981 年莫言发表处女作《春夜雨霏霏》至今，莫言已发表长篇小说 11 部，中篇小说 30 余篇，短篇小说 90 余篇，涉及人物数千人。他的 11 部长篇小说均在台湾出版，他的作品被翻译成英文、法文、德文、日文、意大利文、瑞典文等多种语言文本。莫言为中国当代文坛与世界文坛奉献了一部部佳作，他在创作中不断突破，不断创新，莫言研究亦是红红火火，方兴未艾。当今的莫言研究已经形成了多维立体的研究结构，莫言研究论文、著作繁多，但在莫言小说人物原型研究方面真正有价值的学术成果并不是很多。

尽管国内外的一些学者已经注意到莫言小说人物的独特魅力，然而学界对莫言小说人物的研究还有待深入。据不完全统计，到目前为止，与莫言小说人物研究相关的硕士论文大约有 60 多篇，其中与莫言小说人物原型研究相关的有 20 多篇。有关莫言研究的博士论文有 30 余篇，如《论莫言创作的自由精神》①《莫言的文学世界》②《民间中国的发现与建构——莫言小说创作综论》③等，它们均不同程度地涉及了人物研究的相关内容。然而除了复旦大学斋藤晴彦的博士论文《心理结构与小说——用分析心理学解读莫言的作品世界》④之外，其他的人物原型研究在论文中所占篇幅都不大。通过互联网搜索，在中国知网上查到直接涉及莫言小说人物原

① 宁明:《论莫言创作的自由精神》，山东大学博士论文，2011 年。
② 刘广远:《莫言的文学世界》，吉林大学博士论文，2010 年。
③ 杨枫:《民间中国的发现与建构——莫言小说创作综论》，吉林大学博士论文，2009 年。
④ 斋藤晴彦:《心理结构与小说——用分析心理学解读莫言的作品世界》，复旦大学博士论文，2012 年。

型研究的论文仅有十几篇，与莫言小说人物原型研究相关的著作有6本，相关莫言研究资料有十几套。另外，在2012年莫言获得诺奖之后，又有60多本莫言研究相关著作如雨后春笋一般冒了出来，这些资料大都涉及莫言生平事迹研究，有些则是精选的莫言研究论文集。

林林总总的莫言小说人物研究论著，皆不同程度地涉及了莫言小说人物原型研究的相关问题，有些直接与莫言小说人物原型研究相关，有些则间接相关，比如莫言小说人物类型研究、莫言小说人物的个性特征研究、人物的生命意识研究、高密地域文化与人物关系研究等，也对莫言小说人物原型研究有一定的参考借鉴价值。

（一）国内研究现状

对于莫言小说人物原型研究做出突出贡献的，首推莫言的大哥管谟贤。他写的《莫言小说中的人和事》最初发表在《青年思想家》1992年第1期上，他在文中详述了莫言的爷爷、奶奶、父亲、母亲、大爷爷、三爷爷、小姑、轱辘子张球、曹梦九、王文义、大老刘婆子、单干户、四叔等人物在生活中的原型。这篇文章曾被收录在由贺立华、杨守森主编的全国第一部《莫言研究资料》中。2011年9月，由莫言研究会主编的《莫言与高密》一书由中国青年出版社出版，管谟贤的《莫言小说中的人和事》一文亦被收录在此书中。2012年，这篇文章又被收录进杨守森、贺立华主编的《莫言研究三十年》（上）中，这篇文章还被收录进2013年3月由管谟贤所著的《大哥说莫言》一书中。2015年，由管谟贤与他的小儿子管襄明合著的《莫言与红高粱家族》一书出版。在此书中，收录了《野人刘连仁》《莫言作品中的人物原型》两篇文章，第一篇文章写到了《红高粱家族》中的余占鳌以及《丰乳肥臀》中的鸟儿韩的北海道穴居人原型刘连仁的生活经历、与莫言的人生交集以及小说人物与现实人物原型的比较。管谟贤在《莫言作品中的人物原型》一文

中，写到了门星武、单亦诚、老再、朱宗文、杜万书、老范、于占鳌、高瑞、王敦厚、李太、铁匠赵老大、别兆明、大壮嫂子、孙大盛、干兄弟、高野巴、发小、草鞋王、郭大嫂这些人物原型，管谟贤在后记中说："前面写的故事基本上都是实有其事，只是有的用了假名，有的虽是真名，但人和事也故意地张冠李戴了。有的情节在莫言的小说里也出现过……万勿对号入座。"[①]

杨守森在《作家莫言与红高粱大地》一文中写到了抗德英雄孙文、领导孙家口伏击战的曹克明、北海道穴居人刘连仁、高密豪强张步云、蔡晋康、高仁生、冷关荣、四叔、土匪郭鬼子等人物原型。山东文艺出版社2012年12月出版了杨守森主编的《读莫言游高密》一书，此书既为读者提供了了解高密的翔实读本，也为莫言研究提供了一份重要的参考资料，读者通过这本书，会更真实地了解莫言的创作历程，在此书的第四篇《人物风流》中，主要介绍了曹梦九、曹克明、刘连仁、张世家等人物原型，提到了"莫言的很多小说题材与张世家有着难以割舍的联系"[②]，从而可以看到莫言是怎样从这些人物身上获取了创作灵感，体悟到莫言创作立足于高密又超越高密的奥妙。此书对于研究莫言小说人物原型具有重要的参考价值。

莫言的好友张世家在《莫言与我和高密》一文中，叙述了高密土匪高仁生、冷关荣、曹梦九等人物原型，这篇文章发表在1989年第3、4期合刊的《青年思想家》杂志上。

中国人民大学的程光炜亦非常重视莫言的人物原型研究，程光炜曾多次赴高密考察，2013—2018年，程光炜陆续发表了多篇《莫言家世考证》，他带领的研究团队亦对莫言小说人物原型进行了综合研究。中国人民大学2013级博士生原帅的《莫言小说人物原型考》发表在2015年第8期的《中国现代文学研究丛刊》上，原帅重点论述了家族、爷爷、母亲等人物原型，文章通过原型的考证证

---

① 管谟贤、管襄明:《莫言与红高粱家族》，江苏凤凰文艺出版社2015年版，第185页。

② 杨守森主编:《读莫言 游高密》，山东文艺出版社2012年版，第93页。

明了“故乡、家庭和农村生活经验是莫言主要的创作素材”，论及“莫言二十多年的农村生活决定了他看待这段历史的情感态度，或者说决定了他历史书写的意识形态”①。

复旦大学斋藤晴彦用分析心理学的方法解读莫言作品，他用“小丑”分析了《白狗秋千架》中的人物，用“阿尼玛”分析了《拇指铐》《丰乳肥臀》《红高粱》《蛙》中的大地母亲——伟大的慈母形象，用“伟大的严父”分析了《檀香刑》《红高粱》《丰乳肥臀》中的父亲形象……这是一篇较宏观的用心理分析的方法研究莫言小说的几类主要人物的博士论文，斋藤晴彦分析论证说，莫言小说就是他本人的自我实现以及个性化的过程。

西南民族大学文新学院的樊蕊从原型批评的角度，从“圣母型”和“巫婆型”母亲两个方面对《丰乳肥臀》中的母亲形象进行了分析。河南师范大学的隋延亭从文化的交融与灵魂的洗礼等方面进行了莫言小说《蛙》的圣经原型解读，主要分析了莫言的基督教情结、《蛙》的圣经原型以及小说叙事结构的圣经原型。中国石油大学胜利学院高翠英从作者莫言、小说中的莫言、叙述者三个声部混杂的“复调”叙事角度分析了《生死疲劳》中的“莫言”形象与原型的关系。广东技术师范学院弓晓瑜的硕士论文《论莫言小说中的生命原型意象》，从生命、死亡、魂灵轮回、母性生殖崇拜的角度分析了莫言小说中的生命原型意象。新乡师范高等专科学校的维英杰从集体无意识、地域文化根性等方面分析了莫言小说动植物崇拜原型。论文详述了莫言小说及图腾概念，对动植物崇拜的阐释，以及莫言的图腾情结。另外，还有湖南科技大学硕士生文丹的毕业论文《〈红高粱家族〉中红色原型解读》、西南大学张洋的硕士论文《论新时期的轮回转世母题小说》、青海民族大学冯晓燕的论文《谈莫言小说创作的历史叙事》与四川大学锦城学院蒋卉的《论莫言小说〈蛙〉中的“蛙”意象》等论文与莫

① 原帅：《莫言小说人物原型考》，《中国现代文学研究丛刊》，2015 年第 8 期。

言小说人物原型研究的关系较为密切。这些与莫言小说人物原型相关的论文，虽然大多侧重于神话原型批评的“原型”方面，极少涉及莫言小说人物的实际生活原型，但因神话原型批评之“原型”在分析母亲、孙丙、姑姑等人物形象时都有所涉及，所以对本书的写作也有重要的参考价值。

朱宾忠于2006年出版了《跨跃时空的对话——福克纳与莫言比较研究》（武汉大学出版社）一书，此书是在他的博士论文的基础上修改、增补而成的，作者对福克纳与莫言的创作进行了比较分析，主要从他们的创作历程、部分主题、人物形象、创作特色等方面进行了比较。在该书的第三章，朱宾忠比较了硬汉、军人、少女、少妇、恶人几类人物形象，比较了他们的共同特性以及差异性。朱宾忠的著述对莫言小说的主要人物进行了初步的分类研究，为进一步深入探讨提供了良好的借鉴。

山东大学宁明的博士论文《论莫言创作的自由精神》，在第二章中，分析了余占鳌、司马库、孙丙、高马以及女性人物等具有“自由精神”的代表性人物。

吉林大学杨枫在博士论文《民间中国的发现与建构——莫言小说创作综论》的第三章《莫言小说人物论——民间视域中的角色形象》中分析了暴民、义民、刁民、艺民、愚民五类人物形象，在此基础上，论证了莫言在历史想象与人物塑造中实现了他对民间中国的发现与建构。

山东大学王美春的硕士论文《莫言小说中的女性世界》，对莫言小说中各类不同的女性形象，分不同侧面做现代的观照与本位的还原，展现了女性与文化、历史间的个人挣扎与心灵演变，分别对敢爱敢恨的美丽乡村女性、坚韧顽强且胸怀博大的母亲、幻魅女性等女性形象进行了深入剖析。

吉林大学刘广远的博士论文《莫言的文学世界》主要对莫言小说的历史叙事、宗教怀疑态度、日常生活、国家历史记忆、怪诞现实主义、复调叙事等进行了分析研究。在论文的第四章《莫言的怪诞现实主义》的第四节中，作者简要分析论述了赵小甲、赵甲、燕

燕、三姐来弟、上官金童等匪夷所思的怪诞人物形象。

中国社会科学出版社 1990 年 3 月出版了张志忠的《莫言论》，此书是国内第一本针对莫言文学创作进行研究的专著，作者视域开阔，将历史感与当代性融入对作品的解析中，他从感觉——生命——艺术的转换过程来把握莫言小说的基本特色，在张扬人的生命力这一点上，充分显示了当代意识对创作者和研究者的双重意义。此书在 2012 年 12 月得以再版，新版更为系统完整地阐释了莫言的创作历史以及作品特质。该书揭示了莫言创作的生命本位，在莫言创作中的角色定位、地域特色、艺术手法、创作的价值判断和审美特性等方面，亦分别进行了详细阐释。因写作时间较早，《莫言论》中分析展现最多的莫言小说材料，大多来自莫言的早期作品。

2013 年 2 月，北京大学出版社出版了叶开（廖增湖）的《莫言的文学共和国》，此书是在他的博士论文基础上反复修改、推敲而成的。2004 年他博士论文答辩的题目是《沸腾的土地——莫言论》。博士论文中他指出莫言的作品想象瑰丽，语言狂放，叙事宏大，具有独特的文学声音，以粗粝的生命力独步文坛。新出版的书共分五章：文学国王的炼成——从饥饿少年到诺奖作家，舌尖上的共和国——从“吃与喝”直透人性深处，草根的国土——历史与文明腹地的秘密，野性的风景——从曹雪芹到莫言的文学微生态、文学王国的胜迹——莫言作品名篇名段赏析。叶开对莫言的阅读与集中研究有二十多年，他将二十多年的心得和盘托出，完整呈现在本书中，其中亦涉及了作家生命成长经历、小说人物人性剖析等内容，对于揭示莫言与其小说人物的内在关联，有着较大的启发与借鉴意义。

国内较早关注莫言生平的贺立华、杨守森教授，他们组织撰写的《怪才莫言》（花山文艺出版社 1992 年版）一书，通过大量的材料再现了莫言 1992 年之前的生命经历，首度全面剖析了莫言的创作道路及作品特色，为解读莫言早期的人物创作提供了其生活经历的佐证。杨守森的《高密文化与莫言小说》以及《魔鬼与天使：莫

言早期小说印象》等文章也收录在此书中，其中《高密文化与莫言小说》一文引领我们透过高密文化，看到莫言小说的秘密，亦帮助我们从莫言的文学王国中，领略高密文化独特的风姿和神韵。《魔鬼与天使:莫言早期小说印象》一文则从中国当代文学的“恶之花”、人性哲学的冷静沉思、种的退化与力的崇拜三个维度解读莫言作品在中国当代文化背景中具有不可低估的价值，并分析论证了莫言小说中的强力崇拜，可以给疲惫的生命、退化的人格、消沉的精神以激励、震撼与向往。

值得一提的还有由高密莫言研究会主编的系列丛书《莫言研究》。从 2006 年至今,《莫言研究》每年都会出版 1 期，现已出版到第 15 期。资料属于内部刊行，但辑录的许多文章都是珍贵的第一手的莫言研究资料。《莫言研究》设莫言与高密、百家论坛、莫言访谈、背景链接、跟踪莫言、作品欣赏、莫言家书、莫言博文、莫言创作等栏目，为我们把握莫言小说文脉提供了很好的参照。2012 年 12 月莫言获得诺贝尔文学奖，2013 年出版的第 8 期《莫言研究》为我们全方位展现了莫言获得诺奖前前后后的故事，同时也精选了相关优秀论文以及专家访谈等，从荣获诺奖这一视角带领读者走进莫言的文学世界，领略莫言作品独特的艺术魅力。

2013 年 4 月，山东大学出版社出版了杨守森、贺立华主编的《莫言研究三十年》，此书是在 1992 年版的《莫言研究资料》的基础上继续增补完善而成的，全书分上、中、下三卷。上卷基本保留了 1992 年版的全貌，中卷和下卷则精选了 1992 年之后莫言研究的经典文章，是一部学术价值极高的莫言研究资料汇编。这套书还以附录形式展现了莫言作品发表、出版以及相关研究成果的整体索引。此书全面梳理、呈现和总结了 2013 年之前的莫言研究脉络，为莫言小说人物研究提供了良好的借鉴。

2013 年 3 月,《大哥说莫言》一书由山东人民出版社出版，该书是莫言的大哥管谟贤先生评介莫言及其作品的权威性著作，深度剖析了莫言小说中人物的现实生活原型以及高密东北乡的历史变迁

与传奇故事，为我们揭示了莫言文学创作背后的故事，该书还附有莫言家族史考略。管谟贤先生在书中指出，莫言作品中几乎所有的人物或事件，在现实生活中都有原型或事实。莫言坚持写人，直刺人性的深处，既弘扬人的大善，也挖掘人的大恶。

以上两本书同属《莫言研究书系》，此外，该书系还有《莫言弟子说莫言》《乡亲好友说莫言》《海外莫言研究》《莫言与世界》《莫言研究硕博论文选编》等书，从不同角度对莫言及其小说创作进行了全方位的研究。

2005 年 5 月，天津人民出版社出版了杨扬主编的《莫言研究资料》，收编了 2003 年以前的莫言研究资料。资料分为六辑：莫言的文学世界、莫言研究论文选、众说纷纭中的莫言、莫言主要作品梗概、莫言研究论文、论著索引、莫言作品篇目。

2006 年 5 月，山东文艺出版社出版了孔范今、施战军主编的《莫言研究资料》，精选了莫言研究的优秀成果，以附录的方式展现了相关研究成果的整体索引。

2013 年 1 月，华夏出版社出版了陈晓明主编的《莫言研究》，选取了自 2004 年起至莫言获诺奖之间的优秀莫言研究评论文章以及莫言本人 2004 年之后的几篇创作谈和访谈。

（二）国外研究现状

国外的莫言研究主要来自研究中国文学的学者、汉学家、学习中国文学专业的研究生等，他们主要从作品主题、叙述结构、人物形象、历史空间、民间立场和艺术特色等方面对莫言作品进行了剖析。在人物研究方面，主要针对莫言小说人物原型、人物模式、人物性格、生命意识、人物的复杂性、自由精神、灵异魔幻性等方面进行了解析。总的来说，国外对于莫言小说人物原型的研究，由于受地域、语言等的限制，研究成果极少。

2013年，日本翻译家吉田富夫在日本出版了《莫言神髓》一书，2015 年，此书的中文版推出。吉田富夫从事莫言小说翻译工作近

二十年，他从一位在日本农村长大的中国文学翻译家与研究者的角度书写他眼中的莫言及莫言作品，并对小说中的人事景物与现实生活中的原型人物故事进行了一些对比论述。[①]《莫言神髓》一书对于研究莫言小说人物原型具有重要的参考价值，也为本研究拓展了国际视野。

Cai，Rong（2003）在《与外国他者之间的关系：莫言〈丰乳肥臀〉中的母亲、父亲和私生子》中指出：母亲、父亲和私生子这三个人物形象富有极强的象征意义，母亲与不同男性之间的关系，以及她在家庭中地位的变化都反映出男性的羸弱与强壮，而且与外国传教士之间的关系更反映出作者对于现代中国在处理中外关系方面的思索。上官金童的恋乳癖与性无能都说明了“杂交”这一模式存在着极大的缺陷，从而让人深思中国在现代化进程中，应如何对待西化的问题。[②]

Zhu，Ling（1993）在《勇敢的新世界——论〈红高粱家族〉中男性气质和女性气质的构建》一文中论述了作品中塑造的与以往作品不同的男性和女性形象，并深入分析了余占鳌、祖母等人物形象，扭转、颠覆了传统人物形象塑造中常见的好与坏的二元对立与正面人物形象的完美无缺，具有其超越性。[③]

Chen，Jianguo（陈建国）（2002）在《幻想逻辑：出没于当代文学想象中的鬼魂》中以莫言的《战友重逢》等为例讲述了作品中出现的幻象、鬼魂以及所表达的内涵。文章指出莫言在作品中让读者关注鬼魂出没，旨在架起一座现实与非现实，生与死之间的桥梁。作者分析认为：鬼魂的出现也许是由于个人层面的创伤性记忆，也许发生在历史和社会领域，说明通过个人记忆的透镜再次考察

① （日）吉田富夫：《莫言神髓》，曹人怡等译，上海文艺出版社 2015 年版。

② 宁明：《莫言海外研究述评》，《东岳论丛》，2012 年第 6 期。

③ Zhu，Ling. “A Brave New World？ On the Construction of ‘Masculinity’ and ‘Femininity’ in The Red Sorghum Family.” Lu Tonglin，ed. Gender and Sexuality in Twentieth — Century Chinese Literature and Society. Albany：SUNY Press，1993，121—34.

时，历史的真实充满了重重问题，从而揭示一个国家政治上所存在的问题。[①]

Lu，Tonglin（1993）在《红高粱：跨越的界限》一文中从意识形态、语言、具有象征意义的人和物等方面分析了作品的艺术特色。文章分析认为，莫言对于“我奶奶”的描写是矛盾的，一方面，作者赞扬了她的自由精神，另一方面，她的自由却要受到男性权威的约束。尽管这样，“我奶奶”敢于追求性自由这一点还是在某种意义上实现了对社会主义现实主义文学的潜在颠覆。同时，文章指出，“我奶奶在死亡边缘发出的一声声话问是一种感性化的夸张，这也正是革命浪漫主义文学的惯用手法”[②]。

Zhong，Xueping（2000）在《杂种高粱和追寻男性气概》一文中指出，在后毛时代对男性身份的追寻一直是中国许多作家的重要使命，而《红高粱》中的叙述者对杂种高粱并非简单地自我否定，而是在与纯种高粱的对比和激励中，充满自尊自爱地去追求男子气概。作者不断地自我抨击，并对历史进行重新思考，重新定位他这代人与先辈之间的关系，寻找和重新定义他这代人的身份。[③]

Braester，Yomi（2003）在《莫言与红高粱》一文中指出小说的主人公彰显了追求个性自由的精神。[④]

……

通过上述分析，我们可以看出，在莫言小说人物原型研究方面，管谟贤、杨守森、程光炜等先生对其进行了较为广泛的探索，

① Chen，Jianguo. “The Logic of the Phantasm：Haunting and Spectrality in Contemporary Chinese Literary Imagination.” Modern Chinese Literature and Culture 14，1（Spring 2002）：231—65.

② 宁明:《莫言海外研究述评》,《东岳论丛》，2012 年第 6 期。

③ Zhong，Xueping. “Zazhong gaoliang and the Male Search for Masculinity.” In Masculinity Besieged？ Issues of Modernity and Male Subjectivity in Chinese Literature of the Late Twentieth Century. Durham：Duke UP，2000，119—49.

④ 宁明:《莫言海外研究述评》,《东岳论丛》，2012 年第 6 期。

在莫言小说人物与原型的对比分析研究、从原型到小说人物的演变研究、小说人物超越原型的价值等方面的研究还不够充分，仍有许多奥秘有待我们进一步挖掘。

上述莫言小说人物原型研究的相关论著，在莫言研究领域所占的比例不大，但却为莫言小说人物原型研究提供了可供参考借鉴的优质资源。综观海内外对莫言文学的研究，可以看出现在的莫言研究已进入全方位的立体化研究阶段。从莫言小说的语言、文体、多视角、狂欢化、民间、历史、自由精神、生命力等角度的挖掘和研究已取得了许多成果，然而对于莫言小说人物原型的研究目前尚处于起步阶段，从莫言小说人物原型角度对莫言小说进行深入研究，尚有较大的空间。

三、神奇的蝶变

中国的先哲庄子曾做过一个梦，在梦中他化作一只蝴蝶，梦醒之后他陷入沉思:“究竟是庄周做梦化为蝴蝶？还是蝴蝶做梦化为庄周呢？”庄子写下《逍遥游》，事实上他一点儿也不逍遥，他吃不上饭时，也要去找监河侯老爷借粮，为五斗米而折腰。中国古代亦有梁祝化蝶的美丽传说，源自梁、祝二人的一番苦恋未能换来“守得云开见月明”的时刻，只能化作双蝶相守相依。事实上所有的“化蝶”，都要经历苦难黑暗岁月的洗礼、蛰伏、煎熬、酝酿与等待，毛毛虫才能经历变态，挣扎着咬破自己做的茧，然后才能变成美丽的蝴蝶。莫言笔下的人物，最终能像彩蝶一样自由翱翔于世界文学的天空，是因为他们也曾经历过从生活原型到艺术典型的艰苦磨砺。这种磨砺，源自作家莫言对苦痛生活的感悟，也源自他在文学艺术道路上付出的艰辛求索。

在生命最初的二十年，莫言有着农村生活的真实经历，根据他自己的说法:“‘文化大革命’起，辍学回乡，以放牛割草为业。十八岁时走后门入县棉油厂做临时工，一九七六年三月终于当上解放军，在渤海边站岗四年。”[①]在去部队参军前，莫言几乎是没有吃过饱饭的。莫言曾说：“饥饿和孤独，是我创作的财富。”二十多年的农村生活经历，令莫言深刻体会到了生活的艰辛，在农村的摸爬滚打，也让他见识了农村底层形形色色的各色人物，这些人物最初曾被莫言刻意忽略，因为对他们的记忆承载着莫言童年、少年到青年时期的痛苦经历，他渴望逃离家乡，逃离那片贫瘠的土地，逃离那片土地上的人们。他最初拿起他的笔进行创作时，他写海岛、军营、山川，唯独不愿意去触碰故乡，他的小说创作屡遭拒稿。当他在不经意间写回故乡时，他记忆的闸门打开了，从此，他再也没有感到创作素材的匮乏，那些昔日的乡亲们奔涌而来，成为了他小说的主角。

艺术来源于生活但高于生活，莫言的写作，并非一味地描摹现实生活中的人物，他将这些原型人物在他的头脑中进行了艺术加工，令他笔下的人物超越了原型人物。莫言笔下的黑孩，那是他想象中的童年的自己，精灵般的黑孩，吃不饱、穿不暖，他却具有惊人的生存力，他沉默不语，耳中却能捕捉到天籁之音，他眼中的红萝卜，是透明的。莫言笔下的母亲，则承载着他眷恋的母亲，他心中的故土家园，他胸中的山川、河流与大地。他笔下的姑姑，早已超越了生活中的妇产科医生姑姑，小说中姑姑的忏悔、苦痛，她对生死之谜的思考，则勾起了每一个人的生命苦痛，以及千万个被迫流产婴儿家庭的创伤，以及人类对永恒的生存、信仰、灵魂等问题的终极追寻。

莫言书写了生命的蝶变，本书想要探寻的，则是他笔下人物从生活原型到艺术典型的蝶变经历，以此解析莫言立足于历史与现实原型进行小说人物创作的奥妙，分析莫言小说人物形成的渊源及其文学演变，以及人物的精神内涵，把握小说人物背后的社会历史背景，探索莫言小说的创作规律及其成功的奥秘，为读者阅读、作家创作提供良好的借鉴，同时亦可以开拓新的思想空间，把握莫言在中国文学史以及世界文学史上的独特价值。

① 莫言：《透明的红萝卜 · 小传》，作家出版社 1986 年版。

第一章　莫言小说人物原型的文学演变

莫言依托生活中的人物原型，塑造了一系列具有中国气派、中国风格的小说人物，写下了属于高密东北乡人的辉煌传奇，在世界文学人物画廊中占有重要的一席之地。莫言曾坦言，他在创作《红高粱》这类抗战小说时，他并非把“战争”当作唯一的写作目的，而是把“战争”变成了小说里人物活动的背景，“我要用这样的环境来表现人的灵魂、情感、命运的变化，尤其是心理变化，借此来塑造人物，把写人作为唯一目的”。他认为，“文学作品恰恰应该是在人的情感历史方面大做文章。小说家笔下的历史首先是一部感情的历史”[①]。莫言以超越性的文学视角，以自己切身的生命感受创作小说人物，“一部好小说的标志应该是写出一个让人难以忘记的人物形象。这样的人物形象在过去小说没出现过的，生活当中可以有很多类似的人，能在人物身上看到自己的小说，这就是好的小说了”[②]。

莫言充分运用了现实生活原型、神话原型以及故乡文化、时代资源进行小说人物创作，通过其娴熟的人物驾驭技巧以及超越现实的叙事表达，他创作了一系列具有复杂人性的小说人物，深刻地揭示了爱恨情仇、生死悲欢等人类永恒的主题，这些经典人物亦成就了莫言传世的作品，令其成为中国文学走向世界的一个标志，在中国文学史与世界文学史上，亦留下了其深深的足迹。

① 莫言:《我的文学经验：历史与语言》，陈晓明主编:《莫言研究》，华夏出版社2013年版，第196页。

② 莫言:《碎语文学》，作家出版社2012年版，第333页。

第一节 对故乡人物原型及文化资源的充分运用

莫言出生在山东高密，高密历史、风土人情、民间故事，给予了莫言丰厚的精神营养。莫言从来没感到过素材的匮乏或灵感的枯竭，只要一想到家乡，他脑海中那些乡亲们便会奔涌前来，成为莫言创作的生动素材和灵感激涌的源头活水，令莫言的创作永葆新鲜的活力。莫言指挥着小说中众多人物如千军万马一般在文学地理上的高密东北乡开疆辟土，一呼百应，创造出一个个生命历史传奇。莫言在小说中塑造了诸多精彩各异、妙趣横生的人物形象：匪气的爷爷、少年英雄的父亲、勇敢坚韧的母亲……莫言作品中几乎所有的人物与事件都有生活原型或事实，有些人物是杂糅了生活中的多个人物生成，比如《红高粱家族》中的余占鳌是由莫言故乡历史上的土匪英雄高润升、抗日将领曹克明、北海道穴居人刘连仁等人物综合生成。而现实生活中的某个人物在莫言小说中又可能被分解为多个人物进行描写，比如《生死疲劳》中的莫言、蓝解放的某些故事似乎是出自现实生活中作者莫言自身的经历。莫言小说中，更有许多取之于故乡历史的人物，比如曹梦九、孙丙等。同时，乡村生活经历也令他从小就接受了民间神话原型故事的熏陶，他的许多人物故事也融入了人类古老的神话原型意象。比如《红高粱家族》中的余占鳌、《丰乳肥臀》中的司马库、《檀香刑》中的孙丙就是莫言杂糅了民间土匪英雄以及人类古老的神话英雄原型综合生成。《丰乳肥臀》中母亲与马洛亚牧师的故事，亦有一百年前来到高密的瑞典传教士的真实故事以及《圣经》故事中传教士的原型作为依托。可以说，莫言小说中的大部分人物都来自莫言对故乡人物原型以及人类古老的神话原型的改写、变形与重构。莫言的故乡，距离蒲松龄的故乡仅有四百里之遥，许多聊斋故事在莫言的故乡也早有流传。莫言小说中的人物大多来源于民间历史、传说以及生活原型，他们富含生命激情，深深扎根于高密东北乡的文化沃土，具有鲜明

的高密地域文化特色。

莫言生长在山东，深受儒、释、道、齐文化以及基督精神的熏陶，其内心世界是丰富而灵动的。莫言的故乡有着数千年的文明积淀。在民族历史上始终占主导地位的儒家文化对封建道德的维护以及对人性的压抑也给予了莫言深刻的创伤体验，他的反叛与追寻始终与儒家文化的复杂效应相联系。佛教在高密，也有千年的传播，来自二百里外崂山的道仙、来自四百里外蒲松龄故乡的狐仙等传说，以及绵延了数千年的民族血脉，均赐予了莫言丰富的精神滋养。而莫言出生的村庄，也是基督教的种子播撒到的地方……莫言的创作深深植根于故乡文化的沃土，接通地气。莫言能够深刻理解和把握生存在故乡土地上人们的生命脉络与丰富的人格内涵。从《红高粱》《丰乳肥臀》《檀香刑》等小说的人物形象塑造中我们可以看到莫言对传统儒家文化的反叛与对酒神精神的渴望，儒、释、道、基督精神、齐文化的化育皆融入莫言的小说人物创作中，他行走在传统与现代之间，一边反叛一边建构，不断突破着创作的高度。他笔下的人物大多具有丰厚的精神文化内涵，这与故乡多元文化的滋养以及莫言自己内心世界的广博深邃都是息息相关的。

高密是中华传统文化的重镇，是龙山文化、海岱文化、齐鲁文化的发祥地之一，文化底蕴非常雄厚。高密历史悠久，人杰地灵，英才辈出。[①]远在五千多年以前，在这片土地上就已经有人类居住，当时属于东夷。1974年出土的三里河文化证明胶河流域远在三皇五帝时就是华夏文明中的灿烂一页。据《史记・乐毅列传》及《汉书・地理志》记载，早在春秋战国时代，作为地理称谓的“高密”就已存在，早在秦朝，即已立“县”，距今已有两千二百多年的历史了。[②]公元前1045年，姜太公封齐建国，开始推行因俗简礼、务实求功的政策。齐文化经后世齐桓公、管仲、孟轲、荀况等人的继承与发展，逐步走向繁荣，后来形成了百家争鸣的盛况。千百年

① 姜祖幼:《高密史话・序》，人民日报出版社2011年版，第3页。

② 杨守森:《作家莫言与红高粱大地》，杨守森、贺立华主编:《莫言研究三十年》(上)，山东大学出版社2013年版，第33页。

来，齐文化哺育了在这片土地上生活的人们，也孕育了齐人坚强睿智的精神风貌，其后历经齐文化的衰落以及鲁文化的兴起、儒家文化占社会主流却依然在齐地长盛不衰。高密养育了齐国名相晏婴、郑玄、刘墉等在中国的政治及文化史上赫赫有名的人物。汉代大方舆学家宋忠云："高密，禹所封国。"大禹治水成功后，其封国内子民深感荣幸，遂以大禹之字命名密水和高密城。夷维城、城阴城、齐相晏婴居住地晏城，在史书中早有记载；齐国名相晏婴是高密人，据《史记·晏婴传》记载，"晏平仲婴者，莱之夷维人也"，高密古称夷维。在《春秋左传·襄公六年》中，记载着晏婴之父晏弱率齐军灭莱国之事，食邑夷维邑，不久，高密以东地方归齐国。晏弱卒后，晏婴嗣袭爵位与食邑。晏婴为齐相二十多年，"坚持民为重、君为轻、施仁政、薄徭役的治国方略，出访不辱使命，官居高位却一生崇尚节俭"。史家司马迁说："假令晏子而在，余虽为之执鞭，所忻慕焉。"[①]高密众多的汉墓群是两汉诸侯国都城的遗迹。西汉郑氏家族兴盛一时，郑崇官至尚书仆射。东汉经学大师郑玄对儒家学说的诠释和阐发，流传古今中外。五代时的苏禹珪，官至后汉、后周宰相，其子苏德祥中状元。宋代的綦崇礼所著的《北海集》六十卷，被收入《四库全书》。北宋侯蒙，官居中书侍郎，名在宰相之列。文士鞠常，留名《宋史》。金代的黄状元，至今留有地名状元街。明清高密的文职高官及知名文士迭起。清代内阁大学士刘统勋、刘墉父子，是清代重臣、名臣。刘墉书法名列大家，清中期高密三李李宪噩、李宪暠、李宪乔化至三李先生，科第蝉联，世以宦绩显，创立"高密诗派"，文学有《三李诗抄》刊行于世，并有《三李诗话》。李宪乔诗《贫士咏》："寒冰塞天地，破屋风骚骚。一夕不饿死，气与衡华高。"[②]亦反映了高密人的风骨与铮铮气节。高密具

① 杨守森主编：《读莫言 游高密》，山东文艺出版社2012年版，第76—77页。

② 政协山东省高密市文史委编：《文史资料选辑》（上）2010年版，第211—220页。

有数千年的文脉传承，其嬗变延续，生生不息。[①]

高密地处胶东半岛，东有胶河，西有五龙河，两条大河流淌而过。得天独厚的地理位置，使高密成为自古以来的兵家必争之地。高密人刚健好武，其武脉与文脉一样源远流长。相关历史资料证明，三皇五帝时华夏文明已到胶河，胶河以东为不开化之地。这里民风朴厚剽悍，从夏初至商末，商纣王最终也没有征服东夷人。[②]齐地武脉流传数千年，齐人尚武，骁勇善战。据《高密管氏家谱》康熙十六年旧序中说，管氏"自周以后，若齐之管仲，楚之管修，汉之管宁、管辂，亦皆出于周，以谱牒失传，不敢妄认"[③]。虽然莫言是否管仲的后代还有待考证，但作为齐国著名政治家、军事家的管仲，"辅佐齐桓公实施改革，通货积财，尊王攘夷，九合诸侯，一匡天下，齐国成为春秋五霸之首，功勋卓著，名扬天下，青史留名，故管姓子孙尊管仲为得姓始祖"[④]。齐人孙武著有《孙子兵法》，为后世兵法家推崇，在中国乃至世界军事史以及哲学思想史上都占有重要地位，并在政治、经济、军事、文化、哲学领域被广泛运用，其影响力一直延伸到今天的商业领域。对高密影响巨大的河流除了莫言家附近的胶河，还有潍河。《前汉书·高帝纪》记载："四年，冬十月，韩信用蒯通计，袭破齐。齐王烹郦生，东走高密。项羽闻韩信破齐，且欲击楚，楚使龙且救助齐。""十一月，韩信与灌婴击破楚军，杀楚将龙且。追至城阳，虏齐王。"这一段记载，指的就是在高密进行的潍水之战。潍水之战，是楚汉相争时的重要战事，潍水之战后，齐地全平，皆归汉。潍水之战在高密留下了众多古迹，诸如韩信路、战鼓湾、灯杆埠等，至今仍有许多故事在高密流传。[⑤]公元前 202 年，汉王刘邦即皇帝位，刘邦将有七十三个县，

---

① 姜祖幼：《高密史话·序》，人民日报出版社 2011 年版，第 1—3 页。

② 张家骥：《黔陬城的变迁》，张家骥主编：《高密重大历史事件》，香港华夏文化出版社 2008 年版，第 28—29 页。

③ 管谟贤：《大哥说莫言》，山东人民出版社 2013 年版，第 257 页。

④ 管谟贤：《大哥说莫言》，山东人民出版社 2013 年版，第 254 页。

⑤ 张家骥：《潍水之战》，张家骥主编：《高密重大历史事件》，香港华夏文化出版社 2008 年版，第 40—47 页。

面积比荆、楚、代等地更为辽阔的齐地，特封其庶长子刘肥为齐王。考古发现再三证明，高密城曾是西汉六代王国的都城（故址在今天的高密市井沟镇，俗称城阴城）。西汉六代都高密的封王，权势极大，他们拥有强大的军队，有自置百官的权力，他们统治高密长达一百四十年。[①]元代高密多武官，高密的武略将军、副都统刘杰，至元间任管军千户，高级武官李庆、王国昌、王通父子，皆为武职高官，史籍留名。[②]明崇祯末年，高密境内发生了饥荒，康熙年间的《高密县志》记载："崇祯十三年（公元1640年——引者注），旱蝗大饥，人相食。"大旱与蝗虫之灾使得农业基本绝产，甚至出现了人吃人的悲剧。崇祯十五年（公元1642年）十月，皇太极命其七哥阿巴泰和内大臣图尔格率师十万攻明，此年为壬午年，故以后人们称为"壬午兵祸"，清兵入山东，明敷衍抵御，清兵所至，州县城池大都不堪一击。腊月十九日，清兵云集于高密城下。高密城本是弹丸之地，方圆一里，攻城伊始，清军便遭到强烈抗击，被迫停战待援。小小的高密城内卧虎藏龙，众志成城，前蓟州总督加兵部尚书张福臻曾做过四任总督，他曾驰骋疆场，足智多谋。他的次子张文明自幼习武，后为武进士，不但武艺超群，而且精通兵书战策。当时城内原户部郎中单崇（单边郎，进士出身，曾任军事后勤官员）、太常寺卿傅钟秀也在高密城内。清兵攻城，张福臻任抗清总指挥，他亲自上阵，与守城人同生死，清兵入掠，高密城内官、士、民共同御敌，高密城久攻不下，清兵在高密城外四面八方辗转八十余日，烧杀抢掠，无恶不作，寒冬季节，百姓颠沛流离，家破人亡。壬午兵祸，是高密历史上最惨重的一次兵祸。[③]在百年来的高密近现代历史上，有清末孙文聚众阻路抗德，义和团运动、沙窝抗德、沙沟血案、土匪抗日、孙家口伏击战、"地龙经"传人

① 张家骥、姜祖幼：《西汉六代封王都高密》，张家骥主编：《高密重大历史事件》，香港华夏文化出版社2008年版，第49—57页。

② 姜祖幼：《高密史话》，人民日报出版社2011年版，第229—232页。

③ 张家骥：《壬午兵祸》，张家骥主编：《高密重大历史事件》，香港华夏文化出版社2008年版，第80—87页。

保家卫国等等英勇反击侵略的诸多历史本事，由此可见高密人刚健好武的精神。高密民间自古以来就有许多英雄豪杰，“上到九十九，下到刚会走，河西人耍拳，人人有一手”，这是外乡人对高密夏庄河西武术的评价。据河西人讲，他们的祖先李宣忠是河北枣强人，行伍出身，习得一身好武艺，特别精通少林长拳。在清代中期由河北迁居至高密东北乡，种地捕鱼，习武练拳，以后就有了祖传的少林长拳。李振福，生于1904年，卒于1970年，他习武一生，也弘扬民间拳术一生。1935年，曹梦九任高密县长，高密境内盗匪横行，他慕名将李振福聘请到高密国术馆任馆长。李振福以其对中国武术的执着、超群的武艺、淳厚的人品和高尚的武德，赢得了高密武术界的敬重，培养了许多拳术好手。1937年春，他还参加了在济南举行的山东省中华武术比武大会。解放后，李振福授徒传艺，其中有本村弟子，也有外村青年，1959年，他办起了河西大队农民夜校，任语文、珠算老师和武术指导。[①]河西村至今仍有许多村民热爱习武练拳。高密还有一种独特的拳术“地龙经”，据说清雍正年间，平度县崔家集镇仁义屯村民救下身负重伤的逃亡侠士陆一刀，陆为报其救命之恩将家传绝世武功地龙经传与恩人，后由传人马店方传给高密松园之张乔，使其成为地龙经在高密的首代传人。此稀有拳种据考证源于武当派所传，是武当派高人看到曲蟮和刀螂嬉戏争斗而悟出的绝世武功。张乔返回高密后将地龙经视为传家宝并设帐授徒。第一代掌门张乔留下了高密东关斗劫匪、血战萝卜市的故事，其第二代掌门张作升留下了诸城大台治拳师、护送刘冠三的故事，第三代掌门官维鉴留下了十爷马上展绝功、油坊脚剪刘小湃的故事，其弟子擂台比武动省城、杀日寇夜袭兵营。第四代掌门官志臣下绝招痛打双鬼子、传艺重回大王庄。第五代掌门杜文明苦心经营，2004年建起了高密地龙武馆，成立了地龙经研究会，2013年申报山东省非物质文化遗产获通过，现在又启动了国家级的申报工

① 政协山东省高密市文史委编:《文史资料选辑》(下)2010年版，第345—351页。

作。地龙经经历五代传人艰难曲折传承，国难当头之时，侠肝义胆，恶霸猖獗之时，仗义救助。在千百年的高密历史上，忠义勇武、义薄云天的高密英雄豪杰层出不穷。所以说莫言笔下出现余占鳌、司马库、孙丙这样的英雄豪杰，绝非偶然，他们恰恰彰显了高密人英勇、刚健、好武的精神气度。

高密独特的地域文化孕育了莫言，也滋养了世世代代在这片土地上生存繁衍的高密人。高密是著名的民间艺术之乡。高密的民间艺术不是呆板的，而是富于变化、富有生命灵性的。高密剪纸、泥塑、扑灰年画、茂腔，被称为民艺“四宝”，莫言的人物创作也深受其影响。故乡的民间艺术培养了莫言的艺术感知力，也影响了莫言感受世界的方式，赋予了莫言人物创作的灵感，其精神内涵也被莫言融入了小说人物的创作之中。在《红高粱家族》《丰乳肥臀》《檀香刑》等小说中，莫言把往昔理想化、传奇化的故乡传说、民间艺术融入笔下的余占鳌、戴凤莲、母亲、上官金童、孙丙等人物形象的创作中。莫言小说人物的灵魂，与高密民间艺术所传递的生命精神息息相通。

高密东北乡地处平度、胶县和高密三县交界处。在解放前这里属于“三不管”地区，这儿民风强健，粗犷豪放，具有独特的地域文化特质。高密文化命脉亦在高密东北乡代代传承，在莫言笔下的人物身上可以看到其缩影。莫言是从小听着祖先们的故事长大的，故乡的文脉、武脉亦在莫言这儿得以传承。从莫言小说人物的身上，我们仿佛可以感受到晏婴、管仲的博大与雄才大略，郑玄的博学厚重，刘墉的智慧，乃至清代“高密三李”的铮铮气节。

莫言与故乡血肉相连，莫言在进行文学创作时搜集了大量的高密历史、人文资料。故乡人物、风土人情以及故乡文化滋养了莫言，他小说中的人物正是取材于故乡历史以及现实人物原型，生长在高密东北乡这片沃土上。莫言笔下的高密东北乡，犹如贾平凹的商州、沈从文的湘西、萧红的呼兰河、郑义的黄河、福克纳的约克纳帕塔法县、马尔克斯的马孔多镇一样，具有鲜明的地域文化色彩。[①]莫言又以超越性的人类视野构建小说人物，从历史的演变中去描绘人的行为与思想动态，他笔下的人，既是生物学意义上的人，又是社会历史现实中的人。对故乡人物原型以及文化资源充分灵活的运用，令其笔下的人物彰显出旷达的精神风貌以及独特的艺术魅力。

第二节 莫言小说人物原型演变的创作方法

莫言离开故乡之时，已储备了二十多年的故乡生活经历和故乡人物原型。卢梭在《忏悔录》的开篇这样说："这是世界上绝无仅有，也许永远不会再有的一幅完全依照本来面目和全部事实描绘出来的人像。"卢梭的说法有待商榷，莫言笔下的人物，显然也并非完全依照本来面目和全部事实描绘出来的。在小说人物创作中，莫言充分发挥了他的文学想象天赋、灵活多变的叙述视角、扎实的语言功底以及高超的艺术技巧对原型人物进行了艺术创作，他充分运用了复调视角，他的叙事结构及风格多变，他将古老的神话原型范式以及新历史和人类学的思想引入了小说人物的创作中，莫言笔下的人物能牵动起千万读者潜意识深处的人类共同情感意向，他们既具有鲜明的高密地域文化特色，又具有广泛的东西方文化内涵。

一、借鉴与创新

莫言的小说人物创作首先来自他对故乡历史或现实生活中的人物原型以及人类古老的神话原型的模仿借鉴，亚里士多德认为艺术模仿的是现实的自然，而阿奎那则认为，最终的模仿对象是超验的上帝。[②]古希腊哲学家柏拉图的"摹仿说"则认为，"一般人只是

① 赵玫：《淹没在水中的红高粱——莫言印象》，杨守森、贺立华主编：《莫言研究三十年》（上），山东大学出版社 2013 年版，第 29 页。

② （意大利）阿奎那：《〈论灵魂〉注疏》，卷三第 2 章，转引自蒋孔阳、朱立元主编：《西方美学通史》（第二卷），上海文艺出版社 1999 年版，第 226 页。

在摹仿万事万物的具体体现，而不是事物的本源，所以都是拙劣的摹仿者，只有那些能够凭着神赋的灵感描绘出事物本源的诗人才是真正的大诗人。”莫言说他在创作人物时始终“贴着人写”，他笔下的人物与原型相似，但比原型更富有艺术性，更富有生命灵性，也更加符合人类潜意识中对神话原型的向往。

莫言对余占鳌的创作，借鉴了他听闻的高密土匪高润升的故事，描摹出了高润升的神采；对母亲的创作，借鉴了对现实生活中的母亲的切身感受，描摹出了母亲内心的真实；对姑姑的创作，则模仿借鉴了他的小姑管贻兰的话语动作以及为人处世的方式，他描摹出了姑姑在面对生命的抉择时内心的痛苦挣扎……莫言在对原型人物进行借鉴模仿创作的过程中充分发挥了他的生命灵性，他做到了对人的精神世界的模仿，他凭着天赋的灵感描绘出了生命的本色，所以他是高明的模仿者，他笔下的人物相似于原型，但比原型更具有艺术性，并且具有生命活力与灵性。

在小说人物创作中，莫言除了对原型人物进行借鉴、模仿之外，还对世界著名作家笔下人物的创作手法进行了学习和借鉴，在《白狗秋千架》中，莫言借鉴了川端康成笔下河边舔水的老狗，写下了暖身边的白狗；他借鉴《雪国》中的男女主人公相遇的故事，写下了军官回乡的故事；莫言喜欢苏联作家的作品，他还喜欢拉美小说、英美小说，以及法国的小说。他继承了鲁迅、马尔克斯和福克纳等优秀作家创作自己文学领地的方法，创造了他的高密东北乡。莫言的可贵之处在于他在模仿借鉴之余又在不断地寻求变化，在批判继承的基础上又在不断突破、创新。莫言说他考证过伟大人物的性格里都有反叛的因素，敢于叛逆才有创新。[①]他的高密东北乡人物以其勃勃的原始生命力张扬了个体生命的独特价值。

刘勰在《文心雕龙·知音》中写道：“昔屈平有言：‘文质疏内，

① 赵玫：《淹没在水中的红高粱——莫言印象》，杨守森、贺立华主编：《莫言研究三十年》(上)，山东大学出版社 2013 年版，第 31 页。

众不知余之异采。'见异唯知音耳。"[1]莫言的小说人物之所以与众不同，是因为他的创作在吸收、借鉴、模仿原型人物行为、思想的基础上，突出了其叛逆的"异采"，彰显了其创新性和独特性。比如他写余占鳌，在描摹高密土匪绑票、杀人、放火等原型故事的基础上，写他与戴凤莲的"野合"；在创作母亲形象时，他在描摹生活中母亲某些言谈举止的同时，还突出强调了母亲在婆婆的高压之下走向反抗、借种生子的"叛逆"；就是对民国县长曹梦九的书写，莫言也突出了他不按规矩出牌，打鞋底、罚人舔蜜腚等等超出常理的趣事。

莫言小说在对人与人之间关系进行借鉴、模仿书写的同时，还用叛逆式的创新写法探入到了人类的精神世界深处。比如在描写男女之间的爱情故事时，莫言也是迂回往复，把人与人之间关系发展的微妙过程创新性地揭示了出来，比如他写出了爱情三部曲的循环往复：狂热、残酷、冰凉。在莫言笔下余占鳌与戴凤莲的关系、孙丙与孙眉娘的关系以及母亲与她的几位女儿的关系，甚至是黑孩与菊子的关系、蓝解放与黄合作的关系、蝌蚪与他的妻子的关系中，他皆是描摹出了人类之间关系从好到坏、从坏到丑恶、从丑恶到真实的发展过程。莫言切入到人与人之间真实关系发展的历程去描写人性，在揭露关系向丑恶、真实发展的同时，他以一种对人类原始生命力的张扬，来反映真实的人性——良善或邪恶、智慧或愚昧、勇敢或卑微。荣格指出，反向性的艺术"不事逢迎，只径直地指出我们的错误之所在；它操着反叛的姿态，去违背常理与天伦。不过，这种反抗性的离经叛道并不是今天才出现的，它早在现代人的先驱者中间就已经激起过无数内心的骚动，从而引导着他们去动摇旧时代的理想"[2]。通过模仿借鉴以及叛逆创新的手法，莫言写出了人性真实、复杂的特征，他笔下的人物大多生命力旺盛，有那么一股

---

① 周振甫：《〈文心雕龙〉今译（附词语简释）》，中华书局 1986 年版，第 439 页。

② （瑞士）荣格：《〈尤利西斯〉：一段独白》，见《心理学与文学》，冯川、苏克译，译林出版社 2011 年版，第 118 页。

天不怕地不怕、舍我其谁的“邪劲儿”。

二、天马行空的文学想象

莫言小说人物创作成功的奥秘来自他对故乡历史与现实人物原型的依托，亦得益于他天马行空的文学想象力。意大利启蒙运动的代表人物维柯认为，诗的本质就是一种通过想象去认识世界的创作性活动。“诗人”在希腊语中的原意是“创作者”，原始人虽然无知，但他们尽情释放了他们的想象力，创造出了许多雄伟精妙的事物。[①]莫言小小年纪就辍学了，这对于他文学想象力的培养来说反而是一桩幸事，莫言的想象力启蒙于故乡文化的滋养。齐国东部、北部均临茫茫的大海，有利于齐人自由不羁的想象力的培养以及对神秘事物的敏感。齐地灵物崇拜、术士巫风盛行。[②]解放前，高密几乎村村都有庙宇，比如土地庙、菩萨庙、财神庙、仙姑庙、龙王庙等等，供奉着土地爷、菩萨、关公、狐仙、黑龙等各路仙家。童年时期莫言听爷爷、大爷爷、二姑姑以及街头的说书艺人讲过很多故事。莫言的爷爷不但农活好，手艺好，而且很会讲故事，他不但会讲历史故事，比如从三皇五帝到明清民国等历朝历代的名人轶事，还会讲许多神仙鬼怪的故事，他还自称见过狐狸炼丹、神仙下凡，这些亦真亦幻的故事经爷爷的讲述令人感觉身临其境。[③]莫言的大爷爷、二姑姑等人也都是讲故事的好手。这些故事传说再加上莫言读过的、听过的《聊斋志异》《封神演义》等小说的故事情节，都回旋在莫言的童年记忆里，这些素材后来就被莫言充分运用到了他的小说人物创作中。在爷爷讲的故事的熏陶之下，童年的莫言也开始学着自编故事，他会把在街上听来的故事添油加醋地讲给

① （意）维柯：《新科学》，朱光潜译，人民文学出版社 1986 年版，第 161—162 页。

② 杨守森：《作家莫言与红高粱大地》，杨守森、贺立华主编：《莫言研究三十年》（上），山东大学出版社 2013 年版，第 34 页。

③ 管谟贤：《大哥说莫言》，山东人民出版社 2013 年版，第 14 页。

母亲和姐姐等人听，大家都听得津津有味。这让莫言非常开心，他的想象力因着讲故事、编故事得到了锻炼。莫言的想象包罗万象，同时他又立足于高密东北乡这片土地，结合个人现实生活体验来编故事、讲故事，他的故事是接地气的故事。在《球状闪电》中，莫言写到举子赶考救蚂蚁的故事，《爆炸》中有狐狸炼丹的故事，《金发婴儿》中有八个泥瓦匠庙里避雨的故事，《草鞋窨子》中有两个姑娘乘凉遇笤帚精的故事，《红高粱家族》中有綦翰林出殡的故事，这些都取材于莫言爷爷讲的故事。爷爷的故事跨越千年历史，也给予了莫言恢宏的历史气魄。他敢于去再现历史、再编传奇，这种胆识来源于莫言童年时爷爷的言传身教，也来源于莫言在空旷的田野间放牧牛羊时，望着无边无垠的天空时悠然自得、洒脱无羁的幻想。

莫言曾说："一个文学家的天才和灵气，集中地表现在他的想象能力上。浮想联翩，类似精神错乱，把风马牛不相及的若干事物联系在一起，熔为一炉，烩成一锅，揉成一团，剪不断，撕不烂，扯着尾巴头动弹，这就是想象的简单公式和一般目的。"[①]莫言对于想象能力的描述是极其自由散漫的，然而他的小说人物创作是有其规律可循的。他的故事始终围绕主要人物来展开，他的创作意识是按照文学创作的规律渐次变化的，他的文学想象大多在写作时即时生成。莫言在最初创作某部作品或某个人物时，他的心目中最初只是个模糊、混沌的大概，他有个草拟的大纲，他的头脑中积存着原型人物的形态样貌、个性特征，小说中的具体人物则是在他的创作过程中慢慢形成的，随着写作的深入，人物的个性也从模糊到逐渐清晰起来。比如莫言在创作戴凤莲这个人物形象时，这个人物就溢出了作者最初对她的构思，莫言在创作之初是不准备让她牺牲的，然而在故事往下推进的过程中，作者就不知不觉地跟着人物哭，跟着人物笑，跟着人物走，戴凤莲的牺牲就成了自然而然发生的事情，人物的形成过程是动态演变的。杨守森在《艺术想象论》中提

① 贺立华、杨守森:《怪才莫言》，花山文艺出版社 1992 年版，第 148 页。

出："那些真正富于创新意义、富于艺术魅力的作品，在阅读过程中，一定会伴随着读者的想象遇挫。""受阻遇挫，诱使读者进入一个超越于自己'前结构'的新奇的想象空间之中。"①正所谓"山重水复疑无路，柳暗花明又一村"，阅读莫言的小说，也会有遇挫与开释交替出现的体验。比如在阅读《檀香刑》《生死疲劳》等小说时，读者对孙眉娘与钱丁、蓝解放与庞春苗爱情故事的阅读，也会在情节的跌宕起伏中感受到这种遇挫与开释交替出现的情感波澜，从而得到完整的审美体验。莫言的这种文学想象与驾驭故事的能力从他幼年听故事、讲故事时就已经开始培养、训练了。莫言自从扯起了高密东北乡这面大旗，便开始招兵买马，开辟创建了他的"莫言文学共和国"。他曾说："我就是这个王国的国王，我掌握着小说人物们的生杀大权。我让谁活谁就活，我让谁死谁就得死。"莫言借助他高超的文学想象力，构建了高密东北乡王国的诸侯将相，兵卒痞匪，男女老幼。莫言写出了高密东北乡男性的豪侠勇武与胆小孱弱，也写出了高密东北乡女性的豪爽洒脱与凄婉柔魅。

柏拉图曾充分肯定了文艺活动中的"灵感""迷狂"之类现象，莫言的文学创作也曾进入过近乎迷狂的状态。莫言是一个激情型的作家，他往往能够集中几个月，完成一部几十万字的小说，《丰乳肥臀》50 多万字，他耗时 3 个月；50 万字左右的《生死疲劳》，莫言只用 43 天写就完成。最多一天写作 1.65 万字，平均一天只睡三个小时，突破了他自己写作速度的最高纪录，莫言之所以能够创造这样的写作速度，并且写出高质量的小说，与他发达的想象力是有极大的关联的。他自称"醒着时用手写，睡着时用梦写"，"睡觉时也有一半的脑细胞在工作，有的梦也变成现实"②。在《生死疲劳》的故事中，莫言充分发挥了其文学想象力，创作了西门闹六道轮回的故事，西门闹在轮回中变作驴、牛、猪、狗、猴等动物，莫言亦将视角切换到这些动物的视角进行创作，他把对动物世界的想象发

① 杨守森：《艺术想象论》，百花文艺出版社 1991 年版，第 219—221 页。
② 莫言：《碎语文学》，作家出版社 2012 年版，第 271 页。

挥得淋漓尽致。他说："创作者要有天马行空的狂气和雄风。无论在创作思想上，还是在艺术风格上，都必须有点儿邪劲儿。"[①]莫言的《透明的红萝卜》，来自一个梦境，他从梦境得到一个意象，唤起了一种遥远、苍凉的情绪，他用激活的心灵去熔铸生活的积累，他自如地运用想象力进行创作，也就获得了创作的自由。[②]莫言从小就放牧牛羊，他家里还养过毛驴，他也曾养过猪、狗等动物，与它们朝夕相处，他对动物曾有过非常仔细的观察，对它们的脾性有着深入的了解，他在创作小说《生死疲劳》时，他的想象是接地气的，他写出了动物们的灵性以及多彩的人畜混杂的故事。莫言的想象契机来自他感同身受的现实生活，他又挣脱了理性的束缚，超越了现实生活原型，创造出许多栩栩如生、生动感人的人物形象，彰显了文学艺术的净化陶冶、审美愉悦价值。

三、灵活多变的叙述视角

小说情节总需要从一定的"视角"范围被描述，需要一个观察点，这种观察角度被称作叙事视角。早期的叙事学曾以叙述者和小说人物为基础提出了叙述视角的类型，德国叙事学家斯坦泽尔曾提出了叙事情境学说，区分了三种叙述情境：全知叙述、第一人称叙述、以人物的观察视角为出发点的第三人称叙述。[③]莫言对小说中的人物原型进行再创作时，亦充分运用了全知叙事、第一人称叙事、第二人称叙事、第三人称叙事、儿童视角、动物视角、全知视角、复调视角等多种叙述视角。莫言的第一人称叙事以《红高粱家

---

① 朱向前:《天马行空——莫言小说艺术评点》,《小说评论》，1986 年第 2 期。

② 朱向前:《天马行空——莫言小说艺术评点》,《小说评论》，1986 年第 2 期。

③ 尚必武:《当代西方后经典叙事学研究》，人民文学出版社 2014 年版，第 218 页。

族》最令人称道，在小说的开头，叙事者“我”进入“我父亲”的意识中，“我”不仅能够看见、听见父辈、祖辈的生活，而且能够游离开来，插入评述。第二人称叙事的代表作是《欢乐》和《红树林》等，作者将叙事聚焦于永乐、林岚，展现了他们痛苦的生命经历。莫言还充分运用复调视角、多声部的混响叙事方法打破了线性叙事的单一，拓展了人物的活动空间，对人物内心世界的探索更为深入，形成了多重人物立体聚合、众声喧哗的艺术效果。他的孩童视角叙事从低处着眼，展现了生命原本的面目。莫言将自己儿时的记忆与心灵深处的痛楚皆融汇进小说人物的生命之中，令他笔下的黑孩、罗小通、蝌蚪等人物身上那种顽强的生命力在与命运的抗争中更为凸显。莫言的全知视角叙事采取了从高处俯视的写法，他仿佛是站在群山之巅，俯瞰芸芸众生在万丈红尘中的苦痛挣扎。通过这样的多维变幻的视角叙事，莫言既入乎其内，又出乎其外，塑造了一系列精彩的小说人物形象。

（一）复调视角

巴赫金在《陀思妥耶夫斯基的诗学问题》一书中提出过复调理论，他指出：“各种独立的不相混合的声音与意识之多样性、各种有充分价值的声音之正的复调，这就是陀思妥耶夫斯基小说的基本特征。但这不是多种性格和命运在他的作品里在统一的作者意识这层意义上的统一客体世界里被展开，而正是多种多样的具有其世界的平等意识结合成某种事件的统一，同时这些意识又保持着自己的不相混合性。”① “陀思妥耶夫斯基作为一个艺术家，他创造的是活的思想形象；这是他在现实本身中发现、听到、有时猜到的思想，即作为思想力量已经存在或正在进入生活的思想。他能听到自己时代的对话，他既听到了这个时代里占统治地位的、被承认的、响亮

① （俄）巴赫金：《陀思妥耶夫斯基的诗学问题》，刘虎译，中央编译出版社 2010 年版，第 3 页。

的声音，即统治思想、主导思想；他也听到了还很微弱的声音，即还没有整个显露出来的思想，即未来世界观的胚胎。过去、现在和未来在现代水平的汇合了，交锋了。”[①]莫言笔下的每一个人物，都有自己的主体性，他们是莫言创造的活的思想艺术形象，但他们并非莫言的传话筒，而是有着自己独立的思想、观点和行为方式，这些人物在莫言小说的彼此对话里获得了新的生命。

莫言在小说人物创作中多次运用了复调视角。在《檀香刑》中，莫言通过多个人物轮番上台表演的方式，达到了多视角灵活叙事，赵甲、钱丁、眉娘、孙丙、小甲……在不同的章节中，他们分别担任了不同的叙述人，这些人物的所作所为，所思所想，都是可触可感的。这种复调视角，使人物变得鲜活生动，立体可感，既众声喧哗又彼此“对话”，猫腔艺术则融汇其间，将多声部的叙事有机地融合为一体。通过多视角的叙事，不同人物的心灵世界被一一展现了出来。同样是孙丙受刑这一事件，通过不同的人物视角，就会有不同的解读方式，展现在读者面前的，是一个个立体、多维又具有丰富意蕴的文学形象。《生死疲劳》中，作者运用了将“西门闹（大头儿）”“蓝解放”与“莫言”三个叙述人的视角相结合的叙事策略，作者以“西门闹”的视角叙述其转生为“驴”“猪”“狗”的过程中经历过的故事，又通过“蓝解放”的视角叙述“西门牛”以及蓝解放自己的故事。“莫言”则在其间插科打诨，把故事串联得水乳交融、生动流畅。《红高粱家族》《檀香刑》《蛙》等小说也都贯串着“对话式”的结构安排，通过复调视角，那些古老的、当下的、新生的思想的声音在小说中相互交汇，作者引导着读者们与原先彼此隔绝的思想相逢对话，以带入的方式参与到他们的历史进程中去，从而对过去、现在与未来的历史以及人性、信仰等问题进行智慧的、深入的思考，多声部的叙事也给小说带来了灵活性、多义性和丰富性。

① （俄）巴赫金:《陀思妥耶夫斯基的诗学问题》，刘虎译，中央编译出版社 2010 年版，第 103—105 页。

（二）孩童视角

孩童视角是莫言在小说人物创作中经常使用的一个视角。莫言曾说："儿童视角，更加本真率直，不加掩饰。在孩子的眼睛里，也许更能发现世界的本相。我喜欢使用儿童视角写作，还与我个人的生活经历有关。我觉得我在少年时代，就把人世的基本秘密看穿了。"[①]童年的饥饿和孤独给予了莫言深刻的创伤体验，这种体验伴随着他的一生，并且深刻影响了他的艺术创作。通过孩童视角的创作，莫言再次返回了童年，那些深入骨髓的生命原初体验也渗透进他笔下小说人物的创作中。《丰乳肥臀》中的上官金童，《透明的红萝卜》中的黑孩，《四十一炮》中的罗小通……这些精灵的孩子事实上都有童年莫言的影子，他们仿佛都有一双洞察世事的眼睛，他们活在自己的独特感觉中，他们以孩童的视角打量这个世界的神奇与腐朽，精彩与残酷，感受这个世界给予的欢乐苦痛以及内心隐秘世界的玄奇……《丰乳肥臀》中，那位永远长不大的老小孩上官金童，总在渴望母爱的庇护。在《红高粱家族》中，莫言创造了"我"叙述"我爷爷"的故事的写作视角，打破了时空阻隔，消解了作者、叙事者和读者的距离，叙事也变得灵活。童年视角写作还令作者"我"可以平等自由地进入历史、评说历史，打破了以往"全知"视角与历史的隔膜以及单视角切入的局限性。在孩童视角的观望下，小说人物更接地气，更贴近原型人物，呈现出更为鲜明的个性特征。莫言说他并不认为《透明的红萝卜》中的黑孩是自私的，他是非常孤独无助的，他有着顽强的生命力，能够忍受苦难，才能够在残酷的社会中生存下来。正是基于这样的创作心态，莫言笔下的孩童保持了自然生命原初的敏感和丰富，作家以创作释放了童年压抑的情感，疗愈了童年的心灵创伤。那些焦灼、执着地渴望被爱的孩童，也深深打动了读者的心灵，给予了人们审

① 莫言：《碎语文学》，作家出版社 2012 年版，第 249 页。

美、震撼的生命体验。

（三）全知视角

莫言小说之所以给人以大气恢宏之感，与莫言立足全知视角进行人物创作息息相关。莫言认为《百年孤独》给他的视野以拓展的，是加西亚·马尔克斯独特的认识世界、认识人类的方式："我认为他在用一颗悲怆的心灵，去寻找拉美迷失的温暖的精神的家园。他认为世界是一个轮回，在广阔无垠的宇宙中，人的位置十分渺小。他无疑受了相对论的影响，他站在一个非常高的高峰，充满同情地鸟瞰着纷纷攘攘的人类世界。"[①]莫言对《红高粱家族》中的"我奶奶"，《丰乳肥臀》中的母亲等人物的创作，皆是从全知视角对人物进行了俯瞰式的书写。在《丰乳肥臀》的开篇，马洛亚牧师提着黑色的瓦罐上了大街，上官鲁氏要生产，上官家的母驴也要生产，女儿们在摸河虾，司马库在打鬼子……莫言将纷繁复杂的事件通过全知视角有条不紊地展现了出来。《檀香刑》中，孙丙被关入大狱，叫花子们舍命相救，孙眉娘误入情敌钱夫人的卧房，却得到了钱夫人的贴身保护……孙丙被上了檀香酷刑，高密东北乡最后一个戏班子倾情演出声援，德国侵略者开枪扫射，戏台上血流成河，大滴大滴的鲜血从戏台两角的木龙口中淋漓到戏台下面的土地上……莫言以宏阔的宇宙视野与悲悯的情怀描绘出大千世界中浮浮沉沉的众生百相。

莫言的小说人物是处在宇宙天地之间的人物，这些人物虽然大部分土生土长于高密东北乡，然而他们的身上却包含着人类的某些共性，甚至仿佛有着与天地共通的神性。他笔下的黑孩身上那种顽强的生命力在命运的摧残之下熠熠生辉，那是因为莫言将自己儿时的记忆与心灵深处的隐秘皆融汇进了黑孩的生命之中。莫言笔下

① 莫言:《两座灼热的高炉——加西亚·马尔克斯和福克纳》,《世界文学》，1986 年第 3 期。

的人物是鲜活生动的，因为莫言的人物是建立在真实的原型人物基础之上的，莫言又通过复调、孩童、全知等多维视角对其进行了全面立体的书写，这样就把原型的生命力灌注进了小说人物的生命之中。

四、恢宏灵动的文学语言

魏晋时期的曹丕在《典论·论文》中指出，“夫文本同而末异，盖奏议宜雅，书论宜理，铭诔尚实，词赋欲丽”[①]，充分说明了文学语言的重要性。莫言小说语言流畅、大气磅礴、泥沙俱下，其修辞技巧、句式组合技艺高超，令人应接不暇，这些恢宏灵动的文学语言，来自农村原汁原味的生活，也来自莫言天赋的语言才华。多年丰富的农村生活令莫言积累了丰厚的语言素材，“既英雄好汉又混账王八蛋”之类原生态的语言既生动又有力，彰显了莫言文学的独特性。莫言充分运用了原型人物的生活语言进行了小说人物语言的创作，激活了创作的灵感。在创作中，莫言根据笔下的人物特点，运用了很多的乡村俚语以及动作、通感描写，将人物描绘得栩栩如生。莫言笔下的很多人物能够触发读者的视、听、味、触、嗅等感官，读来有一种毛茸茸的生命质感。例如莫言在《红高粱家族》中写道：“他看着奶奶高大的身躯，嗅着从奶奶的夹袄里散出的热烘烘的香味，突然感到凉气逼人。”[②]短短的一句话，将复杂的生命感受做出了最生动贴切的表达。在《檀香刑》中，莫言将故乡的戏曲语言充分运用到了小说中，展现出典雅、幽默、深刻、直率的风格。

莫言的语言汪洋恣肆、粗粝豪放，颇具胶东人的豪气，既能鲜明地表现出人物的性格特点，又符合人物身份，具有洒脱恢宏的

① 曹丕：《典论·论文》，张少康主编：《中国历代文论精选》，北京大学出版社 2003 年版，第 69 页。

② 莫言：《红高粱家族》，作家出版社 2012 年版，第 3 页。

气势。例如在《蛙》中，莫言在描写姑姑参加蝌蚪的婚礼时，就充分运用了原型姑姑的生活语言："傍晚时，姑姑过来吃饭。一进大门就喊：'姑奶奶驾到！怎么连个迎接的都没有？'"莫言这样描绘姑姑："她擎着一把油纸伞，挽着裤腿子，赤着脚，鞋子在胳肢窝里夹着。"母亲说："你姑姑升官了，政协里当上常委啦。""算什么官？"姑姑说："臭杞摆碟——凑样数呢。"莫言对人物动作的描写精炼生动，寥寥几句，就能做到传神达意："姑姑掀起锅盖，抓出一个饽饽。饽饽烫手，颠来倒去，嘴里发出'咝咝'的声音。将饽饽掰开，夹上几筷子粉蒸肉，捏合后，咬了一大口，呜呜噜噜地说，'就这样，别端碟子端碗的了，这样吃才香，我自打干上了这一行就没正儿八经地坐着吃过几顿饭'……"[①]这段生动的语言一气呵成，姑姑形象就跃然纸上了。再如莫言对《白狗秋千架》中暖的形象塑造中，"我"与暖再相遇时的感觉描写，"她背着草捆从我身边滑过去，她短促的喘息声和扑鼻的汗酸……"，以及语言描写，暖说"高粱地里像他妈的蒸笼一样，快把人蒸熟了……"，动作描写，"她的身体又弯曲起来，为了背得舒服一点，她用力地颠了几下背上的草，高粱叶子沙啦啦地响着。从很低的地方传上来她瓮声瓮气的话'来耍吧！'"，诸多这样的语言，读来历历在目，将人物塑造得逼真传神。

莫言的语言也深受民间口头文学、说唱文学、地方戏曲的影响，莫言小说一泻千里、滔滔不绝的语言气势，夸张的比喻、拟人、排比修辞，给读者以听书般的阅读体验，小说人物也因此被其塑造得逼真传神、生动感人。他的"拟舞台表演"式的场面铺排又能给读者以看电影、话剧、茂腔般的现场观剧体验，莫言又充分采用了虚实相生的笔法创作小说人物群像，他通过不断变换的视角和意识流的写作手法引领读者在变幻的时空中穿梭，他娴熟地运用语言在立体化的写作中把人物激"活"，牢牢吸引住读者的目光，令读者在阅读时充分体验到生命的热烈与悲壮、人性的温情与残忍，

① 莫言：《蛙》，上海文艺出版社 2009 年版，第 70 页。

给读者一种丰沛、宏阔、真实、灵动的感觉。

莫言恢宏灵动的文学语言，既体现了作者的民间立场，也对小说人物的塑造、情节发展的推动起到了关键作用。莫言小说精彩语言的锻造，既来自生活中的人物原型，也来自莫言二十多年农村生活经验的积累和多年写作的训练。倘若没有在农村多年的生活经历，没有对原型人物感同身受的理解，没有常年浸泡在乡村俚语中间的体验，若不是从小就接受过听故事、讲故事、看茂腔、唱茂腔的训练，若没有对语言的天才灵性感悟以及后天孜孜不倦的言语训练与艺术追求，是无法达到这种逼真传神的小说语言创作境界的。

五、感性与理性的有机融合

席勒认为，当人类进入了文明状态，人工已经把人们陶冶，感性和理性的和谐就没有了。诗人的任务就是把现实提高到理想，或者表现理想。以艺术创作来重新实现感性与理性的和谐。“素朴的诗人满足于素朴的自然和感觉，满足于摹仿现实世界”，而“感伤诗人沉思客观事物对他所产生的印象……结果是感伤诗人经常都要关心两种相反的力量，有表现客观事物和感受它们的两种方式；也就是，现实的或有限的，以及理想的或无限的；他所唤起的混杂感情，将经常证明这一来源的二重性”[①]。

莫言在小说人物创作中亦是注重了理性与感性的融合。一方面，他极力突出了主体感官的作用，由此造就了小说五彩斑斓、“天马行空”、“波谲云诡”、“各种意象叠加起来”[②]的艺术境界，小说中“事件情节与人物性格的发展超出了客观的时空逻辑，并由此产生了无限广阔的自由空间和新鲜的艺术魅力，有时为了强化

① 伍蠡甫主编:《西方文论选》(上卷)，上海译文出版社 1979 年版，第 489—491 页。

② 朱向前:《天马行空——莫言小说艺术评点》,《小说评论》，1986 年第 2 期。

‘感觉’的作用，还刻意通过童年视角、瞬间的幻觉、具有特异感官能力的人物等来展开叙述，从而取得了特别夸张而丰富的艺术效果”[①]。另一方面，他也非常清楚自己小说的创作动机，明白采用什么样的技巧做到使虚构切近真实，准确地把握人物性格，反映现实生活。例如在《战友重逢》中，莫言运用了虚构的手法叙述了我与在对越自卫反击战中牺牲了的战友钱英豪在树上重逢的故事，聊起战友华中光看到中越恢复关系正常化之后在墓穴中哭号的场景，就在感性的描绘之外，反映了作者对人类战争的理性思考。作者能够做到这一点，来自他本人丰富的创作经验以及对人性、社会的深刻洞察。《红高粱》中关于戴凤莲之死的描写，《檀香刑》中对孙眉娘对钱丁那种彻骨痴迷的描绘，皆超越了现实时空，通过感性与理性的有机融合，进入了一种似梦似幻的艺术境界。

莫言的笔下，经常出现巨大的充满力量的物象：洸成血海的红高粱，浊浪滔天的大水灾，飞速旋转的大风，吞吃活人的庞大狗群……这些物象既有着感性生命的体验，又有理性的客观。它们既有善良的也有邪恶的，既有创造性的也有毁灭性的，既给读者带来震撼的快意，也给人以痛楚的美感。[②]莫言的感觉是通透的，他在小说人物创作中对于人物脉络的驾驭又有着理性的把持。这种感性生命与客观理性融合书写的智慧来自他超越常人的生命灵性感悟，也来源于他深入生活的切身体验。通过这种感性与理性的有机融合，莫言以直觉把握到了人与神秘莫测的大自然以及人类灵魂世界的有机关联，他通过自己独特的文学艺术将生命与自然之间隐藏的奥秘表达了出来，他通过笔下的人物将勃勃的生命精神传递了出来，从而达到了理想艺术的境界。

① 张清华:《中国当代先锋文学思潮论》，中国人民大学出版社 2014 年版，第 127 页。

② 张志忠:《莫言论》，北京联合出版公司 2012 年版，第 169 页。

六、超现实主义的叙事手法与技巧

奥古斯丁认为，艺术离不开虚构，[①]莫言笔下的许多人物也是作者“有意作假”的产物，莫言擅长采用超现实主义的手法进行人物创作，虚实相生、魔幻手法、意识流、人物心理描写等都是莫言常常采用的叙事手法。莫言也是个文体的创新者，他总是力争在叙事中找到“巧妙的、精致的、自然的结构”[②]，并且尽可能地既不重复别人，也不重复自己。莫言曾说：“创作过程中，每个人都各有高招，有阳光大道，也有独木小桥……你是仙音缭绕，三月绕梁不绝，那是你的福气。我是鬼哭狼嚎，牛鬼蛇神一齐出笼，你敢说这不是我的福气吗？”莫言将人物虚构成动物，在人与鬼、过去与未来、前世与今生之间切换，从而呈现出新奇鲜明的特色。莫言的秘诀是：“我把这个事件移植到我所熟悉的乡村里来，把我的叔叔、大爷、我的乡亲们，放到小说里来描写。”[③]这样的创作令人们明知其假，却不由自主地被其吸引。莫言在叙述的技术上“更加深刻地领悟和切入到农业自然文化的内部，去展现它古老奇异的结构，和祖先那依然遗存和活跃着的精神世界。同时，在叙述的技术上进入了自由空灵的思维情境，达到了整体充满寓言乃至神话意味的高度”[④]。从那个寻找透明的红萝卜的黑孩、一生嗜乳的上官金童，以及遵从心灵的呼召为爱出走的蓝解放等人物形象的身上，都能强烈地感受到这一点。

莫言在创作中又非常擅长于吸收借鉴中外优秀文学作品的精

---

① （古罗马）奥古斯丁：《独语录》，成官泯译，上海社会科学院出版社1997年版，第51—52页。

② 莫言、王尧：《莫言王尧对话录》，苏州大学出版社2003年版，第153页。

③ 莫言：《用耳朵阅读》，作家出版社2012年版，第210页。

④ 张清华：《中国当代先锋文学思潮论》，中国人民大学出版社2014年版，第127—128页。

华。人类自古以来就对英勇刚健的英雄、慈爱悲悯的母亲等形成了共同的“集体无意识”原型，莫言在人物创作中也充分运用了这些古老的神话原型。莫言自己曾声言，所受“影响最大的两部著作是加西亚·马尔克斯的《百年孤独》和福克纳的《喧哗与骚动》”，“那些颠倒时空秩序、交叉生命世界、极度渲染夸张的艺术手法”以及马尔克斯“用一颗悲怆的心灵，去寻找拉美迷失的温暖的精神家园”的博大爱心，和“那独特的认识世界、认识人类的方式”，还有福克纳式的“过去的历史与现在的世界密切相连”的“无可奈何而又充满希望的主调”的特点，都给莫言的视野以拓展。[①]莫言也充分借鉴了中国传统志怪小说、民间传奇以及中国传统戏曲的创作技巧，他同时也博采了美国、日本、拉美、西欧等地著名作家的众家之长，将其融会贯通。莫言笔下的小说人物很多都是中西合璧的。他笔下的某些人物，我们似曾相识，然而再去仔细思考，却发现是千人千面，各不相同。他讲述的是高密东北乡的故事，然而他运用的是经过借鉴吸收转化之后的莫言式的独特手法，他笔下的人物既有高密人的独特魅力，又具有人类的共通性，所以，他的小说人物既能被中国读者喜爱，又能被外国读者理解和欣赏。

1961 年，韦恩·布思在《小说修辞学》一书中，首次提出了“不可靠叙述”这一概念，布思说：“当叙述者的言行与作品的范式（即隐含作者的范式）保持一致时，叙述者就是可靠的，否则就是不可靠的。”他认为，就实用批评而言，在所有类型的叙述距离中，最重要的莫过于不可靠的叙述者与隐含作者之间的距离。这一距离产生的重要原因在于叙述者与作品的范式之间的错位或不一致。布思论述了“隐含作者与读者之间的三种特殊关系：秘密交流、共谋、协作等，而这些活动又都在不可靠叙述者的背后进行。当读者发现叙述者在‘事实’轴上的报道或‘价值’轴上的判断不可靠时，就会产生一定的反讽效果：隐含作者是反讽效果的发出者，读者是反

① 莫言：《两座灼热的高炉——加西亚·马尔克斯和福克纳》，《世界文学》，1986 年第 3 期。

讽效果的接受者，叙述者则是反讽的对象”[①]。布思的高足费伦认为：“如果某个人物叙述者是不可靠的，那么他关于事件、人、思想、食物和叙事世界里其他事情的讲述就会偏离隐含作者可能提供的讲述。”[②]费伦的博士生保罗·麦考密克认为：“考查作者和叙述者的双重目的，以及这些目的如何在叙述进程中进一步影响读者的判断。”“麦考密克强调‘叙述者的目的’和‘作者的目的’，更是直接呼应了费伦关于人物叙述是一门间接交流的艺术的论点：人物叙述既涉及作者对读者的交流（即作者的目的），又涉及叙述者对受述者的交流（即叙述者的目的）。”[③]

莫言小说委婉地表达了隐含作者对叙述者的信任，然而他同时似乎又在隐藏或推卸着一些什么。莫言让叙述者担负起道德立场和价值判断，至于叙述者的表达是否可信，可以信任到什么程度，叙述者或隐含作者，甚至作者本人都没有明确的立场，全靠读者自己去理解。作者无法承担或不想承担的压力，一定会转嫁到叙述者的身上，并由叙事者的叙述转嫁到文本中，最终转嫁给读者，[④]这种判断转嫁通过不可靠叙述与虚构现实的艺术手法，在真实与虚拟的艺术世界中实现了自由转换，形成了小说的内在张力。例如在《丰乳肥臀》《生死疲劳》等小说人物的塑造中，莫言多次运用了不可靠叙述。在《生死疲劳》中，叙述者西门驴这样说道：“伙计，我要讲述 1958 年了。莫言那小子在他的小说中多次讲述 1958 年，但都是胡言乱语，可信度很低。我讲的，都是亲身经历，具有史料价值。”通过“不可靠叙述”，隐含作者与读者之间得以“秘密交流”，文中的“莫言”成为反讽的对象，同时叙述者西门驴的说法也未必可靠。通过既贴近原型又创新原型的叙事书写，这些小说人物之间

① 尚必武：《当代西方后经典叙事学研究》，人民文学出版社 2014 年版，第 155—156 页。

② 尚必武：《当代西方后经典叙事学研究》，人民文学出版社 2014 年版，第 158 页。

③ 尚必武：《当代西方后经典叙事学研究》，人民文学出版社 2014 年版，第 190—191 页。

④ 付艳霞：《莫言的小说世界》，中国文史出版社 2011 年版，第 92—93 页。

形成了多重隐喻，既体现了作家隐秘的心理情结，又展现出变幻多姿的艺术特色，使小说人物彰显出言说不尽的丰富意蕴。

莫言的小说人物创作呈现出很多象征意蕴，这些人物的审美信息让人捉摸不透，如叶燮在《原诗·内篇》(下)中所说:“诗之至处，妙在含蓄无垠，思致微渺，其寄托在可言不可言之间，其指归在可解不可解之会，言在此而意在彼，泯端倪而离形象，绝议论而穷思维，引人于冥漠恍惚之境，所以为至也。”[①]又如康德在《判断力批判》中所说:“审美[感性]理念是想象力的一个加入到给予概念之中的表象，这表象在想象力的自由运用中与各个部分表象的这样一种多样性结合在一起，以至于对它来说找不到任何一种标志着一个确定概念的表达，所以它让人对一个概念联想到许多不可言说的东西，对这些东西的情感鼓动着认识能力，并使单纯作为字面的语言包含有精神。”[②]莫言也曾经说:“我认为，没有象征和寓意的小说是清汤寡水。空灵美、朦胧美都难离象征而存在。”[③]正因如此，莫言总在追求创作从整体上超越具象而又充满暗示性的，比现实生活更为丰富深刻的小说。莫言小说在现实书写中又常常夹杂着梦境、雾境、幻境等非现实的意境，也存在着大量的隐喻，隐喻是多义的，又是可变的，这些人物既出自现实原型，又蕴含着空灵、朦胧之美，引人遐思，令人费解，又令人着迷。莫言的小说既包容着丰厚的历史沧桑感，又具有一种象征化的诗意的美学风格。

莫言通过他宏阔的文学想象、多元叙述视角的切换、生动丰沛的文学语言以及超现实主义的多种叙事手法和技巧对人物“原型”进行了添油加醋的书写，使其成为一个个独具特色的典型人物形象，这些精彩各异的人物构建了莫言小说多彩绚烂的生命世界。正

---

① 叶燮:《原诗》(节选)，张少康主编:《中国历代文论精选》，北京大学出版社2003年版，第369页。

② (德)康德:《判断力批判》，邓晓芒译，人民出版社2002年版，第161页。

③ 朱向前:《天马行空——莫言小说艺术评点》，《小说评论》，1986年第2期。

如黑格尔所言的“一切艺术的目的都在于把永恒的神性和绝对真理显现于现实世界的现象和形状，把它展现于我们的观照，展现于我们的情感和思想”[①]，这也正是莫言小说人物形象塑造成功的重要因素之一。

第三节　超越现实原型的人物创作风格与艺术追求

俄国著名文艺批评家别林斯基曾把文学作品中的典型人物称作“熟悉的陌生人”，“熟悉”是因其人物形象体现出许多人的共性，“陌生”则是缘于人物形象的独特的个性，在此之外，亦应具有其“理想性”，“作者适应其作品所想发挥的思想把所创造的各色典型安排在里面的各色关系”[②]。莫言小说的人物恰恰就是体现着作者理想的“熟悉的陌生人”，既来自生活原型，又有着作家的主体意识体现其中。

莫言灵活丰富的创作手法，来自莫言独特的思维方式、思想观点和精神风貌，莫言通过他的妙笔，把高密东北乡带进了世界文学的版图，形成了属于他个人的鲜明独特的创作风格。故乡的齐文化深刻影响了莫言笔下的人物，他们张扬着勃勃的原始生命力，具有追求自由、敢于抗争的生命精神和浪漫的情怀、魔幻诡奇的特色，他们胸怀博大，坚韧顽强，呈现出独特的美学风格。

一、原始生命力的张扬

莫言在运用原型人物进行小说人物形象创作时，穿越了人物的表象，抓住了人物的灵魂，他们大义大勇、刚健不屈、赤诚坦荡、

① （德）黑格尔：《美学》（第三卷下册），朱光潜译，商务印书馆1981年版，第334页。

② 《别林斯基选集》（第二卷），满涛译，时代出版社1953年版，第400页。

无所顾忌，张扬着勃勃的原始生命力。余占鳌、母亲、孙丙、姑姑……这些人物的生活原型，皆是生命力旺盛、智慧信实、自然率真的，莫言有意识地选择了这些原型进行艺术加工，他在这些原型人物的性格基础上，突出了他们敢爱敢恨的真性情，表现了他们坚韧、野性、反叛、勇敢的个性特征。这些人物被莫言塑造为生命的传承者，时代的创造者。

莫言将《丰乳肥臀》中的母亲，《红高粱》中的余占鳌，《檀香刑》中的孙丙……皆放置于血与火的生死考验中去书写，展现出的是他们对生命的无畏与执着。《丰乳肥臀》中的母亲上官鲁氏，在经历亲人罹难的时刻，用含着泪水也喷射着火焰的目光扫视她的儿女们，告诉他们说："这十几年里，上官家的人，像韭菜一样，一茬茬地死，一茬茬地发，有生就有死，死容易，活难，越难越要活。越不怕死越要挣扎着活。我要看到我的后代儿孙浮上水来那一天，你们都要给我争气！"[①]对生命本身的热爱，对生存和种族延续的强烈意志和信念，使莫言小说人物在生死洗礼中展现出强劲的生命意识，体现了人性之美。莫言小说中人物意蕴的丰富亦来自莫言自身深刻的生命体验，以及他对原型人物感同身受的理解。现实生活中莫言以及他身边的人经历感受过的生命考验、爱痛挣扎、受过的屈辱与伤害，坎坷的爱情经历，人在命运中的浮浮沉沉……都引起了莫言的思索，最终化作了莫言小说人物创作的素材，并在小说中得到了艺术化的展现。

二、追求自由、敢于抗争的精神

传统的儒家文化推崇孝悌，恪守封建的三纲五常，即使父母君王有错，亦不能忤逆，这种愚孝愚忠，严重束缚了个体自由，压抑个性，泯灭人性。而莫言故乡的齐文化则自由旷达，充分尊重个体的生命价值，给予人充分的自由。莫言立足于高密，但他决不局

① 莫言:《丰乳肥臀》，北京十月文艺出版社2010年版，第338—339页。

限于高密，他以开放性的文化眼光，挑选和改写相关地域材料，正如他在《红蝗》中，曾借女戏剧家之口阐释过的创作主张："总有一天，我要编导一部真的戏剧，在这部剧里，梦幻与现实、科学与童话、上帝与魔鬼、爱情与卖淫、高贵与卑贱、美女与大便、过去与现在、金奖牌与避孕套……互相掺和，紧密团结、环环相连，构成一个完整的世界。"[①]莫言在创作中也恰恰是实践着这种自由的精神，他笔下的人物亦是如此。在莫言家乡流传的孙文抗德、孙家口伏击战、单家开酒坊等等故事中，皆张扬着一种豪迈刚健、追求自由、敢于抗争的精神，莫言在创作中亦是充分实践了故乡的这种民间精神，他创作了余占鳌、司马库、孙丙等等亦正亦邪的草莽英雄形象，面对苦难的命运，他们敢闯敢拼，努力把生命的自主权掌握在自己的手上，他们虽然遭遇坎坷、失败甚至死亡，但却以敢于抗争的不屈精神张扬了人类的顽强生命力。

莫言溢出了生活原型，他书写了余占鳌与戴凤莲、上官鲁氏与马洛亚牧师的爱情故事，亦描绘了孙丙与县令钱丁比须、孙眉娘与钱丁相爱的离奇故事。余占鳌与戴凤莲勇敢相恋在高粱地，孙眉娘大胆地追求县令钱丁，孙丙一个猫腔艺人敢于挑战县令与其斗须，蓝解放为爱情宁肯放弃功名与家庭，花茉莉为了爱情追随民间艺人小瞎子而去……莫言笔下的人物，继承了齐地开放的观念，不理会世俗道德、出身、门第等观念的束缚，他们敢于冲破世俗的规约，大胆地追求生命的自由，追求自己真正想要的爱情，呈现出自由洒脱的精神风貌。

在《生死疲劳》中西门闹形象的创作中，莫言更是进入了一种随心所欲的自由境界，他充分发挥自由想象，将佛家"天道、阿修罗道、人道、畜生道、饿鬼道、地狱道"根据果报所具福报大小划分的六道轮回，化作了小说中"驴、牛、猪、狗、猴、大头儿"这样人畜生死轮回的六道，在他的小说世界中，美丑善恶、虚实强弱、雅俗新旧都是融为一体的。现实与虚幻彼此交融，人似乎与万

① 杨守森:《追寻诗性之光》，人民出版社 2015 年版，第 312 页。

物浑然一体。虽然在不同时期西门闹的动物形象在变，性格也各不相同，但他骨子里那种原始生命的野性、勇于追求生命自由，敢于抗争的精神气质是贯串始终的。

三、浪漫的情怀，魔幻诡奇的特色

莫言在登上文坛之始就被称为奇才、怪才，这显然与他小说中的浪漫神秘特色息息有关。莫言作品中的鬼怪神奇的艺术世界受启发于魔幻现实主义，但形成独特气候却是根源于齐地的志怪神仙方术，源于地处东夷腹地的高密地域文化中隐袭的动、植物崇拜之类神秘意识。[①]莫言小说的魔幻性与西方哥特小说的神秘风格亦有着相似之处，不同的是哥特小说更注重于反理性的神秘，而莫言笔下人物的神秘特色则有着东方传统文化的神韵。齐文化浪漫神秘的色彩在齐地民间历尽数千年历史传承延续了下来，它们以民间故事的形式口口相传，影响了童年的莫言，后来也成为莫言小说神秘特色生生不息的土壤和不竭的灵感动力源泉。在《学习蒲松龄》中，莫言以小说的形式表达了自己对蒲松龄“奇人奇事、牛鬼蛇神”的挚爱：马贩子祖先托梦给“我”，拉着我去拜见祖师爷，我磕头认师，祖师爷从怀里摸出一管黄毛大笔，说：“回去胡抡吧！”……[②]莫言还曾在打油诗中赞道：“一部《聊斋》垂千古，万千进士化尘埃。”[③]

莫言的故乡流传着众多神秘的传说，在莫言家乡平安庄东边的沙口子村，解放前曾有个仙姑庙，供奉的是狐仙。据沙口子村的杜宝玲考证，仙姑庙距莫言旧居不远，这座庙宇建于1932年10月12日，毁于1948年左右，至今已有八十多年的历史，经历了风雨兴废。据说狐仙在上个世纪三十年代初期常常在沙口子显灵，并压附着很多女性，想让人们给它在沙口子安神位。为此村里有地位的

① 杨守森：《高密文化与莫言小说》，贺立华、杨守森：《怪才莫言》，花山文艺出版社1992年版。

② 莫言：《学习蒲松龄》，中国青年出版社2011年版，第1—3页。

③ 高密莫言研究会：《莫言研究》（总第五期），第234页。

朱启亮带头出资盖了仙姑庙。传说仙姑庙里的泥塑像曾被土匪冷官荣扔到了庙后的湾里，他的士兵到了练兵场就倒下了一大片，冷官荣只能发愿重新为仙姑安神位，他的士兵就醒过来了，士气高涨，全歼了日本鬼子。冷官荣后来请了高级泥塑师重塑了仙姑和金童玉女，找了个良辰吉日，将她们重新请上神台，安上神位。莫言的姑姑管贻兰也曾多次谈起过年轻时外出开会、出诊时遇到过很多次“黑挡”、迷路的事，每次都有“小灯笼”领路回家。在莫言家乡也有许多“小灯笼”带路回家，后来有一道火光进了仙姑庙的传说。

莫言从小就成长在这样的故乡传说中，他在写作时充分运用了这些故乡的原型素材，调动了他天才的想象力对小说人物进行了神秘化书写，创作了三姐、燕燕、姑姑、方碧玉、西门闹等等充满魅幻色彩的人物，以他们似真似幻的扣人心弦的故事，构建起了一个动人的神话世界。在《蛙》中，姑姑被青蛙大军的围困以及她对两千八百名婴儿的焚香祭拜，就是充满魔幻色彩的艺术创新，这些小说中的故事情节都远远超越了现实原型姑姑的亲身经历，莫言以此升华了小说的忏悔、赎罪、人性关怀等主题。

四、丰富的人性内涵

黑格尔曾强调：“性格就是理想艺术表现的真正中心。”[①]他认为成功的人物性格必须具有丰富性和整体性，莫言笔下的人物大多都是具有人性的多面性的完满整体，是具有许多性格特征的充满生气的总和，他笔下的每一个人本身就是一个世界，是完满的有生气的人。莫言打破了二元对立“非此即彼”的惯性思维，他把矛盾的人性整合为“一”，体现出多元复杂的人性特征。在莫言的笔下，是狂欢的生命，人性是善恶美丑共生的，爱与恨、智慧与愚昧、高贵

① （德）黑格尔：《美学》（第一卷），朱光潜译，商务印书馆1979年版，第300页。

与卑下、刚阳与孱弱、乐观与悲观……对立的两极在他笔下的人物身上融为一体。同时，他笔下的人物又具有鲜明的个性，特殊的情致，在不同的情境中，这些人物有着不同的性格表现，却始终只有一种情致，即热爱生命的情致，渗透并支撑起他们整个的性格。莫言笔下的人物又具有黑格尔所说的坚定性和一贯性，这些人物无论多么复杂，都合乎他们自我性格发展的逻辑，根据自己的意志行动。莫言把众多人物描绘得果断而坚强，纵然是写余占鳌、司马库这样的土匪，他们也是雄强有力而坚定的。此外，莫言笔下的人物能与自然和一切外在关系相协调，显得真实可信、自由灵动又有着丰富的人性内涵。

莫言对于原型人物丰富人性的挖掘，源自他自己的生命体验。夏秀认为，去“经验”原型并不是要把当初“原型”产生的历程、情境再完全经历一遍，而可能仅仅是获得一种特定的文化传统或积淀一些特定的模糊的文化背景，即获得或激活一种文化无意识，或以某种方式获得一种相应的心灵震撼。原型与人类生存密切相关，人类是开放的、历史的，原型也是一种开放的、历史的存在。只能从符合“人性”的角度，在“人性”的层次上去理解原型的意义。①事实上，在中国当代的小说创作中，越来越多的作家也关注到了对于丰富人性内涵的挖掘，比如余华的《活着》中的福贵、《兄弟》中的李光头等等，然而他对于女性人物林红的描写，却始终无法进入到如莫言笔下的戴凤莲、母亲那样人性复杂又拥有独立人格的精神境界，而把林红这个人物塑造得有些单薄。对比莫言《檀香刑》中的孙丙、赵甲、钱丁、孙眉娘、赵小甲与陀思妥耶夫斯基《卡拉马佐夫兄弟》中，对老卡拉马佐夫、德米特里、伊凡、阿辽沙及私生子斯麦尔加科夫以及格露莘卡、卡特琳娜等人物的内心世界以及丰富人性的书写，显然莫言已经具备了与世界一流作家比肩的实力，他较国内的其他作家走得更深、更远。莫言将小说人物的

① 夏秀:《原型理论与文学活动》，中国社会科学出版社 2012 年版，第 228—229 页。

生死悲欢放在人类历史中进行立体化、多向度的揭示，他的小说充满了生命力和激情，把现实与魔幻世界密切地融合，探入到了人类灵魂的幽暗之处。莫言通过精彩的人物形象塑造，揭示了最普遍的人性，探讨命运、历史、权利以及人类的信仰，超越了国家和民族的界限，切中了人类历史发展的命脉。

康德认为，崇高的根源内在于我们的心里。[①]歌德说：“诗歌是人类的共同财富，随时随地由成百上千的人创作出来。”[②]莫言的心胸是宽容、博大的，他对人性的挖掘是尖锐深刻的，他在创作小说人物时对于原型的运用和把握，探入到人的内心深处，既唤起了读者对苦难现实、世道人心的思考与追问，又弘扬了生命之爱的主题。在对宇宙的终极之思方面，中国古老的《道德经》开篇即说：“道，可道也，非恒道也；名，可名也，非恒名也。无名，万物之始也；有名，万物之母也。故恒无欲也，以观其妙；恒有欲也，以观其所噭。此两者同出而异名，同谓之玄，玄之又玄，众妙之门。”[③]“当作品触及接受者的灵魂，引起接受者对人生、宇宙等终极问题的思索时，原型接受才算是达到了荣格意义上的共鸣，才是原型接受要达到的理想状态。”[④]莫言笔下的人物来自乡土，他们的命运也同高密东北乡的命运乃至整个人类的命运紧紧地联系在一起，通过这些人物的遭遇，我们看到的是高密东北乡人生存的顽强与韧性，他们顺乎天命，心胸旷达。莫言笔下的母亲、姑姑、孙丙等人物，皆有丰富的人性内涵，他们热爱天地自然、热爱生命，有着自己的生命信仰与精神人格追求。莫言笔下人物的神奇魅力与开放自由的风貌，令其小说超越了民族、时代、人类的局限，拥有了

---

① （德）康德：《判断力批判》，邓晓芒译，人民出版社 2002 年版，第 83—84 页。

② （德）爱克曼辑录：《歌德谈话录》，吴象婴、潘岳、肖芸译，上海社会科学院出版社 2001 年版，第 235 页。

③ 辛战军译注：《老子译注》，中华书局 2008 年版，第 3 页。

④ 夏秀：《原型理论与文学活动》，中国社会科学出版社 2012 年版，第 241 页。

大气恢宏的宇宙情怀之美。①

莫言的小说人物创作立足于现实原型，又通过其高超的小说叙事技巧超越了原型，展现了勃勃的原始生命力、自由浪漫的情怀，神秘魅幻的特色和丰富的人性内涵，彰显了独特的艺术魅力和思想价值。“大音希声，大象无形”，莫言创作的小说人物浑然天成，他们自然率真，集美丑善恶于一身，贴近生命的本性，能够激起读者内心的怜悯、同情、共鸣与深刻的思索，在彰显宇宙阴阳共生、人心善恶流转的自然天道的同时，更是弘扬了人间大爱，这也恰恰体现了文学艺术的审美、陶冶价值。通过笔下人物传奇的故事，莫言“画一个朗朗乾坤，花花世界给人看”②，由此引出的聚讼纷纭其实是节外生枝，文坛也因此显得有趣。

① 杨守森:《高密文化与莫言小说》，莫言研究会编:《莫言与高密》，中国青年出版社，2011 年版第 16 页。

② 朱向前:《天马行空——莫言小说艺术评点》，《小说评论》，1986 年第 2 期。

第二章　莫言笔下余占鳌创作原型探源

土匪英豪余占鳌是莫言小说《红高粱家族》的男主人公。自小说问世以来，历经三十年岁月沧桑的洗礼，余占鳌已成为新时期抗战小说的经典人物形象，这一形象在电影、电视剧、舞剧、茂腔的舞台上被不断演绎，深入人心。他“杀人越货，又精忠报国”，以高昂的生命力与辉煌的人生传奇带给读者精神的洗礼与心灵的震撼。他的身上凝聚着红高粱大地的精魂，张扬着高密东北乡的悍野民风，具有历久弥新的艺术魅力。

巴尔扎克曾说“小说是一个民族的秘史”，因为小说中充满了黑暗而敏感的无意识内容，这些“潜伏”的内容成为文学中最有价值的东西。文学研究与批评的深度和效力，在很大程度上恰恰是体现在对这些内容的发掘与解释上。[①]对余占鳌原型的探秘、发现与解剖，亦具有重要的文学史价值。那么，莫言是如何去创作和演绎这样一位典型人物形象的呢？余占鳌这一人物又是莫言依托了故乡的哪些人物原型进行创作的呢？从原型到小说人物，这一形象又有着怎样的改变，体现着怎样独特的艺术价值与人格魅力呢？

第一节　莫言笔下的余占鳌

余占鳌是一位成长于高密东北乡的土匪英豪。他具有雄强的生命力，追求自由的生命精神以及美丑善恶集于一身的复杂人性，这个人物之所以能够打动人心，是由于他活出了天地自由人的风采，

① 张清华:《窄门里的风景》，广东人民出版社 2014 年版，第 310—311 页。

他“既英雄好汉又混账王八蛋”，他“杀人放火又精忠报国”，他自然率真，雄强勇武，敢爱敢恨，他是个性解放的先驱，是挣脱社会牢笼束缚的典范，也是战场上英勇杀敌的抗日英雄，荒野求生的生命强者，这个人物具有无比丰厚的意蕴。

余占鳌最突出的个性特征就是他狂放不羁的匪性。土匪为一己私利，杀人越货，无恶不作，莫言笔下的余占鳌之所以超越了一般的土匪，是因为莫言将其塑造成智勇双全、有血有肉、有情有义的土匪英雄。他固然做过许多的恶事，然而他作恶是有其缘由的。莫言从余占鳌的原生家庭出发书写人物，把余占鳌之所以杀人成性的心理根源交代清楚了。他出生在一个父亲早亡的家庭，他的母亲长期与一个长相俊美的和尚暗中私通，令他受到村里人的奚落和嘲笑，他就悄悄执一把小剑杀死了与母亲私通的和尚，之后远走他乡。余占鳌小小年纪就杀人的深刻原因是内心深处爱的匮乏，他从小就失去了父爱，母亲与和尚的苟且行为令他蒙羞，生存环境的恶劣，心灵的扭曲，令他为了维护自己的生命尊严去冒险杀人。土匪的另一个特征是顽强好勇，余占鳌杀死和尚时十八岁，逃离家乡后四处流浪，饱尝人间疾苦，“受过穿红黑裤扫大街的侮辱，心如鲠骨，体如健猿”[①]，二十一岁时他回高密东北乡当了轿夫，他宁肯累得吐血，也咬牙完成了给綦翰林打棺出殡的大事，从此在高密东北乡立稳脚跟。土匪是极其自私的，余占鳌为了爱情杀掉单家父子，他在铁板会时靠发行自制的纸币在高密东北乡疯狂敛财，这些都表现出他自私残忍的一面。特殊的家庭环境使余占鳌从小就游离于传统的礼义道德的训诫之外，他在孤独残忍又不乏温情的乡野社会中形成了自己独特的生存法则。雄强彪悍、蛮勇义气就是余占鳌在民间乡土社会中形成的生存处世之道。

余占鳌侠义多情，他敢爱敢恨，曾与三位不同的女性产生过爱情，每一段爱情都可谓狂放粗野的原生态式的爱恋。莫言书写的是余占鳌的爱情故事，却把凡俗人间爱情的曲折揭示得淋漓尽致。从

① 莫言:《红高粱家族》，解放军文艺出版社 1987 年版，第 305 页。

对爱情的奋不顾身，到享受爱情的甜蜜，再到对爱情的背叛，在两个女人之间的徘徊挣扎，到对所爱之人背叛之后复归的隐忍，到失去至爱的锥心之痛，后来他在人生的绝地峰回路转，是女性的温情滋养再次唤醒了他的生命力……余占鳌的爱情故事百转千回，寓意深刻。莫言在小说中这样分析红高粱家族的爱情:“狂热的爱情第一要素是锥心的痛苦，第二要素是无情的批判，第三要素是持久的沉默。狂热的、残酷的、冰凉的爱情经历胃出血、活剥皮装哑巴，如此循环往复，以至不息。”[①]在余占鳌与戴凤莲烈焰般的爱情中，他展现出乡野男性雄强的原始生命力以及勇于追求幸福自由、蔑视封建世俗的叛逆与反抗精神。这份爱情因着戴凤莲特有的女主人身份，一直处于女强男弱的心理劣势之中。在戴凤莲回娘家之时，当余占鳌看到恋儿那迷离的目光时，他内在的情欲与反叛精神再次被唤醒，他终于按捺不住情欲之火，与恋儿疯狂爱了三天三夜。当戴凤莲发现他们的私情之时，他与戴凤莲的爱情便从天堂坠入了地狱，戴凤莲疯狂地打骂撕咬也已是于事无补，只能退而求其次地与余占鳌达成协议，一边住半个月。余占鳌在这场移情别恋之中释放了他的本能欲望，在两位女性的情爱争夺中，他取得了爱情的主导地位，同时也获得了他作为一名中国传统男性的尊严。后来，民国县长曹梦九巧设计打击高密土匪，余占鳌与众土匪一起上当受骗，被抓到了济南府，他瞅准时机跳墙逃脱，再次显明了他的智慧勇武。余占鳌回到高密东北乡听说了戴凤莲与土匪黑眼姘居之事，对戴凤莲爱恨交加，他去黑眼那儿找回了戴凤莲与儿子豆官。余占鳌终究还是放不下自己深爱的女人和亲生的儿子，在爱痛挣扎的往复循环中，余占鳌的爱情故事演绎出人性的矛盾纠结。在伏击战之后，失去爱人的余占鳌的生命力也日渐衰微。这时候，另一个女人刘氏到洼子边找到了余占鳌，她用怜爱的目光抚摸过他的头颅，用粗糙的大手搀住他的胳膊，告诉他天无绝人之路。[②]

① 莫言:《红高粱家族》，作家出版社 2012 年版，第 261—262 页。
② 莫言:《红高粱家族》，作家出版社 2012 年版，第 207 页。

余占鳌在这个具有母性情怀的女人的怀抱里渐渐地恢复了元气。在莫言的笔下，再坚毅的男人也需要女性的温情。余占鳌经历的三段跌宕起伏的爱情故事，散发着勃勃的生命热力，其间的爱恨情仇融汇了世间情爱的丰厚意蕴，展现了一位民间英雄的侠骨柔情与复杂人性。

余占鳌雄强勇武，具有男儿的血性和不屈的气节。1937 年日本鬼子入侵山东，打到了高密东北乡，恋儿母女惨死，罗汉大爷被活剥人皮，故土家园被毁……面对外敌凌辱，余占鳌揭竿而起，誓与日本鬼子血拼到底，他拉起 40 多人的抗日游击队，在墨水河大桥上伏击日军，最终杀敌 39 人，焚毁军车 4 辆，缴获了大批武器弹药。余占鳌的队伍死伤惨重，战斗到最后一刻的余占鳌，失去了几乎所有的弟兄，他的爱人戴凤莲也因前来给抗日游击队员送饭而惨遭杀害，余占鳌万念俱灰……后来余占鳌又为了自己的利益与其他的土匪帮派彼此争斗，他后来参加了铁板会并取得了实际的领导地位，他张罗着给戴凤莲出一场回龙大殡，却不料在出殡那天受到了冷支队和江小脚的偷袭。正在这时日本鬼子打来，他们三方又联合到一起抗日杀敌……莫言将代表民间抗日武装力量的余占鳌写进了小说，在二十世纪八十年代的中国文坛是一个划时代的突破。他并没有回避余占鳌与众土匪的“窝里斗”，他揭示了这种现象的普遍存在。当外敌入侵之时，余占鳌又能及时调转矛头，为了争取民族自由和解放而奋勇杀敌，展现了中华男儿不甘屈辱的民族气节。

余占鳌具有顽强的生命力和敢于抗争的精神。这种生命力和抗争精神不仅体现在他率众杀死了拦路的劫匪、与戴凤莲的勇敢相爱、被捕后能够及时逃脱、在激烈的战斗中知道如何保护自己而生存下来等方面，还体现在他在险恶丛生的大自然中能够独自生存的方面。抗战即将胜利之际，余占鳌被日本鬼子劫持到了日本北海道的矿山中挖煤。余占鳌不堪其辱，想方设法逃出火坑，他一直逃到了北海道的深山密林之中，他在荒山野林中无数次面对野兽的攻击，他都能机智地应对。冬天他穴居山洞，夏天他储备粮食，历经十三年之后，才在 1958 年被人发现，最终返回了故土。余占鳌的出逃与野外求生经历再次彰显了他顽强的生命力与勇于追求自由的生命精神。

在《红高粱家族》中，莫言这样写道："一队队暗红的人在高粱棵子里穿梭拉网，几十年如一日。他们杀人越货，精忠报国，他们演出过一幕幕英勇悲壮的舞剧。"[①]莫言笔下的余占鳌正是成长在这片红高粱大地上的土匪英雄，他并非高大全式的英雄，而是有血有肉、有情有义的本色英雄，他具有生存的智慧，顽强的生命力，勇于维护自己的主权与生命尊严。他智勇双全，敢爱敢恨，敢闯敢干。他杀死劫路人是为正义而杀人，他杀死与母亲偷情的和尚是为个人的尊严而杀人，他杀死单家父子却是为私情而杀人。他自由率性，既是英雄好汉又是"混账王八蛋"。他和九儿相恋，又与恋儿私通，为给九儿报仇，他杀死土匪花脖子。日本鬼子来了，他率领乡亲们抗日，战斗到最后一刻也绝不屈服。在民族大义前，他铮铮铁骨，表现出不屈的民族气节。无法用世俗的道德标准来定义他，他是复杂的生命存在，他是民间历史的创造者。余占鳌的身上张扬着自由、独立、尊严、雄强的男性勇武之气，有着现代男性普遍缺乏的雄健、好武的精神。

莫言对土匪英雄余占鳌的书写突破了意识形态的局限，他写出了人性的复杂，也写出了中华男儿刚阳的血性与民族气节。李掖平曾用"激情·狂放·魔幻·诡奇"来重新解读《红高粱家族》，她认为"这部写于20世纪80年代的小说以横空出世的强势姿态，挥动奇艳决绝、汪洋恣肆之笔，全力张扬乡野民间的雄强勇武之气和中华民族蓬勃旺盛的生命力，字里行间涌动着难以阻遏的炽热激情，在恣情任性中腾舞起力的漩涡和诡奇的魔幻，表征了中国小说的昨天已然古老"。余占鳌以其民间英雄的狂放不羁、雄强勇武、敢于抗争、侠义多情的特色成为莫言小说最具代表性、象征性的人物之一，堪称中国当代文学史上具有划时代意义的典型人物形象之

① 莫言:《红高粱家族》，作家出版社2012年版，第4页。

一。[①]对其人物原型进行深度考查，对于理清余占鳌这一人物形成的来龙去脉，把握莫言小说的创作规律，具有重要的现实意义和文学史价值。

第二节　余占鳌创作原型历史寻踪

莫言在《红高粱家族》小说中塑造了余占鳌这位富有血性的高密硬汉，这个人物的创作是与复杂的高密近代历史息息相关的。十九至二十世纪，中国社会风云动荡，改朝换代，外敌入侵，军阀混战……高密历来民风彪悍，民间土匪英豪揭竿而起，抗德的大刀会、义和拳、抗日游击队、爆炸大队……各种民间自发的武装在高密近代历史上风起云涌，各展峥嵘。高密自民国以来匪患猖獗，1936 年，曹梦九任高密县长时，为保一方安宁，曾严厉打击过土匪。1937 年，日军侵占山东，为了适应时局之变，时任高密县长曹梦九发表抗日演说，号召民众组织起来保卫家园。一时之间，高密豪杰纷起，比较著名的有张步云、蔡晋康、姜黎川、高润升、冷关荣等等。他们当中，有志在报国、与日本侵略者浴血奋战的民族好汉，亦有打家劫舍的流氓无赖。[②]莫言笔下的余占鳌这一人物的塑造，便与高密东北乡抗战历史上著名的土匪高润升、领导孙家口伏击战的曹克明、曹直正以及被日寇掳去北海道做矿工后逃脱的高密穴居野人刘连仁等重要人物原型息息相关。

一、民间豪杰原型——东北乡土匪高润升

1937 年，日本鬼子入侵山东，各色人物打着抗日的旗号各自

① 丛新强、孙书文:《莫言研究三十年述评》(代前言)，杨守森、贺立华主编:《莫言研究三十年》(上)，山东大学出版社 2013 年版，第 8 页。

② 杨守森:《作家莫言与红高粱大地》，杨守森、贺立华主编:《莫言研究三十年》(上)，山东大学出版社 2013 年版，第 35 页。

称霸一方，这些队伍被称为“游击队”，单高密东北乡就有高润升、冷关荣、姜黎川等的队伍。[①]其中，对莫言创作余占鳌影响最大的，就是距离他家乡最近的高密河崖东流口子村的高润升，他身高一米八多，相貌堂堂，为人仗义。抗战时期，他在村里拉起了队伍，一时之间，附近村里的好多青年人也都纷纷前来投奔。

莫言的好友张世家这样写道：“小时候，我们就听说，高密东北乡曾经土匪如牛毛。夏秋季节，一批铁骨铮铮土生土长的英雄好汉们为了改变自己的命运拉帮结伙，牵驴绑票，杀人越货，劫富济贫，坏事做绝，好事干尽。小狮子、郭鬼子、高仁生（高润升）、冷关荣都是有名的。特别是高仁生（高润生）、冷关荣，他俩一个是高密东北乡东流口子人，一个是王家丘人，都带过一团以上的土匪。二人为争地盘厮杀拼打过无数次。我还听说过高仁生这个土匪，长得人高马大，双手打枪，百发百中，这一带的土匪都怕他。”[②]

莫言的妻子就是东流口子村附近的陈家屋子村人，与高润升家族的后人还是远房的亲戚，莫言也由此结识了高润升的亲戚后人高志喜等好友，听他们讲过许多高润升的故事。高润升也就成为莫言笔下余占鳌形象的重要人物原型之一。高润升土匪出身，他侠肝义胆、智勇双全，他也为非作歹，但他却在抗战中展现出刚健不屈的男儿血性，与莫言笔下的余占鳌形象颇为契合。

高润升侠义率真。在上世纪三十年代的时候，高润升的队伍就驻扎在东流口子村里，平时就负责保卫村子。当时高密土匪横行，外来的土匪有胆敢进犯东流口子村的，高润升就会带领队伍与他们决一雌雄，那时的东流口子村因着高润升的保护而免遭匪患。高润升很讲义气，不准手下人祸害村里的老百姓。他进村时骑马下马，骑车下车，他在村里的口碑是很好的。据说高润升有两个太太，大太太非常厉害能干，他的二太太是张鲁集人，高润升不敢把二太太领回家中，可见余占鳌有两个妻子的故事也是有

① 管谟贤：《大哥说莫言》，山东人民出版社 2013 年版，第 26 页。
② 张世家：《莫言与我和高密》，杨守森、贺立华主编：《莫言研究三十年》（上），山东大学出版社 2013 年版，第 45 页。

其本事依据的。

高润升智慧刚健、多才多艺、武艺高强。据说他不但擅长骑马，还能够在铁轨上骑自行车。据说高润升还会扮灯官（撅灯官是高密东北乡的传统娱乐节目），他还是有名的神枪手。高润升的队伍上有马队，有自行车队，在平度三合山还建有军工厂，可以自己制造枪支、弹药。可见余占鳌的智慧、洒脱、幽默、本色、豪情、勇武的性格特色，也是与高润升这个人物原型有其内在关联的。

高润升是个土匪头，他也纵容部下做了许多坏事，他们绑票勒索、杀人、牵牲口、派粮食、抽枪。他们负责保卫东流口子村不受外人和鬼子、黄皮子欺负，他也会向村里人摊派粮食。后来高润升的队伍越来越大，他的手下又有了好几支工作队，这些工作队有的到姚哥庄铁路南活动，也干过拉牲口、绑票等坏事。当地民谣唱道："高平路西，有个高润升，欺压人民，强拔壮丁，拉牲口是一点不放松……"据笔者采访调查，高润升强拔壮丁，有马借马，有枪抽枪，有钱要钱，根据家里土地多少多就多要，少就少要，家里拿不出钱的，只能去跟着他当土匪。他的部下有个叫郭世星的，专干绑票、要钱等坏事，交不上钱就撕票。他们还经常到老百姓家里要饼、要粮食。

同时，高润升又是高密东北乡有名的土匪抗日英雄，他有勇有谋，讲义气，富有远见卓识。他一直坚持抗战，坚决不肯投降日伪军，保持了他的民族气节。他具有开放的头脑，勇于接受新鲜事物。他在三合山这个易守难攻的地方建立起自己的另一处根据地，军工厂使他实现了武器弹药的自给自足。在日军占领高密城期间，高密的许多村庄都驻有伪军，但东流口子一带几乎一直都在高润升队伍的掌控之中。日本鬼子有时候也会带着黄皮子（日伪军）下乡"扫荡"，高润升听到日本鬼子要来，就会把队伍拉到平度与昌邑交界的三合山，鬼子一走，他们又会返回故乡，他是坚决不肯投降的。有一次，日伪军将村子包围了，他就向西北方向突围了。西北方向上也驻有日伪军，但他们一向畏惧高润升的威名，根本就

不敢抵抗，高润升撤退到了平度三合山，后来，日伪军撤了，高润升又回来了。他们来来回回与鬼子打游击战。还有一次在大石桥驻了一个排三十个敌人，高润升派人告诉他们，河水下来之后就要打他们，敌人害怕没有退路，吓得赶紧撤走了。高润升的队伍后来被收编为国民党杂牌军，成为国民党地方武装，自命名为“高密义勇军”。1945 年，日本鬼子战败投降，1946 年高密解放，高润升就带领队伍退到了青岛,1947 年 7 月，高密再次落入国民党的控制之中，高润升的队伍随还乡团从青岛开赴高密，高润升明白“冤冤相报何时了”的道理，不允许手下人带枪回乡报仇。1947 年 11 月高密再次解放，高润升就去了青岛，后来又去了台湾。1994 年，高润生在台湾病逝，享年九十四岁。

高润升这个人物是相当复杂的。高润升的土匪队伍也曾经做过许多牵驴绑票、抢劫、拔兵等坏事，他也做过保护村子、打鬼子等好事，真可谓“既英雄好汉又混账王八蛋”。余占鳌身上的义气、匪气、勇敢、血性，很多都取材于高润升。不仅《红高粱家族》中的余占鳌取材于他，《丰乳肥臀》中的司马库也是以他作为主要人物原型进行塑造的。

二、抗日英雄原型——领导孙家口伏击战的曹克明、曹直正

余占鳌的英雄气质，在很大程度上表现在他领导了墨水河大桥上的伏击战。在高密历史上，这场战役发生在距离莫言家乡不远的孙家口的胶莱河石桥上，统领这场战役的是高密西乡曹家郭庄（今诸城相州镇南戈庄村）的曹克明、曹直正。

曹克明（1903—1971），名世德，字克明，国民政府少将。先后就读于高密县中附小，山东省立第一中学，北平私立中国大学。[①]在大学期间加入了中国共产党。毕业后，任山东省教育厅视导，后被派到家乡进行革命活动。曹克明曾经是高密最早的共产

① 杨守森主编:《读莫言 游高密》，山东文艺出版社 2012 年版，第 89 页。

党员之一，1927 年，他回乡建立起南郭庄支部，发展了许多党员。曹克明曾担任中共山东省的主要领导人之一。1929 年 4 月曹克明调任中共青岛市委常委，5 月代理青岛市委书记。8 月曹克明任改组后的临时省委常委、巡视员，11 月到潍县巡视，任新组建的中共潍县县委书记。①

曹克明狡猾善变，政治立场不坚定，高密政协文史委主编的《文史资料选辑》第一辑中，耿梅村在《关于高密革命斗争的点滴回忆》中记载，1929 年 4 月，潍县县委被破坏。后来，曹克明任潍县县委书记。1930 年 5 月，他经不起白色恐怖的考验，因动摇而叛变投敌。他于 5 月 6 日拂晓带领潍县国民党警察逮捕了潍县县委委员于清书（字画舫）、张子宾等人，使潍县党组织又遭到一次极大的破坏。1931 年 4 月 5 日，于清书、邓恩铭等 21 名同志都惨遭杀害。

作为一名中国人，曹克明也有他的爱国心。1937 年 7 月，卢沟桥事变消息传来，曹克明夜不能寐，他奋笔疾书：

> 月暗云深雨当头，日倭魔爪蹦卢沟。
> 千条垂柳千条泪，一片芦花一片愁。
> 处处烽烟燃华夏，闪闪曙光照幽州。
> 中华儿女齐崛起，四亿神州不可丢。②

同年年底，济南失守，张店、潍县相继沦陷。曹克明与堂弟曹绍先、曹直正、王仁甫共议抗战大计。他们积极招募兵员，筹集武器，进行军事训练。

曹克明的族兄曹直正生于 1900 年，曹直正名世祯，字子祥，黄埔军校武汉分校第六期毕业。他早年加入北伐国民革命军，任炮

---

① 关于曹克明的历史资料，大部分来自笔者对曹克明家乡同族后人曹惠民的调查寻访。

② 曹克明同族后人曹惠民在 2014 年著有小册子《故园史话》，本诗引自《故园史话》第 22 页。

兵营长，参加过汀泗桥等战斗，他作战勇敢，临阵机智果断。1937年抗日战争爆发后，被武汉国民政府军事委员会任命为华北联络参谋兼别动部队第十三支队参谋长（周胜芳部）。曹直正性格豪放、倔强，好饮酒，但不过量，即使在战斗时刻也要饮酒，借以振奋精神。[①]1938年1月，日军占领高密，他们强征百姓修复胶济铁路与胶沙公路。当时，胶东地区抗日武装迅速发展，曹直正到诸城的别动总队第四十四支队蔡晋康部联系工作，后来他又回乡，集结起曹克明的武装—— 一支百余人的抗日队伍，由南郭庄出发，开赴抗日前线高密的周戈庄。后来队伍扩展到400余人，被厉文礼收编为山东省第八行政区第六游击总队（团级），曹克明任中校总队长。曹部在胶济铁路以北的高密、昌邑、平度一带进行抗日活动，伺机打击敌人。当时，胶（县）沙（河）公路是日军汽车经常过往的重要交通线，曹部计划在公路上对日本鬼子进行一次伏击。为周全起见，曹克明请曹直正指挥战斗。二人沿胶沙公路逐段进行勘察，最后决定在胶莱古渡口——孙家口村打一场伏击战。[②]

据《高密县志》记载，1938年4月16日，曹克明部在当地群众的配合下，在孙家口伏击日军汽车5辆，中将中岗弥高等官兵39人被歼。后驻胶县日军至公婆庙村报复，杀害群众136人，烧毁民房800余间。[③]孙家口伏击战使曹克明一举成名，他受到了嘉奖，部队迅猛发展到1000多人，受厉文礼收编为第二纵队第五支队。

与曹克明形成鲜明对比的是刚正不阿、以身殉国的曹直正。据曹族后人曹惠民在其《故园史话》中记载，曹部在敌后8年与日

---

① 曹直正的资料引自中共博兴县委、博兴县人民政府网站：中国·博兴 > 走进博兴 > 历史人物 > 曹直正，博兴县史志办供稿，2013—06—21，网址：http：//www.boxing.gov.cn/zgbx/58/85/120523094749059357.html.

② 杨守森主编：《读莫言 游高密》，山东文艺出版社2012年版，第89页。

③ 高密县地方史志编纂委员会编：《高密县志》，山东人民出版社1990年版，第19页。另据张明金、刘立勤主编的《侵华日军历史上的105个师团》以及旅日作家萨苏的文章《寻找中岗弥高》中的论述，1938年战死在中国的日军中将中，没有中岗弥高这个人。因此这个战绩不够可靠。

寇周旋，大小战役 63 次，牺牲将士 409 人，其中曹姓家族牺牲 41 人，曹直正便是其中的突出代表。1939 年 12 月 27 日，曹直正视察在高苑县的游击部队徐耀东团，当夜在徐团团部休息，被汉奸告密。曹直正以及 30 名战士被俘，关押在博兴伪县政府监狱。敌人每隔两天就枪杀 2 人，用以胁迫其余人员投降，但这 30 名博兴籍战士宁死不屈，先后英勇就义。日伪多次请曹直正赴宴劝降，曹多次掀翻酒宴以示不屈之志。汉奸队长张凤梧劝曹直正投降，曹气愤地说："老子本姓曹，官讳曹子祥。誓死不做亡国奴，抗日救国是忠良。人生自古谁无死，卖国的汉奸我不当！"济南日军派人设法劝降，均遭曹直正严词拒绝。最后，日伪县政府绝望，宣布召开乡镇长大会，当众枪决。1940 年 1 月 8 日深夜，曹直正被押赴刑场，伪军持枪驱赶围观群众，曹大声喝道："狗东西！不要赶他们，让老乡们送我一程！"曹挺胸前行，边走边讲，要大家团结抗战，消灭侵略者。敌人将曹直正的人头割下，悬挂于城门之上，以此威胁抗日群众。老百姓无不敬仰曹直正誓死不屈的民族气节。[①]

曹克明则是个复杂的多面人。曹克明投降国民党之后，为了立功升职，他做了不少恶事。他残忍、虚伪、狡诈的个性已与莫言小说中所塑造的民间抗日英雄余占鳌形象相去甚远。他在孙家口战役时任山东第八区游击第六总队总队长兼莱阳县县长[②]，《高密县志》上记载 1938 年 6 至 7 月间曹克明率二纵队第五支队部盘踞周戈庄、余甲寨等村，后遭日伪军和王尚志部袭击，1943 年投敌，驻高密昌邑边境。高密《文史资料选辑》中记载，张汉、张步云、李永平、曹克明等拉起所谓的抗日队伍，各据一方，争权夺利，游而不击，专门作践百姓。[③]曹克明部后改编为三十六纵队，部队发展到 4000

① 引自中共博兴县委、博兴县人民政府网站：中国 · 博兴 > 走进博兴 > 历史人物 > 曹直正，博兴县史志办供稿，2013—06—21，http：//www.boxing.gov.cn/zgbx/58/85/120523094749059357.html.

② 杨守森主编:《读莫言 游高密》，山东文艺出版社 2012 年版，第 89 页。

③ 政协山东省高密市文史委编:《文史资料选辑》(上) 2010 年版，第 162 页。

多人。抗战胜利后，所部奉命改编为山东警备第二旅，任副旅长，兼军委会第十一绥靖区公署高级参谋。后来进入中国国民党中央训练团高级班受训。结业后，即返青岛，任国防部山东登莱青地区“人民剿匪义勇军总队”副总队长。[①]1946年4月，曹部主力被解放军击溃，有些部属投靠第四纵队，曹克明逃往青岛。解放战争时期，曹部曾在4个月内杀害革命军民500余人。[②]1947年11月，高密再次解放。1949年夏曹克明去了台湾，不久后退役。1971年，曹克明在台湾病故。

曹克明这一人物形象是相当复杂的，他曾是高密早期的共产党员，在白色恐怖下，他为求自保而叛党，日寇进犯他义愤填膺，孙家口一战更使其一举成名。他投靠日伪以及参与领导还乡团大屠杀的说法，也一直备受争议。曹克明的复杂经历也反映了人性在动荡社会中的剧烈挣扎。与其相比，曹直正的凛然就义，更值得称颂，曹直正才是真正的抗日民族英雄。莫言将曹克明、曹直正指挥的孙家口伏击战，演变成了由高密东北乡的土匪英雄余占鳌指挥，莫言杂取高密众多土匪英豪人物合成一个，高密历史上曾浴血奋战、反击日寇侵略的高密英豪们的精魂在余占鳌的身上得以彰显。

不仅如此，莫言还把曹梦九这一民国县长的形象编进了余占鳌的故事中。曹梦九在高密惩治土匪的故事家喻户晓。1936年，曹梦九以成立特别侦查队为名，诱降了有过杀人经历的高密土匪100多人。他们被下了枪，集中在当时的高密蚕业学校，曹梦九准备将他们押赴济南。惯匪刘锡明一看苗头不对，就串通彭金星和郭金忠等踏着伙夫贾传信的肩膀越墙逃跑了。[③]莫言将他们逃跑的故事也写进了余占鳌的传奇故事中，逃跑的地点则由高密蚕业学校变成了小说中的济南府警察署。莫言又把余占鳌的故事与高密有名的土匪

① 杨守森主编：《读莫言 游高密》，山东文艺出版社2012年版，第89页。

② 高密县地方史志编纂委员会编：《高密县志》，山东人民出版社1990年版，第434页。

③ 唐国举、尹焕臻：《曹梦九》，天马图书有限公司2003年版，第230页。

花脖子、黑眼的故事相结合，与日本鬼子残杀百姓以及活剥人皮等历史事件相结合，在伏击战中，又将冷关荣、姜黎川阻断接应日军的故事写进了小说中，在小说里进行了融合及变形处理，给故事增加了很多扣人心弦的波折。

三、穴居人原型——高密野人刘连仁

莫言在对余占鳌形象的刻画中，亦不无忧虑地指出种的退化，这种退化是通过爷爷那可歌可泣的光辉业绩和人格素质与儿孙辈的对比来实现的。莫言写到“爷爷是登峰造极，创造了同时代文明人类长期的穴居纪录”，“爷爷 1958 年从日本北海道的荒山野岭回来时，村里举行了盛大的典礼，连县长也参加了，来向爷爷这位给全县人民带来光荣的老英雄致敬”，[①]莫言在小说中提到的这个故事的生活原型是高密的北海道穴居人刘连仁。

据《高密县志》以及相关资料记载，1944 年 10 月，井沟草泊村农民刘连仁被日本人抓走，送到日本北海道的明治矿业株式会社昭和矿物所当劳工挖煤。他吃不饱也穿不暖，备受虐待，很多工友都被打死或患病死了。为反抗残酷的迫害和非人的生活，1945 年 6 月，刘连仁与四个工友一起从厕所的粪沟中逃脱，后来有人追击，刘连仁与几个工友相继逃散了，只剩下刘连仁孤身一人，他躲进了深山老林。[②]

刘连仁的生存意志相当顽强，他在北海道深山中想尽一切办法活命，他寻找尝试一切可以吃的食物，主要以草根、野菜、野豆为食。刘连仁的心中有着对家乡的深情眷恋，对妻儿的深深留恋，有着坚定的“返回故乡”的信念。[③]就在这坚强信念的指引之下，刘

① 莫言:《红高粱家族》，作家出版社 2012 年版，第 70 页。

② 高密县地方史志编纂委员会编:《高密县志》，山东人民出版社 1990 年版，第 613 页。

③ 杨守森主编:《读莫言 游高密》，山东文艺出版社 2012 年版，第 91—93 页。

连仁在荒山野岭中度过了一年又一年，他挖了洞穴，冬天就在洞穴中过冬，在极度寒冷的时候，他就不吃也不动，像动物一样地冬眠。有时他迷迷糊糊地醒来，就抓一把海草来吃，吃完之后又迷糊过去。到了第二年春天，积雪慢慢融化，他才慢慢地醒来，开始出洞时，他都不会走了，在慢慢地爬行几天之后，他才能重新恢复，学会走路。他从来没有放弃过寻找返乡的道路，他沿着日本的海岸线走啊走，希望陆地是连通的，希望通过东三省可以返回故乡。可是，茫茫的大海阻挡了他返乡的道路。1958 年，有个日本人去深山打猎，他发现了刘连仁的洞穴。后来他又领来了警察。这样，刘连仁才被发现，他重新返回人间，他当时被诬为中国间谍，成为轰动一时的国际政治事件，后来经过我国政府交涉，刘连仁在 1958 年 4 月 15 日回归祖国，在天津车站，他受到了刘少奇主席和周总理的热烈欢迎。

刘连仁是当年被日军强掳到日本的在册的四万余名中国劳工中的一人，这些劳工都与刘连仁一样，受过非人的折磨，许多人惨死在异国他乡。刘连仁抱着返回故乡的坚定信念，奇迹般地活了下来，并且返回了祖国。1971 年，他加入了中国共产党，还曾担任过草泊大队的副队长，井沟公社的党委委员。[①]刘连仁为争取生命的自由和尊严也付出了毕生的努力，回国后，他用自己的亲身经历，向人们特别是青少年一代作了 1800 多场报告，揭露日本军国主义当年对中国人民犯下的滔天罪行。在晚年，为了向日本政府讨还公道，刘连仁不顾年事已高，开始了艰难的跨国诉讼之旅。[②]在东京法庭上，他头脑清醒地控诉日本人当年犯下的罪行。2000 年，刘连仁去世，时年八十七岁。[③]刘连仁的切身经历也反映了中国人民坚决反抗侵略战争、维护世界和平的正义民间诉求。高密西乡官亭村刘连仁纪念馆厚厚的卷宗也记载着这位高密西乡汉子争取生存

① 高密县地方史志编纂委员会编：《高密县志》，山东人民出版社 1990 年版，第 613 页。

② 秦忻怡：《“野人”刘连仁》，黄河出版社 2004 年版，代序第 2—3 页。

③ 杨守森主编：《读莫言 游高密》，山东文艺出版社 2012 年版，第 92 页。

自由、维护生命尊严的不屈意志与斗争精神。

莫言从小就知道刘连仁，1985—1987年，莫言还以作家和乡亲的双重身份到井沟草泊村亲自采访过他。莫言曾到日本北海道寻访过刘连仁当年的足迹，还曾为刘连仁赋诗一首：

刘连仁纪念碑前有感

壮哉刘连仁，不死中国心。
寒风锻铮骨，白雪铸英魂。
曾与狼共舞，也将熊吓昏。
刻木记流年，乡思托游云。
山中十三载，世间日月新。
告别当别町，终归草泊村。
亲人喜相逢，涕泪满衣襟。[①]

高密的土匪英豪、抗日英雄以及刘连仁的故事被莫言写进余占鳌的传奇经历中，既体现了民间英雄的江湖义气和刚健血性，颂扬了人类适应大自然的顽强生命力，亦展现了作者对民族之间相互残杀的忧思。

第三节　从原型到小说中余占鳌形象的演变

余占鳌来源于高密历史上的土匪英豪高润升、抗战英雄曹克明、曹直正以及北海道穴居人刘连仁等历史人物原型，这一人物的创作并非几个人物的简单组合或生命经历的简单串联，而是莫言将他们传奇故事的精髓充分吸纳、整理与重新塑造之后的艺术创作，莫言通过对余占鳌这一人物形象的创作，召唤着红高粱大地上的精

① 管谟贤、管襄明：《莫言与红高粱家族》，江苏凤凰文艺出版社2015年版，第125—126页。

魂，也弘扬了不甘屈辱的民族精神。

一、莫言的成长背景与英雄情怀

莫言曾说，一个作家究其一生，其写过的书最终汇成一部，那便是作家的自传。其笔下的人物合成一人，那便是作家的自我。①在余占鳌的身上，可以读出三十岁时的莫言初入文坛时的勃勃雄心。英雄崇拜的浪漫记忆来自莫言童年对英雄世界的追慕与想象。莫言作为民间之子，他出身乡野，上学仅上到小学五年级，他并未接受过正统的革命理想主义与历史观的洗礼，在他的头脑中活跃着的是民间鲜活的口口相传的历史。莫言曾在与朱伟的对话中谈起，高密家乡有太多精彩的土匪传奇，高粱地为土匪出没提供了极其便利的条件。②高密东北乡地势低洼，胶河从这儿流过，这儿又是与平度、胶州接壤的地方，南有顺渡河、墨水河，历来就是土匪常常出没的地方。莫言从小耳濡目染红高粱大地上那些生龙活虎的土匪英豪们的故事长大，他们既杀人放火、又精忠报国的传奇经历始终萦绕在莫言的心头。多年以来，他们一直都活在高密民间百姓口口相传的故事里。莫言十七岁进入棉花加工厂工作时，他的好友张世家也曾绘声绘色地和他讲起过发生在他家乡孙家口的伏击战的故事。如前文所述，莫言也曾听东流口子村的朋友们讲过高润升的传奇故事，另外莫言的小学老师张作圣也是东流口子村人，这些有利条件就令莫言了解了许多高润升的故事，高润升也就成为莫言笔下余占鳌故事的重要原型之一。

1984 年，莫言考进解放军艺术学院学习。在一次文学创作讨论会上，一些老作家为战争小说创作后继无人而忧心，初出茅庐的莫言大胆提出："小说家的创作不是要复制历史，复制历史是历史

① 莫言:《自述》，张清华、曹霞编:《看莫言：朋友、专家、同行眼中的诺奖得主》，华中科技大学出版社 2013 年版，第 4 页。

② 朱伟:《我认识的莫言》，王德威等:《说莫言》，上海书店出版社 2013 年版，第 150 页。

学家的任务。小说家要表现的是战争对人的灵魂扭曲或者人性在战争中的变异。从这个意义上讲，即便没有经历过战争的人，也可以写战争。”[①]豪言既出，莫言把自己逼到悬崖上，他必须尽快拿出有分量的战争小说来证明自己。他想到了自己的家乡，决定把抗日的故事和爱情的故事放到故乡的高粱地里上演。他终以初生牛犊的虎虎生气，只用一周的时间就完成了这部在新时期中国文坛上产生过巨大影响力的小说《红高粱》第一部的初稿，小说发表在 1986 年第三期的《人民文学》上。小说一改传统抗战题材小说的创作手法，以“我”讲述“我爷爷”“我奶奶”的故事的方式穿越了时空的跨度，展现了民间土匪英豪余占鳌在二十世纪中国历史舞台上上演的辉煌生命传奇。小说将宏阔的民间历史融入余占鳌的人生传奇中，在他的身上张扬着蓬勃的生命精神和民族血性。

莫言在这部小说的《跋》中这样写道：“写完《红高粱家族》第五章，我就匆匆地把五章合一，权充一部长篇滥竽充了数……虽没写好长篇，但也确想写好长篇。怎样写好长篇呢？想了半天忽然觉得也不必谈虎色变，无非是多用些时间，多设置些人物，多编造些真实的谎言罢了。对待长篇小说应像对待某种狗一样，宁被它咬死，不被它吓死。《红高粱家族》，我真的没写好，我很惭愧。好歹我在这本书里留了很多伏笔，这为我创造了完整地表现这个家族的机会，同样也是表现我自己的机会。”[②]显然莫言在塑造余占鳌这一形象时，根据相关历史人物原型编造了许多“真实的谎言”，也倾注了很多的心血，反映了三十岁时初出茅庐的莫言对英雄的无限向往和对生命自由精神的不懈追求，令余占鳌这一土匪英雄形象深入人心，成为新时期文学史上独具魅力的抗日英雄形象。

---

① 莫言：《〈红高粱家族〉的命运》，《莫言散文新编》，文化艺术出版社 2009 年版，第 153 页。

② 莫言：《红高粱家族》，解放军文艺出版社 1987 年版，第 454 页。

二、超越原型的曲折人物命运

莫言在小说创作中历来非常重视写“人”，他笔下的人物是通过一个个生动传神的故事“立”起来的。余占鳌曲折的人生经历，建构了《红高粱家族》小说活跃生动的生命世界。在历史上并无余占鳌其人，他是莫言以故乡高密历史上的多位土匪英豪为原型而塑造生成的文学形象。余占鳌的杀人放火，绑票、抗日等等行为，取材于高密历史上真实的土匪的经历。莫言充分调用了高润升等高密土匪抗日打鬼子的传奇经历，曹克明、曹直正组织孙家口伏击战的抗战历史，刘连仁历经十三年野人生涯最终返回故乡的传奇经历，在将他们的故事进行重新组合穿插的基础上，莫言运用了夸诞狂欢的艺术手法，添加进了余占鳌的爱情经历，余占鳌与江小脚、黑眼等人的矛盾冲突，以及与日本鬼子周旋等故事情节，成功塑造了余占鳌这一自由率性的草莽英雄形象。余占鳌的爱情故事，则是莫言的艺术创新。余占鳌的传奇爱情故事并非出自曹克明、曹直正抑或刘连仁等原型人物现实的爱情故事，除了前文所述的高润升有两个太太的历史本事之外，余占鳌的爱情故事亦有邻居单家单大、单二的妻子能干持家的故事原型，以及高密民间传说的故事因素。在高密的民间传说中，曾有过一个“李仞千夺权”的故事。李仞千的叔父有癫痫病，家有三十多顷土地，他失去了自理能力，他的少二奶奶是天津人，她掌握家中大权，在李家私通管家李三，财产流失惨重，后来被李仞千设巧计夺取了家财。李仞千变卖土地，给县里购买了汽车组成了汽车运输队，建设了发电厂，加高线路，通了电灯，他成了曹梦九政府里最红的开明绅士。[①]余占鳌的爱情故事，依托于高密类似的民间传说为原型，同时又加进了莫言瑰丽的想象。高密的历史与民间传说经由莫言的艺术创作，最终生成了抗日

① 唐国举、尹焕臻:《曹梦九》，天马图书有限公司 2003 年版，第 244—259 页。

的民间土匪英雄余占鳌形象。

高密东北乡的历史传说是如此的丰富充沛又纷繁复杂，莫言在书写余占鳌的故事时显然运用了大量的故乡素材，他编造的“真实的谎言”并非信口雌黄，而是几乎每一段故事都有其历史或传说依据，比如故乡传说中的高密东北乡丧葬铺给胶州城“綦翰林出殡”的故事，曹梦九设巧计抓土匪的故事，等等。此外，莫言还充分运用了魔幻、恣意的笔调书写超越历史现实原型的“人狗大战”“天雷劈开千人坟”等等诡奇玄幻的情节，令读者惊诧不已。他在小说中所留的伏笔不仅为他后来创作小说预留了机会，也给《红高粱家族》这部小说提供了许多可供读者想象的空间。后来张艺谋执导的电影《红高粱》以及郑晓龙执导的电视剧《红高粱》，都对余占鳌进行了再创作，但“穷途变化，存乎一心”，他们始终没有逃脱莫言为其设置的人物基调，可谓万变不离其宗。莫言在《跋》中所言“宁被它咬死，不被它吓死”，也反映了莫言在写作中勇于尝试、敢于迈步向前的勇气，这部小说是莫言长篇小说创作的开山之作，莫言表示他真的没有写好，很惭愧，但事实上这部小说却经受住了时间的检验和岁月的大浪淘沙，成为中国当代文学史上具有开拓创新意义的一部长篇小说，小说中的男主人公余占鳌也成为莫言笔下众多小说人物中最值得称道的经典传奇人物之一。

三、杂糅多个原型人物个性特色，突破创新

莫言深入故乡历史，将高润升、曹克明、曹直正与刘连仁等原型人物的个性精华，最终凝聚于余占鳌一身。高润升的土匪侠义，远见卓识，民族气节，曹克明、曹直正在孙家口伏击战中表现出的智慧和英勇，刘连仁顽强的生命力以及返回故乡的执着信念……他们的生命精神在余占鳌的身上得到了体现和深度拓展。

在这些原型人物的基础上，莫言运用了大胆的艺术想象对其进行了文学演绎，令其成为包含着复杂的人性特征的民间英雄。余占鳌纵横驰骋，生命力强健，他遵从自己内心的感受而活，根本不把世俗的规则放在眼里，余占鳌既是土匪又是英雄好汉，他杀人越货又精忠报国，他亦有着自私粗野、不顾道德的人性弱点，他的这些个性特征取材于高润升。为了表现余占鳌的自由天性，莫言大胆地开启想象的空间，余占鳌的许多“出格”的故事是远远脱离了人物原型的。他往酒篓里撒尿，却酿出醇香的高粱酒。他为一己私利持刀杀人，滥发纸币。他好事做绝，坏事也干尽。他的身上洋溢着狂欢的“酒神”精神，这些个性已远远超越了现实人物原型。莫言在小说中亦写到了余占鳌率众在孙家口伏击日军的故事，在表现出战斗的指挥者曹克明、曹直正的智慧和英勇之外，莫言超越现实原型，写到了余占鳌战斗到最后一刻，他的爱人戴凤莲以及众弟兄们惨死的场面，这些场景远远超出了历史上孙家口伏击战的惨烈，更为深刻地凸显了战争的残酷以及余占鳌的壮烈情怀。莫言在对伏击战的描写中，充分借鉴了历史史料，并对其进行了灵活处理。在历史上，先有伏击战，后有日寇屠杀公婆庙村民，在小说中，则是先有日军活剥罗汉大爷的人皮，后有余占鳌带领弟兄们打日寇伏击，这样的处理使故事的前后因果衔接得更为密切，情节冲突更为集中。在余占鳌的身上不仅凝聚着千百年来古老的齐鲁大地上民间英雄们不甘屈辱的精神血性，亦有着作为凡俗人对于战争的厌倦、亲人离散的痛苦以及对于和平的深切向往。莫言亦将北海道穴居人刘连仁作为原型之一写进了余占鳌的传奇经历中，彰显了他顽强的生命力以及不屈的意志。这些故事很多都依托于莫言亲自访谈刘连仁，了解到的他在日本北海道深山中艰难生存的故事。在“爷爷”一生传奇经历的描绘中，莫言充分发挥了他的想象力，将故事渲染得极为精彩，突出表现了余占鳌的智慧、勇武以及野外求生的艰难。莫言杂糅了多个人物的个性特征，传神地描绘出原型人物的精魂，并在原型人物的基础上张扬了狂欢的生命意识，塑造了一位刚健不屈、侠肝义胆、豪放旷达的土匪英豪。民间的历史正是由余占鳌这样的民间英雄们向前推动的。

莫言笔下的余占鳌突破了传统的抗日英雄形象，他具有强烈的的自我意识，他是个土匪，又是民间英雄，他做他自己，释放他自

己，绝不矫揉造作，绝不委曲求全。他张扬着蓬勃的生命意识与自我个性，这种原生态的魅力以及真性情打动了中外读者，令其成为当代文学史上有血有肉的典型人物。三十岁时的莫言年轻、豪迈、雄健、勇武，他的少年豪情与虎虎生气也充分灌注到了余占鳌的生命经历与人格、个性中。

从原型到小说中的余占鳌形象的演变，展现了莫言天才的艺术创新能力，他将“感性”与“理性”充分整合，现实与虚幻彼此融汇，他充分运用丰富充盈的想象力创造了具有东方酒神精神的余占鳌这一形象，其间又有着对民族无意识、个人潜意识、家族心理渊源的深度把握与自然书写，其狂放粗野的豪情、酣畅淋漓的风格、言说不尽的意蕴，令余占鳌这一形象彰显出独具特色的艺术魅力与风情。

第四节　唤回红高粱大地的精魂——余占鳌形象的艺术价值

海德格尔曾说，“建立一个世界和制造大地，乃是作品之为作品存在的两个基本特征”①，“大地是一切涌现者的返身隐匿之所，并且是作为这样一种把一切涌现者返身隐匿起来的涌现。在涌现者中，大地现身而为庇护者”②。在《红高粱家族》中余占鳌形象的创作中，莫言通过向红高粱大地的回归，对民族的、人类的历史命运以及现实世界的本相进行了一定程度的揭示。余占鳌这位生长在高密东北乡大地上的土匪英雄具有丰厚的精神体量，孕育着复杂深刻的东西方文化内涵。三十多年来，余占鳌这一文学形象又成为新的“原型”，在电影、电视剧、话剧、茂腔、舞剧中被

① 孙周兴选编：《海德格尔选集》（上卷），上海生活·读书·新知三联书店 1996 年版，第 268 页。

② （德）海德格尔：《林中路》，孙周兴译，上海译文出版社 1997 年版，第 28 页。

不断演绎，彰显了莫言取材于原型又超越原型、生成新的原型的艺术创新精神。

一、审美价值：雄强生命力的张扬

法国戏剧理论家狄德罗主张，在艺术创作中应由感情出发，超越理性，冲破清规戒律，他将“善”与“富有诗意”（即美）区别了开来。他说：“我不说这些是善良的风尚，可是我认为这些风尚是富有诗意的。”[①]莫言笔下《红高粱家族》中余占鳌形象，恰恰正是冲破了“善”的道德戒律，将原始生命之“美”发挥到了极致。莫言小说创作中的感觉意识与“文化寻根”，令其突破了小说创作的“功利性”和“价值判断”，而更多地体现出一种审美视角和对文化多元认知的选择。[②]莫言将个人的生命体验、人性与民族血性、历史与现实等因素灌注于笔下余占鳌形象的创作之中，土匪英雄余占鳌既有英雄豪气，又具有侠骨柔情。莫言既有对余占鳌英雄气度的书写，亦有对其复杂人性的批判揭示，余占鳌的勃勃野性与原始生命力洋溢着尼采式的“酒神精神”，这一人物形象体现着作者对民族传统精神价值的重新发现与文化重构，呈现出独特的审美价值。

莫言的故乡高密，是一片受齐鲁文化恩泽数千年的土地，特别是莫言故乡的齐文化，气度辉煌，自由灵动，开放进取，正是由于这种特殊的地域文化，才造就了高密风物，也造就了莫言小说中余占鳌敢作敢为、富有血性的气质。透过童年故乡的土匪英雄传奇以及自身经历，莫言充分认识到高密东北乡“最美丽最丑陋，最英雄好汉最王八蛋”的复杂特征，余占鳌与他的土匪英雄原型人物一样具有雄强的生命力与复杂的人性。余占鳌曾为了自己的私利草菅人命，他杀掉和尚，杀掉单家父子。抗战中他坚决抗日，英勇顽强地反击日本侵略者，又展现出民族血性与浩然正气。他与九儿相恋，

① 狄德罗：《狄德罗美学论文选》，人民文学出版社 1984 年版，第 206 页。

② 张清华：《中国当代先锋文学思潮论》，中国人民大学出版社 2014 年版，第 102 页。

惊天动地，自由不羁，他又与恋儿私通，两段恋情，全然不顾道德约束。他参加了铁板会并取得了实际的领导地位。他怀念戴凤莲，为她出回龙大殡他费尽心思，然而他在高密东北乡对老百姓疯狂横征暴敛的混账做法又令人愤慨。他的勃勃的生命力来源于他的原始野性，他超越了道德训诫，尽情地释放张扬人性本能，以民间世界的生存搏杀展现了人类原始生存的本质。余占鳌原生态式的民间生活以及小说中大量的民俗描写，皆大大拓展了小说的审美艺术空间。

付艳霞认为:“余占鳌这个形象是对中国审美文化的有节制的改写，他的性格特征与追求个性自由的社会氛围的完全贴合让他在文学史上熠熠生辉。”[①]莫言的小说是向真善美进发的，充满着人道关怀的力量，他笔下的余占鳌洋溢着狂欢的生命亮色与炽热的生命激情，他富有浪漫精神和传奇色彩，在他的身上，野蛮与柔情、崇高与滑稽、美丽与丑陋、诙谐与庄严有机统一为一个整体。莫言通过余占鳌这一土匪英雄形象，反映了时代的风云变迁，鞭挞了丑恶的社会现实，颂扬了雄强张扬的勃勃生命力，具有超越时代、超越国界的艺术魅力与审美价值。

二、思想解放价值:复杂人性的深度挖掘

莫言曾说:“为什么这样一部写历史写战争的小说引起了这么大的反响，我认为这部作品恰好表达了当时中国人一种共同的心态，在长时期的个人自由受压抑之后，《红高粱家族》张扬了敢想、敢说、敢做的个性解放的精神”[②]上世纪八十年代，国门打开，曾被禁锢的思想获得了空前的解放，人们对生命理想充满了向往并恒切的追求。莫言的写作亦打下了那个时代的烙印，他的小说写得汪洋恣肆，一泻千里。“所谓的思想解放运动刚刚开始，在生活当中，各个领域还存在着很多禁区，刚展开所谓的真理标准问题的讨论，

① 付艳霞:《莫言的小说世界》，中国文史出版社 2011 年版，第 168 页。

② 莫言:《〈红高粱〉家族的命运》,《莫言散文新编》，文化艺术出版社 2009 年版，第 154 页。

这个时候，我觉得中国人的个性、思想还受到很大的压抑和钳制，不能够畅所欲言，甚至不能畅所欲想，在这种普遍受压抑的状态下，要求个性解放，希望张扬个性，做自己愿意做的事情、说自己愿意说的话、干自己想干的事情就变成整个社会、所有老百姓的一个潜在的心理因素。”[①]余占鳌这一文学形象生逢其时，恰好迎合了这种时代心理需求，莫言走在时代前列，他充分表达了当时社会人们心中对思想解放的呼唤，余占鳌的身上有着激情、野性、新奇性和创造性，他那离经叛道的不羁灵魂，痛快淋漓的人生态度，他的行为冒着巨大的道德压力，甚至冒着砍头的危险，极大地张扬了人的个性。[②]他雄强张扬的生命力，轰轰烈烈、顶天立地地活着的精神亦与当时思想解放的时代脉搏产生了深度共鸣。

《道德经》中讲：“天下皆知美之为美，斯恶已；皆知善之为善，斯不善已。有、无之相生也，难、易之相成也，长、短之相形也，高、下之相盈也，音、声之相和也，先、后之相随，恒也。是以圣人处无为之事，行不言之教。万物作而弗始也，为而弗恃也，成功而弗居也。夫唯弗居，是以不去。”[③]莫言冲破了二元对立“非此即彼”的惯性思维，将古老的人类智慧运用到了小说人物的创作中，他笔下的世界并非割裂的，而是多姿多彩的生命世界。他把矛盾的人性整合为“一”，体现出多元复杂的人性特征。莫言笔下的余占鳌，是狂欢的生命，他的人性是善恶美丑共生的，爱与恨、智慧与愚昧、高贵与卑下、刚阳与孱弱、乐观与悲观……对立的两极在余占鳌身上融为一体。莫言这样描绘他的高密东北乡：“高密东北乡无疑是地球上最美丽最丑陋、最超脱最世俗、最圣洁最龌龊、最英雄好汉最王八蛋，最能喝酒最能爱的地方……他们杀人越货，精忠报国，他们演出过一幕幕英勇悲壮的舞剧，使我们这些活着的不肖子孙相形见绌，在进步的同时，我真切感到种的退化……”[④]余占鳌

① 莫言：《小说创作与影视表现》，《文史哲》，2004 年第 2 期。
② 莫言：《小说创作与影视表现》，《文史哲》，2004 年第 2 期。
③ 辛战军译注：《老子译注》，中华书局 2008 年版，第 7 页。
④ 莫言：《红高粱家族》，作家出版社 2012 年版，第 3—4 页。

既是“土匪”，又是“英雄好汉”，这个人物的人生经历和所作所为，已经无法用传统的价值观念去衡量、分析、判断，而只能用人类学的视域去理解，以审美态度去观察。莫言将原先现实主义文学中惯用的“真善美”与“假恶丑”的道德对立的做法打乱、颠覆。余占鳌面对的世界原本就是善恶不明的，与母亲私通的和尚道貌岸然，却行着败坏人伦道德的事情；单家父子凭借有钱，就可以用一头大黑骡子换来年轻貌美的戴凤莲为妻。戴凤莲亲生的父母不顾女儿的终身幸福，将其许配给了麻风病人。人性的贪婪，私欲的膨胀，贫富的悬殊，社会的不公，在莫言笔下的乡野社会中一一呈现出来。莫言却以狂欢的笔法让余占鳌游戏其间，余占鳌恶作剧一样往酒篓里撒了一泡尿，却酿出了醇香的高粱酒，他和戴凤莲野合，生出了“我父亲这个土匪种”，他杀人夺妻占财却活得潇洒自在，这种对传统道德观念的反叛和亵渎，不仅张扬了他的生命活力，亦展现出“恶”在历史进程中的“杠杆”作用，表达了二元互动和互为因果的历史观。[①]在《红高粱家族》中，莫言虚构了“我爷爷”与日本农妇遭遇的情节，起初余占鳌怀着强烈的复仇心理，意欲对日本妇女施暴，可是当他看到日本妇女那打了黑色补丁的红色裤衩时，他在一瞬间被击中了，他记起了二十五年前火红的高粱地里的“我奶奶”，他的人性善念复苏了。这一个小小的情节，蕴含着莫言对生命、尊严、复仇、荣辱、人性、爱情、性欲、机缘巧合等等的深刻洞察、体悟与思考。“莫言的作品在刻意发掘人性丑陋与邪恶的同时，力图通过独特的人物造型，张起一面强力追求的旗帜，给人以振奋生命的活力。”[②]在余占鳌的身上，体现着作者莫言对人性的沉思、对战争带给人类苦难的反思、对种的退化的忧虑以及对原始生命力的崇拜。

尼采在《悲剧的诞生》一书中，将日神阿波罗与酒神狄奥尼苏

① 张清华:《中国当代先锋文学思潮论》，中国人民大学出版社 2014 年版，第 103 页。

② 从新强、孙书文:《莫言研究三十年述评》(代前言)，杨守森、贺立华主编:《莫言研究三十年》(上)，山东大学出版社 2013 年版，第 7 页。

斯这两个概念引入了悲剧研究的领域。日神象征着美、智慧、克制的力量，酒神则象征着狂喜、激情与惊骇的力量。尼采对于酒神与日神综合作用产生悲剧的解释也恰恰适用于分析余占鳌这一形象。当余占鳌处于日神状态时，他富有理智，在情感上能够节制自己，比如在他率领队伍抗日打鬼子的时候；而当他处于酒神状态时，他就变得如痴如狂，在情感上毫无节制，体会到自身与自然本体融合的最高快乐，比如他与戴凤莲以及恋儿的近乎疯狂的爱恋，就充分释放了酒神的力量，他内心的激情与狂热将其生命点燃。[①]莫言对于余占鳌形象的塑造，显然也受到过尼采悲剧思想的影响。

通过余占鳌这一人物形象，莫言揭示了现实的残酷以及人性的复杂，亦写出了人适应生存的勃勃生命力，弘扬了人的创造精神。反抗压迫、向往自由是人类的美好追求，然而为了实现和满足更好地生存的欲望，人类在面向同类时有时却又是那样的野蛮和残忍。“莫言以一种超然的历史眼光，站在整个人类的角度，从更深的人性层次上，重新考辨人类之间相互残杀的因由。”[②]正如《狗道》一章中写的千人坟显示的象征意义：“多少年过去，一场风雨中的雷电劈开了千人坟，我看见了坟里那些骨架，那些重见天日的骷髅。他们谁是共产党，谁是国民党，谁是日本兵，谁是伪军，谁是百姓，哪怕省委书记也辨别不清了。各种头盖骨都是一个形状，密密地挤在一个坑里，完全平等地被雨水浇灌着……”[③]人性的挣扎与历史的恩怨最终皆融汇消逝于民间，也许这就是莫言对人类命运的思考与展示。

---

① （德）尼采：《悲剧的诞生》，周国平译，生活·读书·新知三联书店1986年版，第2—6页。

② 杨守森：《作家莫言与红高粱大地》，杨守森、贺立华主编：《莫言研究三十年》（上），山东大学出版社2013年版，第42页。

③ 莫言：《红高粱家族》，作家出版社2012年版，第186页。

三、文学史价值：传统抗战英雄形象的突破与创新

在中国的抗战历史上，有许多可歌可泣的抗战英雄的故事，然而在中国现当代文学史上却难以找出几部恢宏厚重到能够与《静静的顿河》《战争与和平》等世界名著比肩的战争小说。这些世界一流的作品证明，小说人物形象的塑造既要真实，又要伟大，恰如雨果所说："天才所能攀登的最高峰就是同时达到伟大和真实，像莎士比亚一样，真实之中有伟大，伟大之中有真实。"[①]艺术家在创作中既要反映广阔的社会生活，又要展现人物丰富的内心世界，更应该关注人物的独特性。新中国成立以来政治先行的小说创作论扼杀了作者的激情和个性，文艺为政治服务的导向恰恰正是传统抗战小说难出杰作的重要原因。《红高粱》是在纪念抗战胜利四十周年之际的1986年发表的。在二十世纪三四十年代那动荡的历史天空下，余占鳌的精神人格在他积极抗日之时发生了质的升华。不同于历史上的原型人物高润升或曹克明、曹直正依附国民党抗日的情形，也不同于传统抗战题材小说《苦菜花》中集匪气、霸气、豪气于一身的土匪英雄柳八爷加入共产党抗日的情形，小说中的余占鳌既不肯向民国县长曹梦九屈服，亦不肯接受国民党或共产党的收编，他取代了以往以共产党或国民党的军人为主体的抗战小说写作的传统模式，余占鳌作为民间抗战的土匪英雄形象登上了历史的舞台，他的江湖侠义在那民族危亡的时刻转化为民族大义，他彰显的是作为历史主体的千百万中国民众不甘屈辱的民族血性和刚健不屈的精神气节。他自由不羁的天性不愿被任何形式所束缚，他以民间土匪英雄的形象开创着高密东北乡的历史传奇，"他传达了对于红色历史的某些颠覆性看法，突出了民间社会的道德力量，比如在抗战问题上，正是一支类似'土匪'

① 伍蠡甫主编：《西方古今文论选》，复旦大学出版社1984年版，第212页。

的民间武装扮演了抵抗侵略者的主导力量”[①]。莫言以笔下的余占鳌向世人宣称：历史是由余占鳌这样的民间英雄们开创的，人民，是推动历史前进的主体。

莫言在小说创作中引入了“我爷爷”这样的独特视角，将历史叙事与当代叙事完美结合在一起。历史与当下的比照亦有助于突破传统英雄人物故事全知视角的叙事方式，莫言将“我”带入了历史，以后人的眼光与对历史的评判穿插其间，实现了历史与当下现实的对话，余占鳌英雄形象的写作创新，彰显着新时期文学文体解放和精神解放的突出特征。在率领民间武装英勇抗日的斗争中，余占鳌更是凸显了他的坚强、勇敢和智慧。中日民族之间弱肉强食的生存竞争从未停息，在今天，日本政府依然公然篡改历史事实，不肯认罪。维护中华民族的独立和尊严，是需要余占鳌这样具有铮铮铁骨的血性男儿精神的。

中国传统文化历来是儒道互补的。儒家文化主张积极入世，提倡中庸之道，主张以个性的自我约束求得社会的和谐安宁，儒家文化推崇文天祥、岳飞、杨家将这样的忠义英雄。道家文化提倡出世，尊崇人的自然天性，丘处机、张三丰、八仙，这些道家的英雄不问功名，却以他们盖世的武功与不朽的传奇在青史留名。余占鳌这个土匪英雄的身上却张扬着既非儒家亦非道家的英雄品格，他张扬着鸿蒙未开的原始野性，他的生命精神、刚健不屈的血性气质，土匪英豪的独特风貌，更是具有齐人的风范，也使人很自然联想到《水浒传》中的英雄豪杰——鲁智深、李逵、武松……同时，余占鳌的率性与粗犷也彰显出鲜明的当代感——在八十年代思想解放的洪流中，这种率性与粗犷的风气曾经鼓荡起一代青年敢作敢为的生命豪情。余占鳌这位土匪英豪成为中外文学史上的典型人物形象，经历了三十多年沧桑岁月的洗礼却愈加鲜活，在中国文学史上留下了鲜明的足迹。

① 张清华:《中国当代先锋文学思潮论》，中国人民大学出版社 2014 年版，第 103 页。

四、生态文化价值：种的传承与生态视野

作为红高粱大地之子，莫言天然地热爱生命，崇尚自然，他也传承了高密东北乡人的生态文化基因。荣格指出："人类精神史的历程，便是要唤醒流淌在人类血液中的记忆而达到向完整的人的复归。"[①]莫言曾在《红高粱家族》中称故乡"物产丰饶，人种优良。民心高拔健迈，本是我故乡心态"[②]。莫言说："祖先那一代相对于我们这一代来说，活得更加张扬，更敢于表现自己的个性，敢说敢做敢想敢跟当时的社会、传统的道德价值标准对抗；就是说，他们活得轰轰烈烈！而我们后代儿孙相对于我们的祖先，则显得苍白、萎缩。"[③]莫言以广阔的生态文化视野切入民间历史与英雄人物创作，使余占鳌这一人物的生命焕发出了蓬勃的力量。[④]莫言提到了纯种的好汉跟后代儿孙的退化问题，他笔下的余占鳌以勃勃的生命力呈现出人的原始生命的本真，余占鳌重视"种"的传承，这种"种"的意识正与中华民族延绵数千年的家国意识紧密相连。个人奋斗、繁衍家族、重振国威，这种祖先们骨子里流淌的血性随着社会生活条件的优裕正在逐渐丧失，民族血性在流失、"种"在退化。余占鳌形象则以一种雄强的生命活力，展现了刚健的民族气节，"他们演出过一幕幕英勇悲壮的舞剧，使我们这些活着的不肖子孙相形见绌"[⑤]。莫言以戏谑的手法展开了对"文明异化"主题的描写，在《狗道》中，"我父亲"豆官的一颗卵子被"大红狗"咬掉，差点儿让他丧失了传宗接代的能力，余占鳌在得知豆官仍旧具有生育能力时欣喜若狂。这些描写丰富了作品的曲折与趣味性，亦传达

① （瑞士）荣格：《毕加索》，见《心理学与文学》，冯川、苏克译，生活·读书·新知三联书店 1987 年版，第 176 页。

② 莫言：《红高粱家族》，解放军文艺出版社 1987 年版，第 7 页。

③ 莫言：《小说创作与影视表现》，《文史哲》，2004 年第 2 期。

④ 张清华：《中国当代先锋文学思潮论》，中国人民大学出版社 2014 年版，第 103—104 页。

⑤ 莫言：《红高粱家族》，作家出版社 2012 年版，第 4 页。

了作家对于文化变异、文明异化的思考。莫言从文化人类学的视域，将种族记忆中的集体无意识与家族潜意识、个人的性意识等等心理因素融入进余占鳌形象的创作之中。“生殖、繁衍、生存、情欲、战争、死亡、祭祀、图腾、酒神”等一系列原型主题与人类情结，都在莫言笔下余占鳌的身上得到了充分展现，[①]彰显了其生态文化价值。莫言亦希望：“总有一天，神圣的祭坛被推翻，解放了的儿孙们，干出了胜过祖先的业绩。”[②]莫言痛感“种的退化”，但他还是把信心和希望寄予给未来的“儿孙们”。

在《红高粱家族》中，余占鳌以充满野性的勃勃生命力，勇敢地追求爱情、追求自由，反抗压迫，他超越了传统道德的约束，透出一种原始自然生命的本真天性，彰显了人类原始之初的生命之美。在莫言的笔下，红高粱是“活生生的灵物，它们根扎黑土，受日精月华，得雨露滋润，上知天文下知地理”[③]。莫言写父亲闻到了人血的腥气，唤醒了记忆，把淤泥、黑土，“把永远死不了的过去和永远留不住的现在联系在一起，有时候，万物都会吐出人血的味道”[④]。高粱、黑土、童年、历史、英雄、过去、现在穿插的宏阔书写体现了中国传统文化“天人合一”“万物有灵”的思想。莫言以北海道穴居人刘连仁为原型对余占鳌进行了“生物学视野”的创作，体现了生命与自然和谐共生的文学观。余占鳌在日本北海道穴居十三年，在冰天雪地的荒山野岭之间，余占鳌已然完全被剥离了人的社会性，而呈现出人的自然本性。天生万物，天养万物，余占鳌能够“毒虫不螫，猛兽不据，攫鸟不搏”，像天生的赤子抑或狼孩儿一样适应天地自然的生存法则，在蛮荒之野生存下来，令人不得不慨叹造物的神奇与生命的伟大。[⑤]通过这样的书写，莫言亦

① 张清华：《中国当代先锋文学思潮论》，中国人民大学出版社 2014 年版，第 126—127 页。

② 张志忠：《莫言论》，北京联合出版公司 2012 年版，第 273—274 页。

③ 莫言：《红高粱家族》，解放军文艺出版社 1987 年版，第 9 页。

④ 莫言：《红高粱家族》，解放军文艺出版社 1987 年版，第 10 页。

⑤ 张清华：《中国当代文学中的历史叙事：海德堡讲稿》，北京大学出版社 2012 年版，第 165 页。

将余占鳌这一人物形象的创作引向了具有宏阔意义的生态人类学视野以及宇宙精神向度之中。

“八月深秋，天高气爽，遍地高粱红成洸洋的血海。”[①]莫言吸吮红高粱大地的雨露精华，把笔触探向高密民间隐秘的历史。他唤回了红高粱大地的精魂，在高润升、曹克明、曹直正、刘连仁等原型人物基础上重构了高密历史上的土匪英豪形象。他从宏阔的历史文化视野出发，以深邃的人性探索穿透现实，拷问灵魂，构建起了余占鳌既英雄好汉又混账王八蛋的土匪英豪形象，并由此展现出神圣却不无邪恶丑陋的“人类”。[②]莫言笔下的余占鳌作为成长在民间的英雄，彰显着原始大地上生命的创造与生长，毁灭与重生，反映了人类挣脱自由和必然的对立以期获得人性解放的普遍诉求。他恰似那一株纯种的红高粱，张扬着自由豪放的酒神精神，在新文学的史册中闪耀出璀璨的光芒。

① 莫言:《红高粱家族》，作家出版社 2012 年版，第 351 页。
② 杨守森:《作家莫言与红高粱大地》，杨守森、贺立华主编:《莫言研究三十年》(上)，山东大学出版社 2013 年版，第 42 页。

第三章　莫言笔下曹梦九创作原型探源

民国县长曹梦九在高密是家喻户晓的人物，他是一位非常具有传奇色彩的民国县长，颇受高密人尊重、喜欢和爱戴。莫言出生在高密东北乡，他从小就听说了许多流传在家乡的关于曹梦九的奇闻轶事，他像诸多的高密人一样地喜欢曹梦九，热爱曹梦九，并且在小说中多次写到了曹梦九。从发表于1986年的传世佳作《红高粱家族》中的曹梦九，到1995年发表后来荣获“大家”文学奖的《丰乳肥臀》中的牛腾霄，再到2009年出版后来获得茅盾文学奖的《蛙》中的高梦九，莫言在不同的创作时空对心中的曹梦九进行着全方位的改写，曹梦九的传奇故事给莫言小说增添了无穷的魅力。那么，历史上的曹梦九究竟是怎样的一个人物，能够让莫言如此着迷呢？莫言在不同的创作时段，对曹梦九这个人物形象又有着怎样不同的改写？反映了莫言怎样的创作思想呢？莫言笔下的曹梦九与历史上的曹梦九相比较，有着怎样的艺术创新，又有哪些不足之处呢？

第一节　莫言笔下的曹梦九

1986年，莫言《红高粱家族》小说横空出世，开启了新文学抗战小说写作的新篇章。在这部小说中，莫言充分调用了他脑海中存储的故乡资源，将高密民国县长曹梦九的故事有机编织进他的小说故事情节中，曹梦九的文学形象由此生成。

莫言以单家父子被杀，罗汉大爷进县城找曹县长告状为契机，自然地引出了与曹梦九相关的在高密流传多年的“杵屎罐”“审鸡案”“打鞋底”“舔蜜腚”“招安土匪”等故事，又在小说情节中添加了曹梦九断单家父子被杀案、戴凤莲拜曹梦九做干爹、抓捕暴打余占鳌、与余占鳌互换人质、荣升山东省警察厅长等重要情节。曹梦九成为贯串起《红高粱》故事的关键人物之一。

1995 年，莫言代表作《丰乳肥臀》问世，在这部被著名评论家张清华誉为“新文学诞生以来迄今出现的最伟大的汉语小说之一”的著名作品中，莫言再次写到了这位民国县长，这次，莫言以调侃的语气，这样写道：

> 一九一七年夏天，高密新任县长牛腾霄，下车伊始，抓了四件大事：一禁烟，二禁赌，三剿匪，四放足。禁烟断财源，明禁暗不禁。禁赌禁不住，随他娘的去。剿匪剿不了，索性拉了倒。只剩下这放足，没有什么关碍。牛县长亲自下乡宣传，造成了很大声势。[①]

后来，牛县长还异想天开，“命令高密东北乡第一金莲上场现身说法，让人们形象化地认识到小脚之丑恶”。鲁璇儿的一双小脚，成了牛县长批驳的典型，不料牛县长却在与于鲁氏以及于大巴掌的交锋中败下阵来，最后在高密东北乡剽悍的乡民们的围攻下跳上汽车逃跑了。[②]在这段文字中，莫言刻画了一位生动诙谐、有血有肉的民国县长形象。

2009 年，莫言小说《蛙》发表。莫言不改对曹梦九的热爱初衷，这一次，莫言将曹梦九化作了小说的第五部——话剧中的“高梦九”，这一次的“曹梦九”成为戏中戏里的“高梦九”。小说中写到，电视戏剧片《高梦九》的拍摄现场，民国县长高梦九坐公堂审疑案，自称是“乱世做官用重典，鞋底打出个高青天”。小说中写到了“高梦九”为代孕生子的陈眉审案，因着导演的干预，以“放手者为生母”的方法将陈眉的爱子判为蝌蚪、小狮子所有。小说中

① 莫言：《丰乳肥臀》，北京十月文艺出版社 2010 年版，第 542 页。
② 莫言：《丰乳肥臀》，北京十月文艺出版社 2010 年版，第 544—545 页。

“高梦九”故事所蕴含的批判意义亦是丰厚耐读的。

从莫言对曹梦九的诸多描述改写中，可以大体知晓曹梦九是一位正义刚健、幽默智慧、慈爱悲悯的民国县长。事实上，在今天高密老百姓的心目中，曹梦九依然还是备受爱戴，人们在心中呼唤曹梦九这样真心爱护老百姓、主持公道、既廉洁又幽默的好官。

第二节　曹梦九原型历史寻踪

曹梦九是天津人，他出生于1886年。幼年时读私塾五年，十五岁进入韩家墅讲武堂习武，后来在冯玉祥部从军，历任班、排、连和警卫营长，曹梦九曾是冯玉祥的得力干将。1920年曹梦九辞职归田，回乡后被推举为乡长，他清正廉洁，扶贫除弊，深得民心。1930年曹梦九应韩复榘之聘来到山东，初任省府参政。1930年—1932年10月，曹梦九任曲阜县县长，1932年10月—1935年9月，署理平原县县长。在曲阜和平原期间，他体贴百姓，杀土匪，禁毒品，威名远播，被评为“山东模范县长”。那时候高密社会秩序混乱，土匪横行，抽鸦片、聚众赌博随处可见，灾难深重，民不聊生。曹梦九临危受命，1935年10月，曹梦九来到高密做了县长。[①]

曹梦九廉洁奉公，惩恶扬善，在高密有效清缴了“毒、赌、匪”三害，他扶贫济弱，提倡孝道，深得百姓爱戴。据《高密县志》记载，1936年夏天，曹梦九宣称济南成立“特别侦察队”，以自带长短枪各一支、杀过人为条件招收人员，诱捕惯匪八十余名，运送济南，由省政府枪杀。1937年8月，高密成立抗日游击大队，由曹梦九亲任大队长。1937年10月，日军侵入山东，驻高密国民党军七十四师弃城逃走，县长曹梦九离职。[②]

---

① 杨守森主编:《读莫言 游高密》，山东文艺出版社2012年版，第86—87页。

② 高密县地方史志编纂委员会编:《高密县志》，山东人民出版社1990年版，第18—19页。

曹梦九1935年由平原调署高密，恰逢高密续修县志。曹梦九亲自阅其志目，参互考订，完成了县志续修，并于1935年12月欣然作序：

> 余督修平原志既成，旋奉令调署高密，适高密亦有续修邑志之举，前任余君未及竣事而去。余接篆后，于簿书之暇，阅其志目，并为修明探讨，参互考订，付之剞劂，以竟其功焉。密人士请序于余。余谓志者，史类也。自采风废而輶轩无闻，一邑土地之广狭，风俗之美恶，人物之盛衰，作史者欲有所考稽，则惟书志是赖。①

曹梦九还在序中论及高密的历史、人文以及修志的重要性。尤为难得的是，曹梦九为补社会风化而修志："凡志书所载，盖无一不与治道有关也。"②最后他指出修志恰逢其时以及对志书修成的喜悦："况前志修于清光绪丙申，距今四十年，欲问其事，而遗老未尽，数十年间之事，不难泚笔而书也。余既喜其书之成，为弁数言，以志颠末。"③

曹梦九在高密的任职时间仅有短短两年，却实现了立德、立功、立言"三不朽"。他的德行功绩，高密百姓有口皆碑，他在高密历史上留下了传世的民国县志，也留下了许多的奇闻轶事。其中有《高密县志》记载的剿匪、抗日的故事，亦有打击贩毒、吸毒、赌博的"穿戒赌衣扫大街"的故事，打击扰乱社会治安的"打鞋底""搅屎罐"的故事，扶贫济弱的"审鸡案""舔蜜腚""审石头"的故事，提倡孝道的"吃炉包"的故事等，这些故事经多人的传播、

① 高密县地方史志编纂委员会编：《高密县志》，山东人民出版社1990年版，第606页。

② 高密县地方史志编纂委员会编：《高密县志》，山东人民出版社1990年版，第607页。

③ 高密县地方史志编纂委员会编：《高密县志》，山东人民出版社1990年版，第607页。

演绎，都已成为曹梦九的经典故事，在高密的民间广为流传。

在由政协高密文史委主编的高密《文史资料选辑》等地方史志中，亦有县长曹梦九的史料记载。作家莫言对曹梦九相当偏爱，在多部莫言小说中，都能寻觅到这位民国县长的踪迹。

高密亦有很多曹梦九的粉丝，于天助曾寻访二十余人，以大量的口碑资料为依据，撰写过《曹梦九在高密》一文，文中较详细地记述了曹梦九的生平。唐国举则以民间采风的方式采访了许多亲密接触过曹梦九的人，挖掘了许多在民间流传的曹梦九的故事。

2003 年，唐国举的历史人物故事《曹梦九》一书由香港天马图书有限公司出版，这是迄今为止，对曹梦九研究最为深入、考证最为详实的一本书。全书共分五十一章，每章皆是一个主题或一个故事，主要章目包括：曹梦九历史简介、署理高密县县长、枪毙傅少文等人犯、刘冠五被贬斥、一锅端掉老墓田、微服私访、鞋底不打卖洋油、改革戒烟所、从严治学、修路架桥筑坝地叠地、曹梦九挨打、曹县长公子挨打、放生与植树、奖励两个士兵、驴媳妇、《高密县志》出版发行、冤杀刘小湃、张步云下跪、韩复榘视察高密、特别侦察队、舔蜜腚、要“摸”钱、吃炉包、审鹅卵石案、正月十五放焰火、半个武术大师、曹梦九脱险、李仞千夺权、搅屎罐、高密成立抗日游击队、离职还乡等。[①]这本书最为贴近高密历史上的曹梦九，对于研究莫言笔下的曹梦九有着重要的参考价值。作者唐国举亦与曹梦九在天津的家人取得了联系，曹梦九的后人于 2015 年 10 月来到高密寻亲，对曹梦九的研究也由此得到了进一步的拓展。

值得一提的是，高密历史上的曹梦九在抗战之初即离开高密，伏击战之类事件皆与其无关。伏击战在历史本事中是由曹克明等人组织领导的。在莫言笔下的伏击战则是由余占鳌指挥的。

① 唐国举、尹焕臻：《曹梦九》，香港天马图书有限公司 2003 年版，目录页。

第三节　曹梦九内在精神价值的传承与演变

在《红高粱》《丰乳肥臀》《蛙》等小说中，莫言在充分把握曹梦九人物原型内涵的基础上，对笔下的曹梦九、牛腾霄、高梦九等小说人物进行了艺术创作，呈现出正义刚健、智慧幽默、慈爱悲悯的精神内涵。其人物原型曹梦九的故事在当代仍然具有旺盛的生命力，其内生的精神动力契合了人们的审美文化心理以及精神诉求，因此这位民国县长的故事既吸引着高密众多的民间百姓，也吸引着莫言小说的众多读者。那么，从原型到小说人物，曹梦九的故事经历着怎样的演变，又隐藏着怎样的内在价值？

中华文明源远流长数千年，其中最核心的就是儒释道的文化精髓。正是因为蕴含着这样的文化价值，才使莫言笔下的曹梦九一出场就抓住了人们的视线，并打动了无数人的心灵。在曹梦九、牛腾霄、高梦九的故事中，首先褒扬的是曹梦九正义刚健的民族血性。正义刚健的民族精神正是中国传统儒家文化所推崇与倡导的；其次曹梦九的精灵古怪，不按常理出牌的幽默气质，为老百姓津津乐道，显现了中国传统道家文化悠然自乐的精神风范；第三，曹梦九的“慈悲”情怀，他的提倡孝道、扶贫济困等，表现出佛家文化的精髓。这位民国县长形象与中国人内在的传统价值观念产生了深度共鸣。那么，儒释道的精神气质在曹梦九历史人物原型、莫言小说中是如何传承和演变的？以下从三个方面予以分析。

一、正义刚健的民族血性

在高密历史上，曹梦九是一位一身正气的好官。他视土匪、鸦片、赌博为乱世之源，下决心剿匪、禁烟、禁赌。政令在高密执行两年，成效卓著。在中国传统的文化信仰中，正义刚健代表的是一种浩然的民族精神，曹梦九治理“毒赌匪”三害的政绩体现的就是这种正义治服邪恶的精神，这种精神内涵是中华民族血脉中流淌的民族血性，也是中国传统儒家文化积极进取精神的集中体现。

这种民族血性，在从曹梦九的历史原型到小说人物的演绎中呈现出不同的风貌。历史上曹梦九的正义刚健品性，从诸多德政碑上可以窥豹一斑。他吏治廉明，政绩卓著，深受各界拥护，平原县绅商民在济南商埠公园建立《曹公梦九德政碑》一座，德政碑云：

> 吾邑县长曹梦九夙娴军旅之学，天赋政治之才。下车以来，值刘匪窜逃，伏莽遍地，淫雨成灾，秋禾淹没。公夙夜勤劳，除民疾苦，侦察剿捕，迭获惯匪五十余名，呈准置法。……自此四境乂安，万姓乐业。同时视勘灾象，分别详情缓征，劝各村组设济灾会，借贷食粮，乡无饥民，人忘凶岁。
>
> 积案百数十起，公于鞍马劳顿之余，逐日讯诘十数，而造曲直，每得其词外之情。故片言所折，侠懦悉服。积滞历旬，胥清后更，案无留牍。……公天性廉明，意气忠亮，吏不敢贿，民不忍欺；而整顿教育，振兴实业，重道右文，扬清激浊，均兼营而并进。①

济阳、恩县、高唐、德县、临邑、夏津、禹城七县绅商民，也在诸县交通要道的腰站镇共同建立《平原县县长曹公梦九德政碑》，赞曰：

> 下车伊始，首要治安，整顿民团，提倡自治。复于数县交界之腰站镇，设防一连，稽查奸宄，并为邻封之应援，即各邻村有匪患是闻，无不竭力剿办。故距界之邻村

① 唐国举、尹焕臻：《曹梦九》，香港天马图书有限公司 2003 年版，第 3 页。

二十里内外，盗匪敛迹。[①]

除这两处德政碑之外，在山东的曲阜、平原、济阳、济南等地，曹梦九的德政碑还有几十座。由此可见曹梦九“天性廉明，意气忠亮”，他正义刚健的精神气度以及卓越的政治才能，一直为民间百姓称道。

在唐国举的《曹梦九》一书中，从“枪毙傅少文等人犯、刘冠五被贬斥、张团长挥泪杀情妇、一锅端掉老墓田、天下乌鸦一般黑、改革戒烟所、特别侦察队”等故事中，亦可以找到这位久孚众望的民国县长正义刚健精神品格的诸多例证。

莫言小说中的曹梦九之正义刚健，是这样刻画的：曹梦九牧高密三年，被人称作“曹青天”。曹梦九禁赌、禁烟、剿匪，成效显著。曹梦九喜好以鞋底充刑具，得绰号“曹二鞋底”。民间风传曹梦九断案如神，正大光明，六亲不认。[②]《红高粱家族》中的曹梦九在高密活动的时间是1925—1928年期间，那时抗战还未爆发，曹梦九抗战的故事，莫言在小说中也就无法提及。小说中的曹梦九后来荣升为山东省警察厅长，他担负起更大的使命，保护百姓安宁。

在高密《文史资料选辑》收录的《曹梦九在高密》一文中，于天助曾详细叙述了曹梦九抗战前夕积极备战以及受形势逼迫不得不离开高密的经历：1937年抗战爆发，国难当头，曹梦九成立抗日游击大队并亲自任大队长，他任命蔡晋康为大队副，不久便组织起三百余人的抗日队伍，并成立了民团训练处，训练干部、民丁千余人。同年9月，曹梦九召开了抗日救国动员大会，并在会上慷慨陈词，揭露日军罪行，呼吁民众“明耻教战”，号召高密志士勇往直前，抗击侵略者。与此相反的是国民党驻守高密的陆军七十四师师长李汉章以及曹梦九的顶头上司山东第八区行政督察专员厉文礼以抗战为名欺压百姓，搜刮民脂民膏，再加上韩复榘失利南撤，失去

① 唐国举、尹焕臻：《曹梦九》，香港天马图书有限公司2003年版，第3页。

② 莫言：《红高粱家族》，作家出版社2012年版，第101—103页。

联系，曹梦九本想与高密百姓共甘苦，同奋斗，然而事与愿违，他八方受挤，眼见不能造福百姓，曹梦九只好罢官为民，眼含热泪，离开高密。从曹梦九真实的历史际遇中可知，曹梦九并非因为贪生怕死而临阵脱逃，而是因着国民党政府和军队的腐败无能令他深深失望，只能黯然离去。历史并没有为他提供披挂上阵、奋勇杀敌、为民族而战的机会，这一幕我们最终在 2014 年播映的由赵冬苓编剧、郑晓龙导演的《红高粱》电视剧中看到了。

在曹梦九的形象演变中，我们看到了这位民国县长从一个传统清官“曹青天”的典型，演变成为一名具有正义刚健精神的文学典型人物。这种全新演绎深化了人物内在蕴含的儒家进取精神，彰显了中华民族不屈的民族血性。

二、洒脱幽默的处世智慧

在高密的民间故事中的曹梦九是一位智慧过人的民国县长，也是一位具有幽默诙谐风范的传奇人物。这种幽默诙谐的风格体现的是中华道家文化所倡导的怡然自乐的处世态度。这种洒脱的道家智慧是对儒家进取精神的平衡与有益补充。莫言小说中的曹梦九与高密历史上的曹梦九一样既具备儒家进取的精神，又有着道家洒脱幽默的处世风格。莫言自幼生长在高密的民间，曹梦九“杵屎罐”“打鞋底”“审鸡案”“舔蜜腚”“招安土匪”等故事皆是老百姓在田间地头津津乐道的趣事，莫言是深谙其中之妙的。莫言在民间传说的基础上又根据《红高粱家族》小说的情节需要加以改编，增加了曹梦九断单家父子被杀案却被花脖子搅局、九儿拜曹梦九做干爹、与余占鳌互换人质等极具幽默色彩的情节。

在《丰乳肥臀》中，这位曹梦九化身为民国初年的县长牛腾霄，牛县长的禁赌毒匪三害被莫言调侃为“禁烟断财源，明禁暗不禁。禁赌禁不住，随他娘的去。剿匪剿不了，索性拉了倒”。只剩下放足，没什么关碍，牛县长亲自下乡宣传，其结果却是他的放足运动得到了高密东北乡人的群起抵制，牛县长最后只得跳上汽车灰溜溜

地逃跑了。牛腾霄的故事成为《丰乳肥臀》小说重要的幽默看点之一，给这部较为沉重的新历史小说增添了许多轻盈灵动、诙谐幽默的色彩。通过牛腾霄与曹梦九命运的对比可以看出，小说与电视剧中曹梦九的形象很感人，而牛腾霄的形象却有些可怜，这一点恰恰又暗讽了现实生活中的曹梦九在抗战前夕从高密逃离的历史事实，他的结局与牛腾霄的逃离是有着相似之处的，这表明了在复杂的社会历史进程中个人力量的渺小以及命运力量的强大，在增加了故事趣味性的同时，也留给了读者更多思考与想象的空间。

德国著名诗人席勒提出了素朴的诗与感伤的诗相结合才能实现感性与理性的和谐统一，他进一步发展了康德在《判断力批判》中提出的艺术“游戏”说，认为人的身上存在着感性冲动与理性冲动两种对立因素，二者都使人陷入了不自由的困境，面对这一困境，只有通过“游戏冲动”才能使自然的强制与精神的强制相互抵消，使人的生存尽善尽美。“说到底，只有当人是完全意义上的人，他才游戏；只有当人游戏时，他才完全是人。”[①]莫言笔下的曹梦九形象正是体现了感性与理性的和谐统一，他的幽默气质恰恰可以充分满足人的游戏冲动，在带给读者愉悦、刺激的阅读体验的同时，又能充分发挥文学艺术弘扬人间正气的审美教育功能。

童庆炳先生认为：“历史理性、人文关怀和文体升华三者之间保持张力和平衡，应该是文学的精神价值的理想。”[②]如果说正义刚健的民族血性是历史理性的选择，那么幽默诙谐的民间智慧以及慈爱悲悯的人性情怀，可归于人文关怀的范畴。曹梦九亦正亦邪、古灵精怪、匪夷所思、幽默诙谐，极富个性，这个人物复杂的性格本身以及莫言对其精巧的艺术创新就构成了历史理性、人文关怀和文体升华的张力和平衡，在多元文化共生的今天，曹梦九身上独特的魅力更是绽放出闪亮的光芒。

---

① （德）席勒：《审美教育书简》，冯至、范大灿译，北京大学出版社 1985 年版，第 73—80 页。

② 童庆炳著，赵勇编：《在历史与人文之间徘徊：童庆炳文学专题论集》，北京师范大学出版社 2007 年版，第 287 页。

三、慈爱悲悯的人性情怀

曹梦九自幼进入私塾读书，他是一位深受中国传统儒道文化影响的民国县长，同时，曹梦九又信奉佛教，在他的身上体现着儒释道精神的和谐统一。“穷则独善其身，达则兼济天下”，当他为官时，他选择儒家的进取，积极入世，为官一任，造福一方，有功绩，有作为；当他身处战乱之时，他选择了道家的归隐，他返回天津老家边烧茶炉边研读中国历史；而佛家的慈悲则是他一生践行的生命理想，他为老百姓减租、免税，亲民爱民，扶贫济困，提倡孝道，积极发展慈善事业。

曹梦九的慈爱悲悯首先反映在他的注重孝道上。百善孝为先，曹梦九告诫“吃炉包”不忘父母的故事就是在高密广为流传的提倡孝道的故事。孝道是中华传统文化之根，正因为注重孝道，中华文明才得以历经数千年而不衰。由孝而衍生的对父母、子女、家人、同胞以及整个人类以及世间生灵的慈爱悲悯，在曹梦九的身上都得以彰显。曹梦九对不孝子深恶痛绝，只要有老人状告子女不孝，曹梦九就会把不孝子抓来亲自审问教育，他还会定期派人上门寻访，如果子女没有改过自新，他会再次将其抓来再教育。[①]曹梦九注重孝道这一点在莫言小说中挖掘得还不够深入。如果作者能增加一些诸如曹梦九奖励孝子、用鞋底教训不孝之子等等生动感人的小故事，则可以更加深刻地展现出曹梦九注重孝道良心、弘扬人间正气的慈悲情怀。

其次，曹梦九关心弱势群体也展现了他慈爱悲悯的情怀。莫言笔下的“杵屎罐”“审鸡案”的故事，都是曹梦九打击豪绅欺压百姓、关怀弱势群体的经典故事，高密民间流传的曹梦九给贫苦百姓赠送小毛驴的故事，审石头帮助卖粥小姑娘的故事，买鸟放生的故事，皆展现了曹梦九慈爱悲悯的仁厚爱心。曹梦九看到有少衣缺食

① 郇存瑞、焦竹音:《曹梦九后人高密寻亲记》,《今日高密》,2015年12月5日。

的盲人、病夫流离失所，在严寒的冬天栖身城墙下的涵洞或桥底，他心生恻隐，慨叹“天下竟有这般苦民”，于是节省行政经费，在高密东岭建了盲人院和麻风病院，他还在沟深、坡陡、无桥的小康河上游建了“保康桥”。曹梦九还收养了一个贫苦人家的孩子田玉兰，在抗战前曹县长将她托付给了可靠的人家收养，还给她留下了钱。即使是在曹梦九返回天津老家生活拮据之时，他依然拿出钱来继续供养她。田玉兰老人生活在高密醴泉街道的尧头村，在她八十多岁高龄时依然记得曹梦九对她的养育之恩，她说曹县长是个难得的好人，他走的是共产党“为人民服务”的路线，他提倡孝道、勤劳、节俭，他自己是个很朴素的人，他穿的是布衣布鞋，吃的是粗茶淡饭，就是剃头都是在家里由他的夫人亲劳的。在曹县长治县的年代，夜不闭户，如果偷抢，抓住了就会被打鞋底。曹县长经常抱着她，有时牵着她的手在院子里逛，出门坐车也会带上她。曹县长对她说以后会供她读书，鼓励她长大后就去参军。由此可见小说及电视剧中曹梦九与九儿的关系是有本事依据的。这些丰富的民间资源在莫言小说中运用得还不够充分。

莫言小说《红高粱家族》中曹梦九的慈悲情怀体现在曹梦九断单家父子被杀案等情节。曹县长当时就已经料到了此事与戴凤莲有关，但想到她嫁给麻风病人的不幸，曹县长就心生怜悯，他没有下令抓她，而是有意成全她。戴凤莲上前把他认作亲爹，曹梦九出于慈悲同情，就认她做了干女儿……《红高粱家族》是莫言早期的作品，三十多岁的莫言给曹梦九故事赋予了荣升山东省警察厅长职务的结局，反映了莫言早期积极进取的精神，曹梦九的悲悯情怀尚未在《红高粱家族》小说中充分体现与展开。

在小说《蛙》中，莫言对“曹梦九”的原型故事进行了再度改写，莫言使用了戏中套戏的手法，将这位“曹梦九”演变为电视系列片《高梦九》拍摄现场的“高梦九”，小说通过“高梦九”所反映的社会现实是令人颇感沉痛和悲哀的。小说中写到陈眉为蝌蚪小狮子代孕，生下孩子后孩子被抱走，她想方设法抢回了自己的孩子，抱着孩子闯到电视系列片《高梦九》的拍摄现场，连呼包青天

为民女做主。这位“高梦九”显然是具有现代意识的高梦九，他本是个心地善良的人，为主持正义，他曾提出要他们去做 DNA 来鉴定孩子亲生父母的看法，却因为导演（为了得到赞助费）的强制干预，他只能将错就错，以开封府包大人“放手者为亲母”的做法，将陈眉为蝌蚪代孕的儿子判为小狮子、蝌蚪所有。陈眉找这位“高梦九”主持公道，显然是找错了对象。如果真的有曹梦九再世，也许陈眉的冤屈可以得到昭雪，陈眉可以争得小金娃的抚养权。而小狮子、蝌蚪、袁腮等人，也许会被曹梦九抓起来，痛打鞋底，赔款若干给陈眉，老百姓亦会拍手称快。可是现实却是那样的残酷，陈眉获得了赔偿，却失去了爱子。戏里戏外皆是人生，莫言这种戏中套戏的写法，将历史与当下、虚拟与现实融为一体。曹梦九的故事，在莫言的小说中，获得了全新的演绎。通过高梦九断案的故事情节，深刻反映了农村弱势群体苦痛的生存现实，通过历史上的曹梦九的对比，莫言在呼唤着良心、公平和正义，具有强烈的悲悯意识，亦对陈眉这样命运苦痛的底层女子寄予了深切的同情。

孔子曾以“思无邪”评价《诗经》，“劝善惩恶”的道德教化也是小说艺术的重要功用之一。曹梦九的故事在莫言小说中的演变彰显了中华传统儒释道文化精神在现代社会的传承与变迁，这些人物形象之所以演绎得如此精彩又令人信服，恰恰是因为曹梦九、牛腾霄、高梦九的故事皆脱胎于高密真实的历史人物，又在原型人物的基础上进行了内容创新、情感丰富与内在精神价值的深化，体现出历史理性与人文关怀的双重烛照。莫言将曹梦九、牛腾霄等人写进了他的小说，除了为故人立传的目的之外，亦展现了中国传统知识分子对中华传统文化精神的自觉传承与践行，既丰富了读者对过去那个时代的好官——民国县长曹梦九的认识，也令代表着当时正统官方价值的民国县长曹梦九形象与代表着乡野民间自由精神以及勃勃生命力、不肯接受传统道德驯化规约的民间土匪英雄余占鳌的形象形成了耐人寻味的对比。

“一阵风一阵雨一阵晴天，半是文半是武半是野蛮”，这是 1936 年夏秋之交，高密举人单步青为曹梦九题写的对联。难琢难磨的民

国县长曹梦九至今依然是高密老百姓津津乐道又言说不尽的历史文化名人，正义刚健、幽默智慧、慈爱悲悯的小说人物曹梦九、牛腾霄、高梦九亦成为中国当代文学史上熠熠生辉的典型艺术形象，具有丰厚的历史文化底蕴和独特的人格魅力。

第四章 《檀香刑》中孙丙形象创作原型探源

莫言是具有英雄情结的一位作家，在他的许多部长篇小说中，常常可以读到“英雄”式的人物，例如《红高粱》中的土匪英雄余占鳌、《丰乳肥臀》中的本色英雄司马库等等。抗德英雄孙丙是莫言发表于2001年的长篇小说《檀香刑》的主人公之一。作为一名不断追求艺术创新的当代中国作家，莫言在孙丙这一英雄人物的创作中实现了新的突破。他在小说中融合了故乡高密一百多年前的抗德历史以及茂腔等诸多民间历史文化元素，在张扬民间英雄勃勃的生命力与行侠仗义不畏生死的英雄气概的同时，亦通过孙丙这一人物形象深刻反映了十九世纪末二十世纪初中国尖锐的社会矛盾、东西方文化历史的纠结与冲突，以及人性的矛盾复杂、人类灵魂渴望永生的追求，具有超越时代、超越国界的艺术魅力。

莫言曾说，故乡有两种声音令他迷恋，一种是火车在胶济铁路上驶过时那铿铿锵锵的声音，而另一种则是茂腔戏的声音。这两种声音在他的脑海中盘桓多年，最终酝酿成他笔下《檀香刑》的故事。故事中的孙丙这一人物形象，正是承载着莫言的心路历程、故土情结与历史悲情。孙丙的人物原型，首先来源于高密的抗德英雄孙文，他的猫腔戏班班主身份则为作品平添了一层民间文化色彩。而孙丙被缚升天台承受檀香酷刑的场景，则像极了为赎人类之罪甘愿被钉死在十字架上的耶稣基督。本书拟从浪子、艺人、英雄、殉道者等方面深度考察孙丙形象的创作原型。

第一节　莫言笔下的孙丙

莫言曾经成功塑造了许多“成长型”的人物，这些人物的特点是，随着年龄的增长以及人生境遇的改变，他们的行为方式和思想性格都在发生着非常显著的变化。《檀香刑》中的孙丙在故事的推演中亦是如此。孙丙不是“高、大、全”式的英雄，他曾是一名缺乏责任感的“浪子”，亦是一个技艺高超的民间猫腔艺人，后来他经历了人生的变故回归家庭，最终却在经历国仇家恨之后，成长为一名民间的抗德英雄。莫言对于孙丙这一人物形象的塑造是匠心独运的，孙丙具有普通人的复杂性格，亦有着超出凡人的英雄气概，展现了一位民间英雄成长的复杂历史。

作为一名民间的猫腔艺人，孙丙曾是一位逞强好胜的风流“浪子”，他活得自由随性，无拘无束。这表现在他年轻时根本就没有家庭责任感。他曾迷失在情欲之中。身为高密东北乡猫腔戏班班主的孙丙，因生得相貌堂堂，颇受女性青睐。孙丙与眉娘的母亲成亲之后，依然是拈花惹草，把眉娘的亲娘活活气死。他对女儿眉娘也是不管不顾，终日走南闯北唱猫腔。他好强斗勇，以为自己的胡子天下第一，就是县太爷他都不放在眼里。他的逞强、好色亦是民间“浪子”原始生命力的体现。心理学家弗洛伊德把性本能看作人类所有活动的真正原动力或内驱力。他认为人所有的行动都是由与生俱来的“性”欲望决定的，性本能被压抑、包裹在潜意识或“本我”中，成为对人的行为具有决定力量的巨大心理能量之源。[①]年轻时的孙丙放纵情欲，不顾妻儿，他只是活在“本我”的低级欲望里，就连妻子死去都难以让他回头，更不用说承担起养育儿女为人父的责任。

① （奥）弗洛伊德：《论艺术与文学》，常宏等译，国际文化出版公司2007年版，第94—102页。

孙丙同时又是一位对猫腔艺术有着执着追求的民间艺人，他是高密地方戏猫腔的传承者和发扬光大者。作为高密东北乡猫腔戏班的班主，孙丙是一位有魅力的领导者，他组织排演的猫腔戏吸引了众多的观众。他走南闯北，多方学习借鉴，把猫腔戏的技艺提高到一个高超的境界，猫腔戏经过他的改进声名远播。他后来能够成为抗德英雄一呼百应，与他的猫腔戏班班主身份亦是有关联的。同时，猫腔戏的熏陶亦令他保持了自由自在的天性，他是不屈服于世俗的。

孙丙亦是一个热爱生活、勇于改变的人。经历过生活磨难的孙丙，最终在时代洪流的卷滚中渐渐走出了情欲的泥潭。因与县令钱丁斗须，孙丙丢掉了他的美须，也似乎是丢掉了他性乱的资本。他在不能唱戏维持生计的情境下，只有接受命运的安排，开起了茶馆，娶了他的相好小桃红。有了安稳的家、娇妻爱子之后的孙丙，本来是可以继续过他的幸福生活的，然而小桃红上街受辱又一次改变了他的生命轨迹。为给妻子复仇，孙丙一步步走上了抗德的道路。

孙丙又是一个不甘屈辱、勇于反抗、具有阳刚血性和独立精神的人。1900 年，德国人入侵高密东北乡，修铁路挖祖坟，德国兵更是骄横暴虐，在大街上凌辱孙丙的妻子小桃红，充满血性与反抗精神的孙丙杀死了德国鬼子，[①]换回的却是他的妻子儿女以及乡亲二十七人的被杀，血溅马桑河，家破人亡的孙丙远走他乡，到曹州学了义和拳，回乡举起了义和团的旗帜英勇抗德……清明节那天，孙丙率众攻打了铁路窝棚，抓了三个德国兵，事件越闹越大，竟惹得德国的胶澳总督克罗德与山东巡抚袁世凯带兵来到高密县，他们准备武力解决孙丙。为保全百姓，孙丙跟随前来劝降的钱丁走出马桑镇，为救乡亲，他宁肯牺牲自己……孙丙的形象，从一名浪子、艺人演变为抗德英雄形象，及至孙丙被关进大狱，却有曾受过他恩惠的丐帮众弟兄不顾生死，舍命相救……小说情节因此波澜起伏，

① 李晓燕:《浴火的凤凰——〈檀香刑〉中孙眉娘形象解析》,《作家》,2015 年第 2 期。

扣人心弦。

孙丙亦是一位有骨气的人，他宁争一口气，也决不苟活于世。他背负起了命运的十字架，不肯接受众乞丐的大义相救，宁肯承受檀香酷刑，以此唤醒民众的良知。他活得轰轰烈烈，死得气壮山河。孙丙的受难使他成为一名“殉道者”形象，他的这种“殉道”既是为弘扬猫腔的艺术精神而殉道，亦是为成就英雄之梦而殉道，为灵魂不死而殉道。孙丙超越了自我的局限，走向了精神的永恒。

同时，作为民间英雄，孙丙又有其局限性，有他愚昧的一面。孙丙去曹州学习了义和拳，他回乡后设神坛，喝神符，自以为是岳武穆附体，这显然是相当无知的。“岳元帅”请来的“神灵”和血肉之躯终究敌不过德国兵的枪炮。孙丙带领的义和团同德国兵的战斗表现出来的原始、滑稽、迷信色彩以及惨烈的结局，体现出农民运动愚昧、悲壮的一面。民间抗德力量轰轰烈烈地登上了历史舞台，又在封建末落王朝和外国侵略者的联合绞杀下溃败。血雨腥风之中，孙丙将刑场化作了成就他人生大义的戏台。

莫言塑造了这样一位抗德英雄——猫腔戏班班主孙丙的形象，孙丙从年少时放纵情欲为自己而活，到中年时安身立命为家人而活，及至后来率领众乡亲坚决反抗外敌凌辱抗德阻路，宁肯承受檀香酷刑也绝不低头，为民族大义和成就人生辉煌而活，他展现了一位民间英雄的成长历史。八月十五午时三刻，赵甲、赵小甲给孙丙上了檀香刑，孙丙悲亢地唱起猫腔大悲调……[①]故事在孙丙、赵甲、钱丁之死的高潮中戛然而止。孙丙这样的民间英雄，是惊天地、泣鬼神的。

在孙丙身上，我们可以看到民间英雄余占鳌、司马库的影子，他们都是率性而活，都是铁骨铮铮、无所畏惧。由此可见山东的民魂，也可见莫言对于民间英雄的神往。

① 李晓燕：《浴火的凤凰——〈檀香刑〉中孙眉娘形象解析》，《作家》，2015 年第 2 期。

第二节　孙丙原型——孙文历史寻踪

莫言笔下的小说人物孙丙，原型是载入史册的高密抗德英雄孙文。1897 年 11 月，德国人以巨野教案为借口强占胶州湾，1898 年 3 月 6 日，德国与清政府签订《胶澳租界条约》，攫取了修筑胶济铁路以及开采沿线矿产等特权。[①]1899 年 6 月，德国十四家大银行投资营建胶济铁路,9 月 23 日举行了开工典礼，由青岛向西修筑。11 月，路基修至高密境内，“毁苗占田，拆房迁村，挖坟掘墓，破坏泄洪”[②]，激起了以孙文为首的爱国民众的强烈反击。

孙文（1855—1900）是高密西乡官亭村人，原名孙玫，又名孙玉，他急公好义，仗义疏财，精明强干，善良仁慈，在乡里很有威信。传说有一年他去高阳集卖马，马卖了，钱却被他周济了穷苦的朋友。1898 年，高密县境内又闹水灾，高阳河两岸的群众因水灾发生了激烈纠纷，经孙文等人出面调解，定出了规章，并经由知县裁决，刻碑立石，这一纠纷才被妥善解决。[③]孙文经常出面为群众排忧解难，素孚众望，因此在抗德阻路斗争中被推为首领。孙文号召起西乡 108 个村庄的民众群起抗德，抗德民众在他的组织下，收集武器，碾制火药、练兵演炮，广造舆论。[④]

1899 年 6 月，胶济铁路勘测至高密县境东部的姚哥庄时，距离姚哥庄二三里路的大吕村逢集，有一个修铁路的小工到集上买鸡时，寻衅滋事，调戏妇女，赶集的民众路见不平，痛打了小工。小工回去后纠集同伙前来报复，大吕村人早已对德国人修铁路不

① 张家骥、姜祖幼:《孙文阻路抗德斗争》，潍坊市政协编:《潍坊重大历史事件》，中国文联出版社 2003 年版，第 177 页。

② 青岛市史志办公室编:《青岛市志·交通志》，新华出版社 1995 年版，第 17 页。

③ 杨守森主编:《读莫言 游高密》，山东文艺出版社 2012 年版，第 85 页。

④ 张家骥、姜祖幼:《孙文阻路抗德斗争》，潍坊市政协编:《潍坊重大历史事件》，中国文联出版社 2003 年版，第 178—179 页。

满，他们奋起还击，拔掉筑路路标，迫使工程暂停。24日，德国驻胶澳总督借口“保护路务”，派兵进入高密县境镇压群众。德兵入县境就袭击了芝兰庄和堤东村，杀伤村民百余人。25日，德军进入高密城，驻扎在通德书院，他们焚毁书籍、器具，强收城防武器。[①]德兵还窜入城南刘戈庄杀伤多人。清地方政府腐败无能，为大吕事件居然向德国人赔款白银3495两。[②]德国人的暴行以及清政府的欺民媚外行径激起了高密爱国民众强烈的反抗情绪，孙文领导抗德，一呼百应。

抗德英雄孙文是个非常勇敢的人，面对外来侵略者，他具有勇于反抗的精神。1899年11月22日，孙文在绳家庄召开大会，揭发了德寇的侵略罪行以及清廷的卖国行径，号召群众团结起来，坚决抗德。他当众向群众发誓：“有孙文就没有铁路，有铁路就没有孙文！”在这次会议上还选出了各村的抗德首领。会后向本县及周围各县散发了“帖子”，广泛进行了宣传。[③]1900年1月11日，孙文、李金榜等在张家大庄聚集3000多名武装群众，他们兵分三路，到晾甲埠一带阻德修路，将正在修路的清兵以及德国人轰跑。2月1日，孙文率领2000多名群众夜袭南流，德国人仓皇逃窜。[④]1900年2月期间，孙文组织数百名抗德群众绕道来到高密东乡的芝兰庄、姚哥庄一带，拔去筑路标志和界桩，平毁路基，破坏筑路工事，拆毁窝铺，进行了英勇顽强的抗德斗争，[⑤]他们还于2月11、13日分别攻打了德国铁路公司鲁家庙分局、芝兰庄分局，[⑥]2月15日（正月十六）时值灯节，孙文组织数百名群众攻打了城西德国公

① 管谟贤、管襄明：《莫言与红高粱家族》，江苏凤凰文艺出版社2015年版，第29页。

② 张家骥、姜祖幼：《孙文阻路抗德斗争》，潍坊市政协编：《潍坊重大历史事件》，中国文联出版社2003年版，第179页。

③ 高密县地方史志编纂委员会编：《高密县志》，山东人民出版社1990年版，第577页。

④ 杨守森主编：《读莫言 游高密》，山东文艺出版社2012年版，第86页。

⑤ 张家骥、姜祖幼：《孙文阻路抗德斗争》，潍坊市政协编：《潍坊重大历史事件》，中国文联出版社2003年版，第181—182页。

⑥ 杨守森主编：《读莫言 游高密》，山东文艺出版社2012年版，第86页。

司分局，平毁路基。[①]孙文领导的抗德斗争引起了当时的山东巡抚袁世凯的恐慌，驻青岛的德国总督叶世克也大为恼怒。袁世凯派臬司胡景桂调动了大批武卫军到高密镇压、围剿抗德群众，[②]并悬赏通缉、暗杀孙文等人，孙文等却毫不畏惧。1900 年 4 月 9 日，抗德群众数千人从绳家庄北上阻路，焚烧窝铺数座，并扬言攻城。[③]下旬，孙文率领群众在柳沟河堤设防与清军、德寇决战。他们一度击退了清军的数次进攻，后来，由德国顾问指挥的清兵洋枪队参战，孙文领导群众浴血抵抗，但终因武器质量相差悬殊，群众伤亡惨重，抗德斗争陷入了低潮。[④]1900 年 5 月 3 日早晨，因叛徒告密，孙文在康庄绳家庄、王家庄一带被捕。此后群众多次保释，清政府不允。7 月 2 日，3000 多名群众在柳沟河畔聚集，继续阻路，并准备攻城，要武力救出孙文。群众与清军展开了激烈战斗，群众带头人雷步云壮烈牺牲。是日，胡景桂下令在高密城东门外大石桥北，将孙文杀害。孙文遇难之后，清政府不准收尸。高密老举人单昭瑾不畏惧杀身之祸，前往抚尸恸哭，收殓孙文遗体，并作祭文致奠：[⑤]“其爱国热忱，充塞于天地之间，彪炳于宇宙之内。”[⑥]

高密历史上的孙文，以其铮铮铁骨，抗击德国人的侵略，反映了高密民间百姓不甘屈辱的反抗精神，孙文抗德亦是山东民间风起云涌的抗德斗争的缩影。同时，也应当看到，因着农民视域的狭窄，孙文也有其愚昧的一面，当时的孙文还无法认识到铁路在经济和社会发展中将产生的巨大作用，孙文提出了“有孙文就没有铁路，有铁路就没有孙文！”这样的抗德口号，用今天的眼光来看，无疑

① 张家骥、姜祖幼:《孙文阻路抗德斗争》，潍坊市政协编:《潍坊重大历史事件》，中国文联出版社 2003 年版，第 182 页。
② 张家骥、姜祖幼:《孙文阻路抗德斗争》，潍坊市政协编:《潍坊重大历史事件》，中国文联出版社 2003 年版，第 182—183 页。
③ 杨守森主编:《读莫言 游高密》，山东文艺出版社 2012 年版，第 86 页。
④ 杨守森主编:《读莫言 游高密》，山东文艺出版社 2012 年版，第 86 页。
⑤ 杨守森主编:《读莫言 游高密》，山东文艺出版社 2012 年版，第 86 页。
⑥ 高密县地方史志编纂委员会编:《高密县志》，山东人民出版社 1990 年版，第 612 页。

是具有其历史局限性的。因此，我们在歌颂孙文抗德、保家卫国的民族精神的同时，亦应当以历史发展的辩证眼光去看待历史人物的思想局限性。而当莫言写出了这种局限性时，他也就写出了历史的复杂、人性的复杂、英雄的缺憾。

第三节　浪子、艺人、英雄、殉道者——从原型到孙丙的文学演变

莫言深深扎根于他的高密东北乡大地进行小说艺术创作，在四十多年的创作历程中，莫言一直在寻求创新与突破，他力争既不重复他人，亦不重复自己。他笔下的孙丙亦是中外文学史上绝无仅有的抗德猫腔艺人文学形象。这一文学形象的塑造，正是基于高密历史上的抗德英雄孙文的本事进行的艺术创作。小说来源于现实又高于现实，莫言对孙丙形象的塑造虽然以孙文为原型，但却从“浪子”“艺人”“英雄”“殉道者”等方面，皆对其进行了全新的精彩文学演绎。

一、“浪子”孙丙——高密民间传说单边郎比须故事原型的演绎

孙丙年少轻狂的历史写就了他的“浪子”传奇，莫言对孙丙“浪子”形象的塑造源起于他对个人成长复杂历程的深刻体悟以及对人性的深刻理解。孙丙与莫言笔下的英雄余占鳌、司马库以及少年荆轲一样，亦是具有凡俗人的人性本色欲望的英雄，他具有勃勃的原始野性欲望，他试图吸引更多女性的爱慕，他为自己而活，率性自由，野性奔放，更兼具人性共有的多面性与复杂性。孙丙在舞台上的飒爽英姿令众人倾倒，他高超的猫腔技艺令观众们喜爱，这也大大膨胀了他的自我意识，就连县令钱丁，他也并不放在眼里，这一点在“比须”一节中表现得尤为突出。

孙丙与县令钱丁都各有美须，孙丙以为自己的胡须天下第一，自称“扮演《单刀会》里的关云长都不用戴髯口”[①]。他对钱丁的美须不服，叫板钱丁与他比须。他们同时将胡须浸入水中，钱丁的胡须笔直不倒，孙丙的胡须却有几根花白的在水面上漂浮。孙丙女儿眉娘充当裁判，秉公判定是钱丁赢而孙丙输。钱丁虽赢，他的随从刘朴却在钱夫人的指使下施计拔掉了孙丙的美须。被拔掉胡须的孙丙就像被拔了毛的公鸡，再也做不成猫腔艺人，只能娶了他的相好小桃红，从此烧茶炉过上了较为安生的日子。

现实生活中的抗德英雄孙文并无美须，在高密《文史资料选辑》中，王林肯写到他十二岁时见到的孙文“短小精悍、五十来岁、苍白头发、两撇稀疏的小黄胡，说话声音洪亮”。莫言笔下的孙丙，则高大帅气、风流倜傥、美髯飘飘。莫言笔下的比须故事自然并非出自抗德英雄孙文。在高密流传的比须故事的版本有好几个，其中对莫言影响比较大的是爷爷曾经给莫言讲过的“关公周仓比胡须”的故事。关公是有名的美髯公，而周仓则是满脸的络腮胡。周仓投降了关公之后，整天给关公扛大刀，跟着赤兔马拼命跑，他渐渐心中不服。关公看出了他的不服气，就提出要和他比胡子。关公叫人提来了一桶水，低下头把胡子往水里一插，胡子一根根像钢针一样直插入水中，然后轮到周仓，他也学着关公的样子，把胡子往水里插，可是怎么用力胡子都插不进水里，而是全都漂浮在水面上，周仓只能认输，从此死心塌地地给关公扛大刀。[②]另外，高密民间多年来还流传着一个“单边郎比须”的故事。话说高密的单边郎是明末清初的进士，曾经被派往边城辽东督饷，所以人称“单边郎”。有一天，他在高密城的大街上看到一名老者长须飘飘，就一定要与他比须。老者很无奈，只能按他说的把胡须插进了桶里，结果老者的胡须漂了一桶，周围的群众看了直摇头。单边郎将老者一把推开:“滚到一边去，看老爷的。”说着，他就把胡须慢慢地插进桶里，

① 莫言:《檀香刑》，长江文艺出版社 2010 年版，第 84 页。

② 管谟贤:《大哥说莫言》，山东人民出版社 2013 年版，第 204 页。

胡须一根根笔直地竖立，直伸到桶底，围观众人们都“吁吁”称奇。[①]单边郎比须胜了之后还不算完，他残忍地拔掉了老者的胡须，结果就引来了老者家人的报复，单边郎被砍了头卸了胳膊。他的家人只好给他安上了金头银胳膊下葬，这就是在高密流传甚广的单边郎“金头银胳膊”的故事。莫言充分借鉴了爷爷讲过的关公周仓比胡须以及在高密民间流传甚广的单边郎比须故事的精髓，将其移花接木地安置在孙丙的传奇故事中，不仅深度刻画了孙丙浪荡不羁的个性特征，而且声情并茂地演绎了一段有趣的历史传奇故事；这段故事不仅为孙丙与小桃红从爱情到婚姻的人生转折起到了关键作用，亦为孙丙从“浪子”到“英雄”形象的转变做了充足的铺垫。

二、猫腔艺人孙丙——故乡“茂腔”艺人形象的传承、创新

莫言对孙丙“猫腔艺人”形象的创作缘起于莫言与高密茂腔的生命渊源。莫言对故乡戏曲茂腔相当迷恋，他是从小看着茂腔戏长大的。他不仅听了许多家乡的茂腔戏，还在辍学之后参加过家乡平安庄的茂腔戏班。莫言曾经参加过由京剧改编成的茂腔戏《智取威虎山》的演出，也参加过柳琴戏《老两口学毛选》的演出，莫言记忆力好，又很有表演天赋，他演得惟妙惟肖，大家看了都拍手叫好。莫言不仅学戏，而且还曾试着写过茂腔台词。根据莫言好友王玉清的记忆，在十二岁时，莫言就尝试着想将电影《列宁在一九一八》改编成茂腔：“列宁同志很着急，城里粮食有问题。赶快去找瓦西里，马上下乡找粮食。”这样的改编充分展现了莫言的文学天赋以及对茂腔的热爱。[②]

茂腔是流传于高密一带的地方小戏，其雏形是明代流传于民间

---

① 唐国举:《单边郎比胡须》，引自铁血网：铁血军事 > 铁血历史论坛 > 中国历史 http：//bbs.tiexue.net/post2_6545075_1.html.

② 杨守森主编:《读莫言 游高密》，山东文艺出版社 2012 年版，第 56—57 页。

的“姑娘腔”，后经“周姑子调”“肘鼓子戏”“本肘鼓”“冒肘鼓”“冒腔”等阶段发展演化而来。[①]茂腔“唱腔悲凉，尤其是旦角的唱腔，简直就是受压迫妇女的泣血哭诉”[②]。茂腔戏所诉如泣、凄凄婉婉、弯弯勾勾、颤颤幽幽，听来真是九曲回肠，那种销魂的魅力令高密人欲罢不能。莫言曾有诗云：“当兵两年回故乡，车站广场听茂腔。此曲唯有高密有，使我潸然泪两行。”[③]高密茂腔丰厚的艺术内涵无疑对莫言的小说艺术创作产生了深远影响。莫言以他的艺术天才深刻感知与体悟到了茂腔的精髓，并将其灌注于孙丙的灵魂塑造之中。在莫言的笔下，抗德英雄孙丙与“猫腔”结缘，展现了高密的茂腔艺术，反映了深刻的民间文化内涵。孙丙所唱的“猫腔”由高密“茂腔”演变而来，孙丙是唱“猫腔”戏的高手，在孙丙被关进大狱的一节，莫言还通过孙丙与小山子的对言，娓娓道来高密猫腔（茂腔）百余年来发展的历史轶事。

地方小戏茂腔的发展历史与《檀香刑》中猫腔的渊源有相似之处，但也有很大的区别。茂腔是数百年来广泛流传于胶东半岛的胶州、高密、诸城、五莲、日照一带的地方戏曲。根据史料记载，茂腔的渊源最早可以追溯到明清时期，其雏形是明代流传于民间的“姑娘腔”，“文字记载最早见于明万历年间钞本《钵中莲》提到的‘姑娘腔’”[④]。“民间传说明万历年间，鲁南民间盛行一种带有浓厚宗教迷信色彩的跳神风俗，表演者一边击鼓，一边演唱，借以请神驱邪，招魂敬鬼。所演唱的腔调，系当时民间流行的“姑娘腔”，曲调哀婉，如泣如诉；击打的鼓，是一种纨扇形、柄缀铁环的狗皮鼓，名曰肘鼓，又名端鼓。后来，这种跳神表演吸收了花鼓秧歌的音乐，并逐步扩大了表演领域，淡化迷信色彩，最终发展成肘鼓子

① 杨守森主编：《读莫言 游高密》，山东文艺出版社 2012 年版，第 54—55 页。

② 莫言：《檀香刑》，作家出版社 2012 年版，第 513 页。

③ 管谟贤、管襄明：《莫言与红高粱家族》，江苏凤凰文艺出版社 2015 年版，第 30 页。

④ 杨守森主编：《读莫言 游高密》，山东文艺出版社 2012 年版，第 54 页。

戏，后来又改进为冒肘鼓，茂腔便由冒肘鼓发展而成。”[①]另据高密茂腔艺人潘家善的介绍，茂腔起源于民间，是由花鼓秧歌街头卖唱发展而来的民间小唱，自西向东流传于山东半岛一带。他说：“根据师传推测，大约在清道光年间，山东部分地区大旱，百姓饥寒交迫，四处逃荒要饭。一周姓父女二人相依为命，以卖唱为生。当时年仅十五岁的女儿能歌善舞，常在街头边敲鼓边舞边唱。其父虽然身残，但仍拄着拐杖，敲着梆子，嘴里还不停地‘哦嗬罕、哦嗬罕’地配合女儿演唱。人们就把这种唱腔称作‘周姑子调’。父女二人要饭要到哪里，就演唱到哪里，每到一地都深受观众欢迎。从此，‘周姑子调’即在民间流传开来。周姑之父身残拄拐，所以民间也称作‘老拐调’。”[②]另据高密的茂腔艺人蔡泮明的介绍，因鼓系在腰间，可以用胳膊肘来敲击，所以“周姑子”也称作“肘鼓子”。潘家善还介绍：“大约清咸丰十年（1860 年）前后，苏北艺人‘老满洲’因生活所迫，由苏北迁入山东莒县、诸城一带。她与当地的肘鼓艺人结亲，由此开始了对‘肘鼓’戏的改造，在演唱实践中，她将‘本肘鼓’曲调与南路的‘肘鼓子’，即现在的柳琴戏、泗州戏、淮海戏等曲调相融汇，又增加了丝弦乐器伴奏，使女腔尾音翻高 8 度，称之为‘打冒’，因而改称‘冒肘鼓’。”[③]这一地方戏曲由“姑娘腔”“周姑子调”“肘鼓子戏”发展到“冒肘鼓”“冒腔”，已经流传了数百年。1954 年，华东地区组织戏剧观摩演出，组委会正式将其命名为“茂腔”。“当时的《华东区戏剧观摩演出纪念会刊》提到：山东流行着一种敲着狗皮鼓替农村中有灾难疾病的农民开锁还愿的迷信活动，唱腔称为周姑子调，后来在高密及周边地区演变为戏剧，由于该曲调的明显特点是尾音‘打冒’，‘冒’与‘茂’音同，

① 毛学林：《高密茂腔艺术概说》，张家骥、毛学林主编：《高密民艺四宝》，中国文联出版社 2008 年版，第 296 页。

② 潘家善：《茂腔的起源及三个发展时期》，张家骥、毛学林主编：《高密民艺四宝》，中国文联出版社 2008 年版，第 325—326 页。

③ 潘家善：《茂腔的起源及三个发展时期》，张家骥、毛学林主编：《高密民艺四宝》，中国文联出版社 2008 年版，第 326 页。

取‘茂’是愿该戏发展茂盛，因此将其名称定为‘茂腔’。”[①]

茂腔在胶东流传，因为各地方言的不同，茂腔也形成了多个流派。高密茂腔蕴含着高密大地的“精”“气”“神”，“高密茂腔以其新奇的唱法，独特的民俗色彩，深深地植根于广大民众之中，成为地方戏剧的一朵奇葩。高密人语音平和温软，同一句唱词，高密茂腔更显得婉转悠扬，声声入耳”[②]。茂腔艺术作为一种雅俗共赏的大众文化，已深深融入高密人的精神血液和审美意识之中。茂腔深受老百姓喜爱，尤其为农村妇女所喜爱，所以茂腔戏又被人们称为“拴老婆橛子戏”，妇女们为了看戏，把“孩子拴在窗棂上，饼子贴到锅台上，锄头锄到庄稼上，腰带忘在圈墙上，花针扎到指头上”。[③]高密的很多村庄都有自己的戏班子，演唱“肘鼓子戏”一度成为老百姓主要的娱乐方式，兴盛时每一年都要演几回，并互相串演。在莫言家乡平安庄，茂腔亦有着几十年的流传，在上世纪五十年代时，平安庄就有了茂腔戏班，莫言亦曾是其中的一员。戏班冬天在草鞋窨子里唱戏，夏天则搬到打谷场上，曾排演过《三世仇》《姑嫂擒匪》等茂腔戏，吸引了众多的观众。高密县茂腔剧团也曾经到过莫言的家乡演出，莫言曾在小说《茂腔与戏迷》中提起过在“文革”后期，县茂腔剧团的工作队曾与他们同吃同住同劳动的趣事。高密政府历来重视茂腔艺术的传承和发展。1954 年，高密茂腔剧团成立，至今已经排演过古片戏与现代戏几百出，曾经多次参加省市戏剧会演并获大奖。其中《根的呼唤》曾获山东省精神文明建设“精品工程”奖，并获得了 1994 年度曹禺戏剧文学奖提名奖。1990 年 3 月，高密茂腔剧团排演的现代戏《盼儿记》进京演出，获得了圆满成功。经中央电视台播出后，多家报刊都进行了

① 杨守森主编:《读莫言 游高密》，山东文艺出版社 2012 年版，第 53—54 页。

② 高密市人文自然遗产保护开发促进会:《高密茂腔》，引自山东省地方史志办公室主办：山东省情网 > 非物质文化遗产 http：//www.sdsqw.cn/CulturalHeritage/201505/article_32444.html.

③ 杨守森主编:《读莫言 游高密》，山东文艺出版社 2012 年版，第 56 页。

报道，在全国引起了轰动。[1]2006年5月，高密茂腔被列入国务院公布的第一批国家级非物质文化遗产名录中。2014年10月10日晚，在第五届红高粱文化艺术节期间，根据莫言同名小说改编的现代茂腔大戏《红高粱》在高密大剧院首演，莫言亲临观看并给予了高度评价。

在《檀香刑》小说中，莫言对“猫腔”的历史进行了独创性的演绎，不同于高密茂腔真实的历史渊源。莫言参考民间传说以及高密茂腔历史记载中的“跳神表演”“狗皮鼓”“周氏父女为讨饭唱‘周姑子调’”“老满洲”融合南北戏曲特点发扬光大茂腔等元素，将“猫腔”的源头写成了常茂哭灵、常茂化猫、叫花子传承、孙丙变革发展的故事。莫言运用了自己天才的想象力对“猫腔”历史进行了大胆的艺术创作，以此大大增强了猫腔历史的传奇色彩，丰富了孙丙的民间艺人形象，同时亦升华了高密猫腔（茂腔）的历史厚重感和悲剧感。莫言一贯追求写出超越时代、超越国界的作品。“猫”历来是精灵古怪又具有魅幻色彩的生灵，莫言在小说中将“茂腔”化作谐音的“猫腔”，在舞台艺术表现上亦在茂腔的基础上添加了许多“猫”的元素，这种对茂腔的“猫”式改造，大大丰富了民间戏曲的精神意蕴和生命灵性，令属于高密民间的茂腔艺术展现出世界共通的艺术品质与风情，使其更容易为中外读者理解和接受。

莫言赋予了孙丙猫腔艺人的身份，以猫腔唱词充分展现了人物内心深处的情感波澜，大大丰富了小说的艺术表现力。孙丙的语言因猫腔而变得更有韵味，孙丙的形象因猫腔而更富有审美内涵。雨果曾指出：“地方色彩不该在戏剧的表面，而该在作品的内部，甚至在作品的中心，地方色彩生动地从那里自然而均匀地流到外面来，也可以说流布到戏剧的各个部分……”[2]莫言对孙丙猫腔艺人形象的塑造，使高密戏曲的地方色彩生动自然地流布到《檀香刑》故事中，特别是他对孙丙变革发展“猫腔”所起的关键性作用的书

① 杨守森主编：《读莫言 游高密》，山东文艺出版社2012年版，第55—56页。

② 伍蠡甫主编：《西方古今文论选》，复旦大学出版社1984年版，第207页。

写，亦充分表现了孙丙的艺术成就和民间威望，正因如此，他在领导抗德时才能一呼百应。在故事的最后，台上台下观众的“咪呜”唱和，营造出一种既非凡灵动又悲怆感人的艺术效果，亦将小说的发展推向高潮。孙丙猫腔艺人形象的成功塑造充分展现了莫言强烈的艺术创新意识，莫言将孙丙心中的国恨家仇、儿女情长皆融入猫腔叙事中，以狂欢化的猫戏技艺宣泄了英雄心中的悲鸣。

三、英雄孙丙——高密抗德英雄孙文形象的重塑、超越

莫言从童年时就对英雄人物深深崇拜，他一直具有难以割舍的“英雄情结”，随着莫言写作的深入，他亦将心中的英雄化作他笔下的英雄。莫言对《檀香刑》的主角孙丙不惜重墨，对历史上的孙文抗德的故事进行了创造性的改写，使故事的因果联系更为密切，使其情节冲突更为集中、生动、感人。通过这样的改写，莫言大大丰富了历史上的抗德英雄形象。

经过到孙文的老家高密西乡官亭的实地调查采访，笔者了解到在一百多年前，孙文领导抗德斗争最主要的原因是由于他听说火车跑过的地方，火车排出的浓烟，会熏得三十里内外不长庄稼了，这是农民愚昧落后的表现。他的坚决抗德迫使德国人不得不将铁路向北移了十几里路，绕开了他的老家官亭，也因此大大增加了修路成本。而莫言笔下的孙丙抗德之由则是妻子上街受辱。莫言将历史上发生在大吕村的妇女受辱的事件，安置在孙丙的妻子小桃红的故事中，这样就为孙丙从一个关注自我的人成长为一名抗德民族英雄提供了一个合理的心理转折契机。历史上的德国人杀害的是高密芝兰庄、堤东村以及城南刘戈庄的百姓，《檀香刑》故事中被杀的则是孙丙的妻儿与乡亲，这就为孙丙的被逼复仇提供了一个直接的缘由。孙丙深明大义，富有远见，他为报国仇家恨而抗德，为抗德他到曹州请来义和拳。历史上的孙文并未到曹州去学习义和拳，据高密《文史资料选辑》记载，“1897 年，义和拳首领朱红灯等在曹县、单县一带起义”，后向周边发展。1900 年，义和团由平度等县

传入高密，正值胶济铁路修至高密，抗德怒潮遍及全县，群众奋起入团，“拳房林立，拳民骤增。学武练拳，风靡一时”[①]。义和团以除教灭洋为宗旨，宣扬降魂附体，刀枪不入，可保身家，因此高密群众争相传习。[②]孙文领导的抗德运动声势浩大，“义和团首领李惠芝亲率民团参加，壮大了抗德武装的力量和声势”[③]。孙文率众沿柳沟河堤设防时，义和团前来参战，冲锋在前。[④]《檀香刑》故事中莫言将孙丙抗德阻路的复杂历史与高密的义和团运动的历史更加密切地融合，故事中孙丙到曹州去学习了义和拳，并以高密义和团抗德的历史故事为原型创作了许多生动的孙丙抗德的故事，孙丙亦成为一名义和团运动的领袖形象，亦由此反映出农民运动的局限性特征。历史上的孙文在张家大庄聚集武装群众，到晾甲埠、芝兰庄、姚哥庄一带阻路抗德，拆毁铁路窝铺，破坏筑路工事，小说中的孙丙则是率众攻打了铁路窝棚。历史上的袁世凯派臬司胡景桂武力解决孙文，小说中的袁世凯与克洛德亲自来到高密县解决孙丙。历史上的孙文因叛徒告密，被胡景桂捕获、杀害。而《檀香刑》中的孙丙为了保全百姓，甘愿跟随钱丁走出马桑镇，后来承受檀香酷刑。莫言又依据历史上的老举人单昭瑾在孙文被杀后祭奠孙文的本事，重新构造了小说中高密单举人为救孙丙率众人长跪请愿的故事，突出反映了孙丙抗德赢得了百姓的拥护爱戴，这些改写皆大大升华了孙丙的抗德英雄形象。

历史上的孙文是个不识字的种地的农民，他急公好义，但他并没有多少远见卓识，他不会唱茂腔，更没有去学习义和拳。莫言在小说人物创作中充分灵活地运用了义和团在高密抗德的历史史料，大大增

① 政协山东省高密市文史委编:《文史资料选辑》(上)2010年版，第8页。

② 刘晓焕:《义和团运动在高密》，张家骥主编:《高密重大历史事件》，香港华夏文化出版社2008年版，第130—139页。

③ 政协山东省高密市文史委编:《文史资料选辑》(上)2010年版，第9页。

④ 刘晓焕:《义和团运动在高密》，张家骥主编:《高密重大历史事件》，香港华夏文化出版社2008年版，第132—133页。

强了小说的艺术感染力和历史厚重度，令小说故事情节更为曲折生动，提升了小说人物的艺术魅力。莫言对历史上孙文故事的大尺度改写，反映了莫言卓越的故事驾驭能力以及塑造典型人物形象的深厚功力，这样一位历经苦难、智慧过人、深明大义、顽强不屈的英雄形象的丰富内涵已经远远超越了高密历史上的抗德英雄孙文。

四、殉道者孙丙——西方耶稣受难殉道形象的参照

基督精神对莫言的影响，亦令他塑造了一位在升天台上受难的“殉道者”孙丙形象。在孙丙之死这个情节中，莫言以耶稣基督为人类受难为原型对孙丙进行了形象的塑造。孙丙被缚升天台，承受檀香酷刑，像极了耶稣被钉死在十字架。所不同的是，耶稣以无罪之身为赎人类的罪而死，而孙丙则是为了反抗侵略压迫、唤醒民众、成就人生大义而死，这样的仿写就大大拓展了孙丙的英雄情怀，令其精神内涵上升到人类灵魂救赎的高度。在《圣经》中写到耶稣已经预知他会被犹大出卖，他依然慷慨赴死，莫言笔下的孙丙与此相似，他为保全百姓甘愿走出马桑镇，他为成就大义不肯接受众乞丐的舍命相救，甘愿承受酷刑而死。从某种意义上来说，孙丙与耶稣一样，是为人类的罪而死，为人类的自相残杀而受难殉道。他们皆甘愿牺牲而不是苟活于世，展现了博爱众生的悲悯情怀。莫言从人类“宇宙精神”的层面上去描绘孙丙，他以笔下的孙丙表达了人类灵魂深处渴求生命精神与日月同辉、走向永恒的盼望。

孙丙临终前的最后一句话是“戏……演完了”，则又充分体现出孙丙作为凡人的局限性。孙丙几十年来唱猫腔戏，戏中所传扬的正义、良善、刚健不屈的精神品性早已深入他的骨髓……命运推动着孙丙走向了属于他的“升天台”。到了最后，当孙丙眼睁睁地看着高密东北乡最后一个猫腔戏班为声援自己而全军覆灭，他终于厌倦了他自己所扮演的角色，渴望速死。人生最宝贵的就是生命，没

有了生命，一切的抗争都已变得毫无意义。他在最后的时刻，解脱了生的种种羁绊，归向了永恒与不朽。

第四节　抗德猫腔艺人孙丙的思想、艺术价值

刘再复曾说：“文学是超越的，它的超越在于文学是人道的。作家对现实生活的审视与追问，对社会灾难的关注，对命运的震惊与畏惧，最后都落实在对人自身的关怀与同情上，人道激情是文学的基石。”[①]莫言以民间生活的体验重构历史，他立足于“浪子、艺人、英雄、殉道者”的原型又超越原型，塑造了孙丙这一抗德英雄形象。在孙丙故事的书写中，他冷静客观地剖析人性，赤裸揭示人类苦痛的生存本相，通过孙丙的“猫腔艺人”形象将故乡的茂腔文化以一种恢宏的气势带进了世界文学的殿堂，实现了“悲剧英雄”形象的文化超越。孙丙成为熠熠生辉的典型文学形象，彰显了文学的超越性价值。

一、人类苦痛生存本相的深刻揭示

马克思主义历史观认为，“历史的合理性与道德的合理性是社会历史发展进程中的一对矛盾，因此对历史事件及历史过程的评价要遵循历史尺度与价值尺度双重标准的辩证法”[②]。人类历史演进往往伴随着苦难、战争和血腥的杀戮。在《圣经》中记载，耶稣基督为救赎人类，在两千多年前承受被钉死在十字架上的酷刑，以他的宝血洗净人类的罪，希望人类从此彼此相爱，基督的福音也从此传遍世界。在耶稣诞生后的1897年之后，德军以“巨野教案”为名强占胶州湾。德国人一方面宣扬着天主的慈悲，另一方面却在肆

① 刘再复、林岗：《罪与文学》，中信出版社2011年版，第100—101页。

② 张羽佳：《马克思主义关于“恶”的历史作用的思想及其内涵》，《湖北行政学院学报》，2005年第4期。

意践踏着古老东方中华民族的尊严。德国人留下了教堂，也留下了铁路等现代文明的启蒙，同时，也留下了他们抹不去的罪恶杀戮的侵略历史。孙丙所承受的家国苦难是德国侵略者和封建统治者给中国底层百姓带来的苦难，通过对孙丙故事的书写，莫言深刻反映了人类的侵略战争所造成的生灵涂炭，在反映出人类悲剧命运的同时，亦在呼唤着人间的和平与正义。

人是复杂矛盾的。“所有的人，都是两面兽，一面是仁义道德、三纲五常；一面是男盗女娼、嗜血纵欲。”[①]孙丙也曾经是个精神的“施暴者”，当年他做猫腔戏班班主到处拈花惹草之时，可曾想到过他给妻子、女儿造成了怎样的伤害？孙丙同时又是个民间的“义士”，他教会了叫花子们二十四套猫腔调，帮他们策划了“叫花子节”……莫言对孙丙“浪子”“艺人”形象的人性化书写，对其人性的深度挖掘，令孙丙这一形象具有真实感人的艺术效果。孙丙承受了妻死子亡、故土被毁、檀香酷刑等等人生悲剧，莫言围绕檀香酷刑更是将人性的善良与邪恶刻画到了极致。“都说是檀越本是佛家友，乐善好施积阴功……谁见过檀木橛子把人钉，王朝末日缺德刑。”[②]封建统治者以极刑威慑百姓，巩固统治，他们不仅没有能力保护民众免受外敌凌辱，反而成为西方侵略者的帮凶……侵略者与刽子手人性泯灭，刽子手赵甲受克罗德所述西方桩刑启发，硬是将檀香木这助人的“法器”变做了杀人的“凶器”，令孙丙承受多日痛苦的折磨而死去，人类对待自己的同胞居然是如此的血腥残忍。孙丙的悲剧不仅反映了几千年来封建王权统治对人的肉体和心灵的摧残扭曲，[③]亦展现了中华民族几个世纪以来所承受的外敌凌辱、内忧外患等等悲剧命运，由此更加深刻地揭示出人类苦痛的生存本相，孙丙的生命经历所展现的历史，是一部“强悍生命的悲壮史，

① 莫言:《檀香刑》，长江文艺出版社 2010 年版，第 146 页。
② 莫言:《檀香刑》，长江文艺出版社 2010 年版，第 288 页。
③ 洪治纲:《刑场背后的历史——论〈檀香刑〉》，《南方文坛》，2001 年第 6 期。

尊严道义的溃败史”，亦是一部“人伦情感的毁灭史”[①]。

二、悲剧英雄形象的文化超越

艺术是苦难的结晶。在东西方文化的传承演绎中，不约而同地选择了“悲剧英雄”这一典型形象。从东方的屈原、荆轲到西方的受难者耶稣、拉奥孔……这些不朽的形象在人类历史的长河中闪闪发光。亚里士多德认为，“悲剧是对于一个严肃、完整，有一定长度的行动的摹仿……借引起怜悯与恐惧来使这种情感得到陶冶”[②]。对“悲剧英雄”形象的敬畏展现了东西方文化共通的对人类勇敢自由精神的向往，彰显着人类文化的精神指向。亚里士多德认为，悲剧应当由情节、性格、思想、语言、形象和歌曲六个要素构成。[③]在孙丙形象的创作中，可以看到莫言对于故事情节、孙丙的性格与思想、孙丙的台词与扮相以及茂腔音乐这六个要素的把握与调控是相当到位的。引发孙丙悲剧的原因，既有孙丙的性格、命运的因素，又与其当时所处的复杂的社会历史、文化环境息息相关。

美国美学家乔治·桑塔耶那曾指出：“一个有真正审美知觉的民族，创造出传统的形式，通过代代传诵意味深长的固定主题，表达出生活中朴素的哀怨情怀。”[④]高密茂腔恰恰正是高密人传达特定的民族文化情感的主要艺术形式之一，它承载着高密文化的精髓，展现着高密人特有的智慧、风采，透视着高密的社会习俗以及审美文化古往今来的历史变迁，亦传递着正义刚健的民族血性。莫言充

① 洪治纲:《刑场背后的历史——论〈檀香刑〉》,《南方文坛》, 2001年第6期。

② （古希腊）亚里士多德:《诗学》，罗念生译，人民文学出版社1962年版，第19页。

③ （古希腊）亚里士多德:《诗学》，罗念生译，人民文学出版社1962年版，第22—24页。

④ 转引自夏秀:《原型理论与文学活动》，中国社会科学出版社2012年版，第103页。

分结合故乡的民间茂腔艺术元素，对孙丙这一民间英雄形象进行了本土化的艺术创新，孙丙受难的情节又融合了“舍生取义、杀身成仁”的东方英雄精神与“耶稣受难”的西方宗教文化元素，大大拓展了人物内涵，实现了东西方“悲剧英雄”形象的融合与超越。莫言笔下的猫腔是他对故乡茂腔文化的深度演绎，猫腔戏以其雄浑、低婉、悲凉的唱腔，给《檀香刑》小说做了一个深沉的伴奏，丰富了孙丙这一人物形象的艺术感染力。孙丙受刑成为他精神人格张扬的契机，他的艺术生命亦在那一刻达到了巅峰，孙丙高唱猫腔，控诉外来侵略者和封建统治者的残暴，在残酷叙事中迸发出震颤灵魂的悲剧力量。孙丙的猫腔大悲调，以及最后一个猫腔戏班以鲜血和生命为代价为其所做的声援演出，令作品在悲剧中达到了高潮。孙丙以其自由自在的原始野性、正义刚健的铮铮傲骨、雄浑悲壮的生命绝唱，展现了一位意蕴丰厚的高密东北乡民间“悲剧英雄”形象。

小说是书写生命的艺术，作者笔下的人物风貌，往往承载着作家的生命精神。莫言将自己对人性的深刻理解，他的英雄情怀、茂腔情结、火车的鸣响以及生命的天问皆深深烙印在笔下孙丙形象的创作之中，塑造了一位具有宏阔的精神内涵与深厚的悲悯意识的抗德英雄形象，开启了“英雄”书写的新篇章。莫言以一种刚烈彪悍的叙事方式，对人类苦痛的生存本相进行了深刻揭示，对中国传统文化中的痼疾沉疴给予了无情鞭笞，[①]对侵略者的残忍暴行进行了有力控诉。通过笔下的孙丙，莫言张扬了刚健不屈的民族血性，他以东方的猫腔（茂腔）艺术与西方的基督精神相结合的方式重塑传统的民间英雄，实现了悲剧英雄形象的文化超越，孙丙形象亦展现了人类对生命永恒价值的追求，张扬着超越性的宇宙情怀。

作为一名优秀作家，莫言是有文学“野心”的，他的“野心”

---

① 洪治纲:《刑场背后的历史——论〈檀香刑〉》,《南方文坛》, 2001 年第 6 期。

就是写出能够流传后世的作品，创作出能够光照千秋的小说人物。莫言依托浪子、艺人、英雄、殉道者原型，融汇传统与现代、历史与现实、民族与世界等诸多元素，成功塑造了抗德英雄孙丙这一典型文学形象。在封建酷刑暴力与异族侵略的双重夹击下，孙丙所代表的民间反抗力量，将刑场变成了壮怀激烈的人生戏台。[1]孙丙以血荐轩辕，他以不屈的生命意志为拯救民族苦难殉道，为追求人类的自由尊严殉道，他的生命精神“彪炳于宇宙之内”，他的灵魂亦走向了永生。

① 洪治纲:《刑场背后的历史——论〈檀香刑〉》,《南方文坛》, 2001 年第 6 期。

第五章 《丰乳肥臀》中母亲形象创作原型探源

莫言曾说:“人世间的称谓没有比‘母亲’更神圣的了。人世间的感情没有比母爱更无私的了。人世间的文学作品没有比为母亲歌唱更动人的了。”[①]《丰乳肥臀》可谓莫言小说王国中的扛鼎之作,莫言说这本书“实际上是献给天下母亲的,这是我狂妄的野心,就像我希望把小小的‘高密东北乡’写成中国乃至世界的缩影一样”[②]。莫言尤其以在这部小说中塑造的人物形象为荣,“这是我投入感情最多、展示的社会生活面最为广阔、塑造的人物最富有象征意义的一本书。”[③]“尤其《丰乳肥臀》里的母亲形象,倾注了我全部的感情。”[④]在小说《丰乳肥臀》中,莫言塑造了一位受尽苦难却慈爱坚韧的大地母亲——上官鲁氏形象。“母亲”既是作家莫言的生命之根,又是他艺术创作取之不尽的灵感、动力源泉。深入探讨这样一位富有象征意义的母亲形象的创作原型,亦是解码莫言小说艺术奥秘的切入点之一。

弗莱曾说“文学产生于神话”,他认为原型是一种典型或反复出现的意象。[⑤]原型可以是典型人物、意象、叙事结构、主题、细节描写等,弗莱认为原型积淀着丰富的文学传统,“原型有强劲的

---

① 莫言:《丰乳肥臀》,北京十月文艺出版社 2010 年版,腰封。

② 莫言:《讲故事的人——在诺贝尔文学奖颁奖典礼上的讲演》,《当代作家评论》,2013 年第 1 期。

③ 莫言:《碎语文学》,作家出版社 2012 年版,第 248 页。

④ 莫言:《用耳朵阅读》,作家出版社 2012 年版,第 128 页。

⑤ (加拿大)弗莱:《批评的剖析》,陈慧、袁宪军、吴伟仁译,百花文艺出版社 1998 年版,第 99 页。

继承性、传播性和无限生成转换性。”①“母亲”原型是古往今来文学创作的重要母题之一。现实生活中，莫言与母亲感情深厚，他曾在诺贝尔文学奖的获奖感言中深切怀念母亲，感恩母亲的谆谆教诲。《丰乳肥臀》中的母亲上官鲁氏形象，既是基于现实生活中莫言的母亲原型，也是来自人类历史长河中的神话“母亲”原型。

第一节　莫言笔下的母亲上官鲁氏

《丰乳肥臀》中的母亲，出生于1900年，卒于1995年，她的生命经历贯串了中国社会二十世纪的历史。她经历过清末的抗德，民国时期的匪乱、抗日战争、国共两党的斗争，新中国成立之后的“大跃进”、人民公社、三年困难时期、“文革”、七十年代末开始的改革开放、市场经济的当代等重要的历史时期。无论政治风云如何变幻，母亲都以对生命无比的热爱坚韧地生活了下去。母亲抚育了众多的儿孙，亦承受过失去至爱的痛苦，她无私地奉献着一切，她是中华民族二十世纪苦难的大地母亲的象征，亦寄寓了莫言对母亲深沉的眷恋。莫言在对母亲形象的创作中突破了传统，塑造了一位与众不同的母亲形象。

《丰乳肥臀》中的母亲可谓二十世纪中国民间苦难历史的承担者。母亲出生六个月就失去了亲生父母，她的父母是被入侵山东的德国人杀害的。是姑姑将她抚养成人，为了将来嫁得好，母亲在姑姑的逼迫下不得不承受裹脚的折磨。母亲长大之后，姑姑以二亩菜地为条件将她嫁给了打铁匠丈夫上官寿喜，上官寿喜是个软弱无能的男人。婆婆上官吕氏勤俭持家，办事公道，有胆识、仗义，同时亦飞扬跋扈，刁蛮强悍。做了少妇的母亲，过着猪狗不如的日子，婆婆无情地折磨她，丈夫毒打她。她吃剩饭，穿破衣，婆婆曾用擀

① 赵一凡:《西方文论关键词》，外语教学与研究出版社2006年版，第828—829页。

面杖打破她的头，用滚烫的火钳烫烂她的腿，她刚生下孩子就要上场干活……母亲受尽了苦难创伤。外来侵略、三千年的封建沉疴，家国的苦难，都累加在母亲身上，母亲成长的苦难经历，正是中国千千万万受压迫妇女苦难生活的缩影。

母亲是生命的哺育者和守护者。母亲嫁到婆婆家三年没有怀孕，是她的丈夫没有生育能力。被逼上绝路的她先后与大姑夫、赊小鸭的、江湖郎中、卖肉的屠夫、天齐庙的和尚等人借种，一连生下了七个女儿。当她生下第七个女儿之后，丈夫抄起门后的棒槌砸向她的头，从铁匠炉中夹出暗红的铁，将她烙伤。在她奄奄一息、生命垂危之际，她听到了教堂的钟声。她循着钟声，拖着病体来到了教堂，遇见了一生的至爱马洛亚牧师。马洛亚牧师抚平了她肉体和心灵的创伤，与她相爱并生下了一双儿女。因着这份爱，母亲拥有了一生中最美好的一段时光。上官鲁氏坎坷的生育史和出自不同父亲的孩子们，使上官家族实际上已经变成了以母亲为核心的母系家庭，母亲借种生子是在艰难的生存境遇中无奈的抉择。

为了守护自己的孩子，上官鲁氏成长为一名坚韧顽强的母亲。鸟枪队员们进犯教堂，母亲被轮奸，马洛亚牧师悲愤地从教堂的钟楼跳下。为了一群儿女们，母亲含羞忍辱活了下去。在动荡的年代里，母亲经历过战乱、兵荒、饥饿、病痛、凌辱、颠沛流离、痛失儿女……母亲艰辛地抚育生命，她的母爱超越了阶级和政治。发了疯的婆婆上官吕氏蚕食着上官玉女的耳朵，为了保护女儿，母亲举起了复仇的擀面杖，将压抑了几十年的仇恨冰雹般落在了上官吕氏的头上，玉女得救了，婆婆死去了。母亲并非完美的母亲，借种生子的磨难，杖打婆婆的罪行，都令母亲上官鲁氏呈现出人性的复杂，但却无损于她母爱的伟大。

母亲亦是一位拥有大爱和广博胸怀的母亲，她在生命的垂危之际皈依基督，马洛亚牧师将上帝的福音传给她，基督精神成为母亲度过苦难岁月的精神支柱。在最痛苦的人生低谷，母亲鼓励金童活下去。“金童，还是那句老话，越是苦，越要咬着牙活下去，马洛亚牧师说，厚厚一本《圣经》，翻来覆去说的就是这个。你不要挂

念我，娘是曲蟮命，有土就能活。”[1]母亲不仅仅保护、抚育着她的儿孙们，亦关爱身边的乡亲们，以宽恕悲悯之心待人。母亲用她的生命诠释了原罪、苦难、救赎的生命历程，自由、平等、博爱的基督精神。母亲勤劳勇敢、乐善好施、爱惜生命，她融汇了天下母亲的精神，“她的爱犹如澎湃的大海与广阔的大地”[2]。

第二节　莫言生活中的母亲

生活中的母亲对莫言的影响是极其深刻的。莫言的母亲高淑娟生于 1922 年，三岁丧母，跟着继母和姑姑长大成人。她打小缠足，没上过学。母亲十六岁嫁入管家，就为一家人操持家务。母亲慈爱宽容，任劳任怨，埋头苦干。她教育自己的孩子们要知书达礼，宽厚待人。莫言的成才，得益于他有这样一位伟大的母亲。

母亲最突出的品格就是她的善良厚道，宽以待人。莫言在诺奖演讲中曾说起过母亲在困难时期将自己仅有的半碗饺子让给乞讨的老人吃的故事，母亲也曾把自己的菜团子分一半给前来讨饭的外乡女人的孩子。还有一次，莫言跟母亲去卖白菜，算账时有意无意多算了一位老妇人一毛钱。莫言放学回家时，他看到母亲流泪了，他终生难忘母亲谴责的目光。[3]莫言的大哥也曾说起有一年，从广饶来了几个要饭的妇女，那时的宣传是走出去要饭是给人民公社抹黑，大哥便问她们出来要饭有没有公社开的介绍信？母亲对谟贤说：“怎么好这样呢？人家走了好几百里路来的，不容易。”母亲把自己的食物分给了她们。在那样饥饿的年代，母亲宁肯自己挨饿，也把仅有的食物送给了讨饭的老人、妇女和孩子。正是由于母亲的言传身教，才使莫言兄弟几人全都成长为善良公正、受人尊敬的人。

---

① 莫言:《丰乳肥臀》，北京十月文艺出版社 2010 年版，第 390 页。
② 莫言:《丰乳肥臀》，北京十月文艺出版社 2010 年版，新版自序第 1 页。
③ 莫言:《〈丰乳肥臀〉解》，张清华、曹霞编:《看莫言：朋友、专家、同行眼中的诺奖得主》，华中科技大学出版社 2013 年版，第 17 页。

在苦难的岁月里，母亲忍辱负重，她“能吃能咽”、相信“吃亏是福”。莫言在童年时代一直都是和爷爷奶奶、叔叔家生活在一起的，没有分家。为了大家庭的和睦，母亲总在不断地迁就身边的人。遍访高密东北乡，几乎所有的人都异口同声地夸赞莫言的母亲“心地善良、脾气好”。笔者曾到莫言老家寻访莫言的父亲管贻范老人，问起他对莫言母亲的感受。莫言的父亲说：“一个大家里过日子，没有那么正好的，就得有人多担待些。我每天都去队里上班，没空在家，家里都是她在操持。有时候她受了委屈，我回家后她告诉我，我对她也没有‘好声气’。”在艰难的岁月里，母亲在大家庭中承受着不公正的待遇，以自己的善良隐忍成就了一家人的和睦。1961年春节，全家积攒了半年才攒了几斤白面，蒸了五个饽饽，摆在院子里当供品。过完年，当奶奶让母亲去收回来的时候，母亲却发现五个饽饽不翼而飞了，那是爷爷和小弟弟们半个月的好口粮啊！母亲又心疼又气恼，还背上个偷吃偷藏的嫌疑！母亲和莫言的大哥哭了半宿，这一幕让大哥终生难忘。后来，他把故事告诉了莫言，莫言根据这个故事原型写了短篇小说《五个饽饽》发表了。[①]莫言在写作这篇小说时充分发挥了他天马行空的想象力，在故事的最后，五个饽饽又回来了……在小说《梦境与杂种》中，莫言将五个饽饽写成了是被一只黄鼠狼偷藏在草垛底下，然后被我梦见了，后来通过倒垛翻出了一堆长了绿毛的饽饽……莫言深爱自己的母亲，他相信自己的母亲，他通过小说为母亲伸张正义，洗刷冤屈。母亲总是顾全大局，委屈自己，方便他人，这种特别能隐忍的个性亦通过言传身教传给了她的子女，莫言在文学的道路上曾经走得相当艰难，是母亲为莫言做出了榜样，才成就了莫言广博的胸怀以及莫言小说世界的厚重精彩。

母亲又是一位具有坚韧顽强的精神品格的人。莫言说：“我的母亲教育我，人要忍受苦难，不屈不挠地活下去。”[②]母亲曾经身患

① 管谟贤：《大哥说莫言》，山东人民出版社2013年版，第23页。
② 莫言：《用耳朵阅读》，作家出版社2012年版，第193页。

多种疾病，即使这样还要抱病劳动，她要操持一家的饭食，还要喂牛喂猪……在莫言十几岁时，母亲患了严重的肺病，病痛、饥饿和劳累，使他们家几乎陷入了绝境……少年时的莫言很敏感，他非常恐惧，怕母亲会自寻短见。母亲看穿了莫言的担忧，她告诉莫言："只要阎王爷不叫我，我是不会去的。"[①]母亲的话语像定心丸一样给予了莫言内心以安全感，母亲的坚强令莫言感觉到母亲是像大山一样可以依靠的，母亲的坚韧刚毅，也给莫言做出了榜样。

母亲又是一位乐观、自信，内心充满爱的人，她深爱着自己的儿女，也善待周围的邻里乡亲们。母亲的针线活做得相当好，为了给全家人做棉衣，她每天晚上都会在如豆的油灯下干到很晚。莫言的姐姐谟芬负责给母亲拿着油灯，有时候谟芬很困，母亲便给她讲笑话，哼歌给她听。莫言曾经因为相貌丑陋被很多人嘲笑、欺侮，他非常痛苦，母亲教育他说："儿子，你不丑，你不缺鼻子不缺眼，四肢健全，丑在哪里？而且，只要你心存善良，多做好事，即便是丑，也能变美。"[②]母亲的肯定给予了莫言充分的自信，他深刻理解到了外在的美貌比不上内在的善良。在莫言的二哥谟欣刚刚出生后不久，村里有一户人家收养了一个婴儿，没有母奶喂养，来求母亲帮忙。母亲总是先喂别人的孩子再喂自己的，奶水不够，谟欣吃奶吃不饱，就饿得直哭……莫言的爷爷、父亲帮乡邻们做木匠活不要钱，人家过意不去就会送东西来感谢。母亲总会在过中秋节或过年的时候把人家送来的东西再给人家送回去。"忠厚传家久，诗书继世长。"母亲行善积德，做了好事不求回报，宁肯自己吃亏，绝不贪图别人的便宜。忠厚的家风与母亲与人为善的处世方式深刻影响了莫言。莫言善良宽厚的品格，得益于母爱的滋养。

母亲亦是一位尊重知识、富有远见卓识的人。母亲非常聪慧，虽然没有上过学，但她记性很好，能轻松地记住听过的戏文、故事

① 莫言:《讲故事的人——在诺贝尔文学奖颁奖典礼上的讲演》,《当代作家评论》, 2013 年第 1 期。

② 莫言:《讲故事的人——在诺贝尔文学奖颁奖典礼上的讲演》,《当代作家评论》, 2013 年第 1 期。

等等，莫言遗传了母亲记忆力好的基因，他后来能够成为一名小说家，也得益于母亲的鼓励和支持。母亲十分敬重识字的人，她用自己结婚时的首饰换钱帮莫言买《中国通史简编》，鼓励莫言多读书。正因为母亲对知识的尊重，莫言兄弟三人，个个成为有学问、有知识的人。莫言小时候在集市上听人说书，常常忘记了母亲分配的活儿，但当莫言把自己听到的故事添油加醋地讲给母亲听时，母亲又是欢喜快乐的。[①]在莫言幼年的时候，他“用耳朵阅读”，通过“编造故事”口头说书，母亲愉悦的倾听和赞许成为幼小的莫言“讲故事”最好的动力。

母亲善良、乐观、坚毅的精神品格深刻影响了莫言。在“文革”期间，在莫言的父亲因为外在的压力变得悲观绝望之时，莫言的母亲却显得特别有主心骨，她说天塌不下来，“世界上没有渡不过去的河，也没有翻不过去的山，一个男人如果死都不怕，就什么都不怕”。母亲讲出这样的话，男人的腰杆就挺起来了。母亲的言传身教，令莫言深刻地体会到女性巨大的精神力量。[②]他正是依据现实生活中的母亲，在他的小说《丰乳肥臀》中塑造了一位感天动地的母亲——上官鲁氏形象。

第三节　从原型到小说中母亲形象的演变

1995 年，《丰乳肥臀》问世，一举赢得了当时中国文坛奖金最高的“大家文学奖”，莫言塑造的母亲慈爱悲悯、意蕴丰厚，同时亦因其复杂的人性及其政治立场的模糊引起了巨大的争议。《丰乳肥臀》从当年的被热议到被禁、解禁……至今已历经二十余年风雨波折，在文坛一直备受关注。从现实生活中的母亲到小说中的母亲，究竟经历了怎样的演变，又为何引起了如此广泛而持久的影响

① 莫言:《讲故事的人——在诺贝尔文学奖颁奖典礼上的讲演》,《当代作家评论》, 2013 年第 1 期。

② 莫言:《用耳朵阅读》，作家出版社 2012 年版，第 128 页。

力呢?

一、与莫言生活中母亲的对比

对比莫言笔下的母亲与他生活中的母亲，是有着诸多相似之处的。同时，莫言笔下的母亲又超越了现实生活中的母亲，莫言除了对人物的生命经历进行了更为曲折的描写之外，也对人物的性格进行了更为丰富的塑造。莫言通过对母亲与马洛亚牧师爱情以及生命信仰的书写，令笔下的母亲更富有艺术魅力。

小说中的母亲与现实生活中的母亲的生命经历是有许多相似之处的。小说中的母亲从小丧母，由姑姑养大成人，为了嫁得好，姑姑给母亲裹了小脚，嫁到夫家，母亲忍辱负重、任劳任怨等故事，皆出自现实生活中母亲的真实经历。母亲形象令人震撼的人生经历还在于母亲在饥饿的年代里，为养活一家儿女所付出的艰辛。在生活困难的年代里，莫言的母亲把食物省给儿子吃，自己却常常挨饿。有一次，莫言跟随母亲去田野里挖野菜，找不到好吃的野菜，母亲饿得拔起地上的野草就往嘴里塞，她流泪咀嚼着苦涩的野草，莫言说他感觉母亲就像一头饥饿的牛。[①]大哥亦曾在文章中叙述过为了给家人挣几斤麸皮，母亲为公社食堂推磨的情形，那时也是困难时期，牲口都饿死了，村里还吃食堂，推磨靠人力。不足七十斤的母亲和大娘婶子们合伙推磨，有时推着推着就晕倒在磨道里，抓一把生粮食吃了再推，一天下来腿都肿得好粗……莫言曾在小说《石磨》《粮食》《丰乳肥臀》中多次写下过母亲推磨的情节。[②]《丰乳肥臀》中母亲趁推磨时把粮食囫囵吞到胃里偷回来再“反刍”给孩子和家人吃的场景，其原型来自母亲和好几位高密东北乡妇女的亲身经历。[③]为了粮食而放弃了尊严选择了偷窃的母亲，依然是伟大的，孩子们就是靠这样忍辱负重的母亲活下去的啊!

---

① 莫言:《用耳朵阅读》，作家出版社 2012 年版，第 31 页。
② 管谟贤:《大哥说莫言》，山东人民出版社 2013 年版，第 23 页。
③ 莫言:《用耳朵阅读》，作家出版社 2012 年版，第 31 页。

小说中的母亲与现实生活中的母亲生命经历的不同主要体现在爱情与生育史的不同。小说中的母亲与马洛亚牧师的爱情故事显然比现实生活中莫言的母亲与父亲之间的平淡夫妻相濡以沫的爱情更为绚丽，更富有生命的激情。小说中母亲的生育史来自现实生活中母亲的经历，但其苦难已远远超越了现实原型。现实生活中母亲的生育史恰恰正是二十世纪中国千千万万普通妇女所亲身经历过的苦痛。莫言的母亲一生生过七八个子女，其中有一对龙凤胎。然而活下来的只有大哥谟贤、姐姐谟芬、二哥谟欣和莫言四人。母亲怀双胞胎时连走路都很困难，但她还是要下地劳动。双胞胎刚生下来，就来了暴风雨，母亲赶紧到场上去抢收麦子。这一情节也被莫言写在了《丰乳肥臀》母亲的故事中。后来这对双胞胎死了，家里人都很平静，母亲也没有哭泣……[①]后来，笔者曾与莫言的父亲提及此事，他说："那时孩子多，'一对双'生下来没几天就死了……都没得吃。"那时候的日子实在是太苦了，母亲的很多病痛亦是在月子里落下的。小说中母亲的生育史比现实生活中的母亲更苦更艰难。母亲结婚三年，怀不上孩子。姑夫带她去县城看妇科，检查出来的结果是她没有病。在姑姑的设计下，上官鲁氏与姑姑对饮而醉，就在那天晚上，姑夫于大巴掌上了她的炕。后来，她又向不同的男人借种，先后生下了六个女儿。母亲的第七个女儿，是被四个败兵强暴所生……母亲被侵犯受屈辱，却依然顽强地生存了下去，就如同那被戕害被侮辱却依然养育万物、繁衍生命的苦难大地。

小说中借种生子的母亲原型显然并非出自莫言的母亲，根据笔者访谈，"借种"在高密农村是一个长期存在的现象。在莫言的家乡大栏平安庄，的确曾有过几位没有生育能力的男性，在无奈之下默许自己的妻子借种生子。孩子就算不是自己亲生，但至少是自己的妻子亲生，就算没有血缘关系，但至少是自己养大成人的。孩子们大多不知道自己的身世，就认他们为亲生的父母，一样地孝敬他们。在这样的家庭中父子、父女关系还是不错的。由此可见莫言在

① 莫言：《用耳朵阅读》，作家出版社2012年版，第30—31页。

小说中所写的借种生子的故事，亦是有其本事根据的。

现实生活中的母亲与小说中的母亲的善良、宽厚、乐观、坚毅的性格特点是具有相似之处的，她们一样地待人宽厚，以德报怨。莫言曾在演讲中说起他小时候跟着母亲去集体的地里捡麦穗被看守人捉住，母亲被打耳光的痛苦经历，他说多年后在集市上遇到那个看守人，想要冲上去报仇之时，母亲却拉住了他。[①]“善莫大于恕”，母亲在那些苦难的日子里为了获得食物而被侮辱，而在她有能力复仇之际，对待当年侮辱她的人，母亲却忘记了仇恨，给出了爱与宽恕，这一幕也深深地印刻进莫言的心里。在后来的小说创作中，莫言将这一幕在《丰乳肥臀》中再现了，正在游街的母亲看到了曾经打过自己耳光的房石仙在水中挣扎，身边的人都在看笑话，母亲却忘记了一切，对房石仙施以援助，她甚至将自己的大棉袄披在了房石仙的身上，自己却挨冻受批斗。母亲的爱与宽恕令她生发出超拔的力量，使她成为一名具有伟大人格的母亲。

生活中的母亲与小说中母亲的性格也有着明显的差异，显然莫言笔下的母亲敢爱敢恨，敢说敢做，她的个性更为鲜明，更具有反抗精神。现实生活中的母亲总是默默无言，很少表达自己真实的需求，她委屈自己，成就别人。而小说中的母亲则在压抑中走上了反抗的道路，她为了改变自己在家庭中受尽奴役的地位到处借种生子，她在奄奄一息之际勇敢地走出家门，循着教堂的钟声，找到了生命的信仰，找到了属于她的爱情与幸福之路。马洛亚牧师不能忍受侮辱而跳下钟楼，历尽苦难的母亲却顽强地生存了下来，为了保护女儿，她甚至杖杀婆婆，彰显出比现实生活中的母亲更为顽强、坚韧的个性。

小说中的母亲信仰基督教，这一点与现实生活中的母亲明显不同。生活中的母亲不信仰宗教，她秉承的是忠孝仁义礼智信、温良谦恭让的中华传统美德思想，相信善有善报，她以德报怨。苦难的

① 莫言:《讲故事的人——在诺贝尔文学奖颁奖典礼上的讲演》,《当代作家评论》, 2013 年第 1 期。

生活让莫言的母亲顾不上爱自己，她舍己为人，生活好了，母亲却没福享受。她身患多种疾病，母亲的最后十年，莫言每次回家，都会带母亲去看病。小说中的母亲则拥有基督信仰，她把一切苦难交托给上帝。小说中的母亲之所以更长寿，能够活到九十五岁的高龄，是因为她灵魂有依托，她乐观积极，同时她遵从自己的天性，不压抑自己，她更为珍爱自己的生命，她活出了基督里的丰富、博爱与自在。

二、超越苦难的中国底层妇女形象的写照

莫言通过母亲形象，突出反映了数千年来的封建思想对中国底层妇女的深重压迫。母亲的裹脚、受教育权利被剥夺、生了男孩才能立足、在家庭中地位卑微等等人生遭遇，皆是苦难的中国底层农村妇女形象的写照。这类形象在中国文学中有许多，莫言在写作时对母亲形象倾注了自己对母亲的独特感情，他将自己内心深处对母亲的敬重以及对母亲苦难的深切同情寄予到了母亲形象的创作中。莫言笔下的母亲具有高度的感染力，她能够乐观地面对苦难、承受苦难、超越苦难，她勇敢地追寻自己的爱情与生命的信仰，对未来永远充满美好的期盼，在苦难现实中展现出了超拔的力量。

裹脚是摧残了中国妇女上千年的封建陋习。生活中的母亲为了嫁得好，不得不忍受裹脚的折磨。母亲小时候裹脚不怕疼，她不哭不闹，默默忍受，有时候她疼得只能扶墙行走……每每说起自己裹脚的经历，母亲并非痛哭流涕，反而是满心自豪的。她说不怨恨父母和姑姑，裹脚是为自己裹的，要不然嫁不出去。莫言在《丰乳肥臀》中深刻展现了裹脚对女性身心的伤害，姑姑、母亲都以裹了一双秀美的小脚为荣，婆婆上官吕氏正是看中了母亲的一双小脚才托人上门提亲的。莫言也曾在《檀香刑》中写到过“狗肉西施”孙眉娘因为是大脚只能嫁给屠夫赵小甲的故事，他用县令钱丁的口吻赞扬了大脚女性，控诉了裹脚对女性的戕害。无论是裹脚的母亲，还是不裹脚的孙眉娘，莫言都写出了她们面对生活的那种乐观、积极

向上的人生态度，令她们能够接受苦难、承受苦难、超越苦难。

数千年来，中国的底层女性们亦被剥夺了受教育的权利。生活中的母亲没有上过学，不识字。莫言的姐姐谟芬上小学时学习成绩特别好，上到小学二年级下学期时，家里吃不上饭，为了让谟芬给家里挖野菜找吃的，父亲就不让她去上学了。在最困难的时候，莫言家里的面少得可怜，就用小罐盛着。母亲和姐姐为了对付一天三顿饭也是绞尽脑汁。重男轻女的封建思想以及艰难的生活，让天分极好的谟芬失去了受教育的权利。莫言身边的很多女性们都不能完整地读完小学、初中，这也是莫言笔下受过正规学校教育的女性比较少的原因之一吧。《丰乳肥臀》中的母亲以及她的众多女儿们，也都几乎没有正儿八经地上过几年学。她们的心智未被启蒙，她们活动的天地也大部分囿于家庭、乡村这样的环境。尽管她们没有受过多少的正规教育，然而她们大气、宽容，她们的骨子里始终葆有着人性的淳朴与善良。

重男轻女的封建思想也深刻压迫着中国底层的妇女们，令她们沦为生子的工具。小说中的借种生子，生了男孩才肯罢休事实上是揭示了一个非常沉重的主题。“不孝有三，无后为大”，男人娶了媳妇，是要为家族传宗接代的。小说中特别强调了母亲生育了七个女儿却无奈地还要再生第八胎的悲惨遭遇。这样的故事在莫言的故乡是有其原型的。莫言的姐姐谟芬开始时生了三个女儿，最后一胎生了龙凤胎，这才算是完成了传宗接代的任务。在莫言的村子里，许多家庭也一样是生了再多的女儿都不行，直到生出儿子才肯罢休。在人们的普遍心理中，生不出男孩，是对不起列祖列宗的。在农村基本是靠养儿来防老的，没有儿子的家庭被称作“绝户”，被村里人鄙视，受“地头蛇”的欺负。妇女们自己也是“中毒”极深，如果不能给夫家生儿子，她们就感觉像亏欠了人家一样抬不起头来。《丰乳肥臀》中的上官吕氏那一句“没有儿子，你一辈子都是奴；有了儿子，你立马就是主”就是最好的写照。莫言笔下的母亲，通过自己的努力反抗命运的压迫，在上官父子被杀、婆婆疯掉之后，母亲实际上做了家庭的主宰，她不再受男性的压抑和束缚，带领一家人勇敢坚韧地生活了下去。

千百年来，中国的底层妇女们在家庭中地位卑微，沦为男性的附庸。山东的男人们受儒家思想的深刻影响，大多是“大男子主义”，在莫言的家庭中，爷爷和父亲也都是说一不二的。男人是壮劳力，是顶梁柱，女性总是心甘情愿地把好的食物留给老人、孩子、男人吃，自己吃差的。妇女们在家庭中要承担起繁重的家务劳动，要顶起家，邻里关系也主要依靠女性来协调处理。她们在家庭中的地位既卑微又重要，在《丰乳肥臀》中母亲形象的塑造中，莫言立足原型，又超越了现实生活中的母亲原型，充分体现了女性的主动性和创造性，他写出了女性的尊严和可敬，彰显出她们坚韧地承受苦难、超越苦难的生命特征。

三、西方文学中妇女形象的借鉴

莫言在创作中深受马尔克斯《百年孤独》的影响，马尔克斯笔下的马孔多对应莫言笔下的高密东北乡，莫言小说的魔幻现实特征与马尔克斯的风格相近，莫言笔下的女性人物亦深受马尔克斯笔下女性人物的影响。在《百年孤独》中，不仅仅主人公乌尔苏拉与莫言《丰乳肥臀》中的母亲相似，就连母亲的七个女儿对于爱情的执着疯狂与《百年孤独》中的女儿们亦有着可以类比之处。

从性格特征上来看，《百年孤独》中的乌尔苏拉作为马孔多的开创者之一，她与丈夫何塞·阿尔卡蒂奥·布恩迪亚带领一帮年轻人翻越山脉，最终在马孔多安营扎寨，繁衍生息。女主人公乌尔苏拉在丈夫沉迷于吉卜赛人的魔法时，在他精神失常之时，她依然兢兢业业经营着家庭，盖起了新房屋，抚育着众多的儿女。无论对于亲生的骨肉，还是来历不明的孩子，她都一视同仁，给予他们关怀与照料，抚养他们长大成人。这与《丰乳肥臀》中的母亲上官鲁氏何其相似！

与乌尔苏拉不同的是，莫言笔下母亲的经历更多地来源于莫言立足高密东北乡本土进行的创作。母亲生长在二十世纪初的中国山东，她的丈夫不能生育，为了在家中立足，她又必须生儿子，这样她的人生和情感经历就变得更为复杂。

第四节　母亲形象超越原型的思想、艺术价值

《丰乳肥臀》是二十世纪中国的史诗，更是莫言心灵的史诗，莫言在赞美母亲的善良慈爱、谦卑宽恕的高尚品格的同时，亦没有忽视母亲人性的复杂。莫言将历史、时代、政治以及宗教元素与小说人物充分融合，通过母亲的遭遇，真实地再现了二十世纪中国底层百姓苦难的生活。由母亲身上折射出来的朴实无华的承受、包容、孕育、自由、博爱的大地之母的情怀，令小说呈现出博大恢宏的气象。

一、百年历史大地母亲形象的浓缩与代表

莫言以历史和人类学视角，将中国近现代的历史微缩在以母亲为核心的上官家族的历史中，他以母亲上官鲁氏及其代表着诸多政治力量纠葛的众儿女们的命运展开了对民间历史的阐述，再现了发生在二十世纪中国的一系列重大事件。莫言将古老的传统与现代的文明，东方的历史与西方的文化、官方的政治斗争与民间的苦难生存有机融合在一起，展现了丰富的历史图景和鲜活的民间历史。[①]莫言将宽广的母爱融入恢宏的历史书写中，他“用一个饱受苦难的母亲的形象隐喻了国家民族的历史形象”[②]。“个人的生命最终成为民族灾难的承担者”[③]，母亲曾经被凌辱被强暴，这样一位经历坎坷、人性复杂的母亲，映射了百年中国被各种外敌强权以及政治势力侵犯的苦难历史，凝聚了中国千千万万底层民间百姓在历史沧桑

① 张清华:《中国当代先锋文学思潮论》，中国人民大学出版社 2014 年版，第 185—186 页。

② 付艳霞:《莫言的小说世界》，中国文史出版社 2011 年版，第 166 页。

③ 陈晓明主编:《莫言研究》，华夏出版社 2013 年版，序言第 3 页。

巨变中的苦痛命运。历史充满了多元复杂的矛盾纠葛，是女性、母亲用生存繁衍和大地般的慈悲情怀支撑起了民间的生命的历史。莫言笔下的母亲，是百年历史中大地母亲形象的浓缩和代表。

作为一名有良心有抱负的作家，莫言始终直面历史与人性。他笔下的母亲乐善好施、关爱生命，坚韧顽强地承担苦难，同时她也借种生子、以胃袋偷食、宠溺金童、为保护幼女杖杀婆婆，复杂艰险的生存环境造就了人性复杂的母亲，然而却无损于母亲形象的伟大。善良、宽厚、坚韧、悲悯的母亲，展现出丰厚的人格魅力。莫言亦将对女性原欲意识的书写引入了母亲形象的创作中。《丰乳肥臀》中的母亲，在受尽苦难之时并没有放弃对美好生活的向往和追求。在遇到马洛亚牧师的爱情时，她并没有选择逃避，而是欣然接受了生命中美好爱情的馈赠，勇敢地追求幸福美满的生活。母亲与马洛亚牧师的倾心相爱，令她充满了生命的张力，张扬着“灵、欲、情、色、爱”交融的现代爱情意识，闪耀着爱自由的光辉，更是体现了人性的丰富和完整。同时，借由马洛亚牧师传播的基督信仰，母亲亦在苦难中展现出超拔的力量，她承受苦难、包容苦难、化解苦难，展现出博爱众生的基督精神，母亲形象由此升华至神性的高度。

二、齐地女性原型意象的突显

山东是儒家文化的发源地，儒家文化重忠孝，讲人伦，崇尚敦厚、中庸，倡导夫为妻纲，男尊女卑；而齐文化则开放旷达、务实进取、不拘传统，倡导思想自由，尊重女性。作为古代齐国腹地的山东高密，既受到儒家文化的影响，又更多地继承了齐文化的神韵。[①]《丰乳肥臀》中的母亲，在艰难困苦的环境中一步步磨炼、成长起来。她从刚进门时的挨打受骂、受尽屈辱，到上官父子被日

① 杨守森:《作家莫言与红高粱大地》，杨守森、贺立华主编:《莫言研究三十年》(上)，山东大学出版社 2013 年版，第 34 页。

本鬼子所杀，上官吕氏被吓得疯掉之后，勇敢地承担起了家庭的重任，养活了一家儿女，充分张扬了齐地女性特有的独立、坚韧、大气、顶天立地的精神品格。

古代齐国自然环境恶劣，三千多年前的姜太公在开国之初就鼓励女性们积极参与社会劳动，由此培养了齐地女性自由豪放的品格和坚韧不拔的意志。虽然经历漫长的封建社会对女性贬抑的影响，但齐地尊重女性的民俗还是在民间传承了下来。齐地女性强悍的个性基因亦通过婆媳关系这种特殊的代际沟通形式代代相传了下来，俗话说，“多年的媳妇熬成婆”，婆婆仿佛是对儿媳妇有着刻骨的仇恨，这种“仇恨”亦通过婆媳代代相传——一个听话的、乖乖的儿媳，最终成长为一名强悍的妇人、厉害的婆婆，可以说是与当年小媳妇刚进门时婆婆的棍棒虐待等等非人的折磨有着深刻的关联的。痛苦的磨砺造就了齐地女性敢做敢当的坚韧品格和强大的精神力量。与之相比，数千年来重男轻女的封建思想却令一些齐地男性因为过于受溺爱、被保护反而变得懦弱无能，母亲唯一的儿子上官金童就是例证，这也是莫言小说人物大多女强男弱的深刻根源之一。

齐地女性的品格，在《丰乳肥臀》中得到了集中展现。在莫言的笔下，婆婆上官吕氏在村里威望很高，她办事公道，有胆有识，讲义气，对自家节俭到吝啬程度，对乡邻却很大方，她不但打铁打得好，庄稼活儿亦是样样拿得起来，小说中这样写道：“母亲感到，自己与婆婆比起来，真像狮子脚前的一只家兔。又怕，又恨，又敬畏。”①上官吕氏曾用开水烫死过一只猫，因为它偷吃小鸡，也许是猫儿作祟，上官吕氏身上长满银灰色的鳞片，奇痒难挨，试尽一切办法无效后，上官吕氏把上官鲁氏叫到炕边说，自己死后，家就由上官鲁氏来支撑，她说上官父子是一辈子长不大的驴驹子。后来，婆婆的病是由天齐庙的和尚治好的。上官吕氏对上官鲁氏的临终交代，亦可以看出她把家庭的未来和希望寄托在同样是女性的上官鲁

① 莫言：《丰乳肥臀》，北京十月文艺出版社2010年版，第560页。

氏身上，她看清了，在这个家庭中，只有女性才能顶起一片天。男性是窝囊废，女性才是家中的顶梁柱。

《丰乳肥臀》中另一个能够给人留下深刻印象的女性是母亲的姑姑，姑姑瘦小玲珑，眼疾手快，讲起话来嘎嘣脆。她坚决给鲁璇儿裹小脚，她为了聘礼的数目和上官吕氏争得面红耳赤，她没有给丈夫于大巴掌传宗接代，但于大巴掌对待她却极其敬慕。姑姑将上官鲁氏抚养成人，在得知她因丈夫上官寿喜没有生育能力无法生子之时，姑姑逼迫姑父于大巴掌给她借种生子。上官鲁氏生了孩子，才能在婆婆家中立足。同时，通过这种方式，姑姑也给自己的丈夫于大巴掌留下了后代。姑姑就是这样一位精明能干、泼辣洒脱的高密东北乡女性。

《丰乳肥臀》中的母亲恰恰正是一脉相承了姑姑、婆婆这样顶天立地、强悍坚韧、敢于反抗、幽默乐观的齐地女性的个性特征。这种女性的生活原型来自作者莫言真实的生命体验。莫言的母亲三岁丧母，母亲的继母性情乐观豁达，她整天乐呵呵的，很喜欢开玩笑，她曾预言莫言将来“了不得”，因为莫言几次去看她天都下雨——“行风行雨”的。[①]母亲的姑姑与《丰乳肥臀》中的姑姑颇有相似之处，她要强、利落又能干，母亲在童年、少年时常常去大栏村的姑姑家居住，帮姑姑带孩子。母亲童年时受到继母、姑姑的影响和培养，也继承了她们豁达、开朗、乐观、勤劳的性格特征。莫言的奶奶亦是非常能干，直到去世，奶奶是莫言家实际上的大总管。一个大家庭十几口人的吃穿都是由奶奶来操持的。那时的生活极其艰难，奶奶精打细算，勤俭持家，一家人才未受冻饿之苦。奶奶心灵手巧，她做的饭菜好吃，针线活漂亮，她会剪纸，会操办红白喜事，还会接生。奶奶有胆有识，凡是与兵们打交道的事都是由奶奶出面的。[②]奶奶乐于扶贫济困，莫言家有一户邻居，兄弟三人父母早亡，每到过年、过节的时候，奶奶都会包上一大包袱馒头、

① 管谟贤:《追忆几位逝去的长辈》，管谟贤、管襄明:《莫言与红高粱家族》，江苏凤凰文艺出版社 2015 年版，第 130—132 页。

② 管谟贤:《大哥说莫言》，山东人民出版社 2013 年版，第 17 页。

豆包等食物让谟贤给他们家送去。

在齐国故地，许多的家庭正如莫言家一样，实际上是由女性来当家做主的，女性经历过一代代的磨砺，性格变得愈加坚韧顽强，她们豪侠仗义、敢于担当，有胸襟、有打算、有气魄。《丰乳肥臀》中的母亲形象，已经超越了现实生活中的母亲原型，融入了莫言的奶奶、姑母、外婆这些齐地女性的风貌。母亲善良博大的品格，亦是来自齐地民间文化的滋养。齐文化以其开放进取、宽厚博大滋养了生活在高密东北乡土地上的女性们，母亲的品格亦是生活在高密大地上的众多女性精神品格的集中展现。

高密东北乡有着自然剽悍的民风，民间有着天然的对真善美的追求。在许多部莫言小说中，皆可以看到洋溢着浪漫奔放、自由张扬个性的齐地女性人物，从《红高粱》中的戴凤莲、恋儿，到《丰乳肥臀》中的母亲以及她的众多女儿们，再到《檀香刑》中的孙眉娘，《蛙》中的姑姑……她们皆有着坚忍不拔的品格，自由不羁的个性，魅幻神秘的特征，她们敢于追求自身的幸福和美好的爱情，她们响当当、顶天立地地活着，展现出齐地女性特有的风采。

三、东西方圣母原型的融汇

古今中外的文学作品从来没有间断过对母亲形象的书写，圣母原型亦是小说中常见的原型意象之一。在中国传统文化中，最突出的圣母原型是女娲，她补天立地、化育万物、抟土造人，在莫言笔下母亲上官鲁氏形象的塑造中，女娲的神话原型意象亦交融在母亲生养众多、承载苦难的传奇故事里。两千多年以来，西方文化从未脱离过基督教的深刻影响，西方文学作品中母亲的重要原型之一是圣母玛利亚。在东西方文化交融共生的世纪之交，在《丰乳肥臀》这部小说里，支撑起母亲苦难岁月的，是基督教的信仰。在母亲形象的塑造中，莫言充分融汇了代表着生殖繁衍、慈爱包容、无私奉献、救赎苦难的精神品格的东西方圣母原型。

1984 年，莫言考进解放军艺术学院学习。有一节美术欣赏课，在观看幻灯片时，莫言见到了一位人类始祖“老祖母”的雕像，她硕大的乳房犹如两只水罐，她有着丰肥的腹与臀，乍看上去这雕像又粗糙又丑陋，但她却立在那里稳如泰山。[①]她以一种庄严朴素的原始生命力量，给莫言留下了强烈的印象。多年的沉淀之后，孕育人类子孙的老祖母形象在莫言心中愈来愈清晰、高大起来。1990年秋天的一个下午，在北京的积水潭地铁口，莫言看到了一位用乳房哺喂两个孩子的农村妇女，她那枯瘦的脸在夕阳下像古老的青铜器一样闪闪发光，又像受难的圣母一样神圣庄严。莫言的心中涌起热潮，他禁不住流下了眼泪。他久久注视着这母子三人，想起了哺育自己多年的母亲。[②]

1994 年 1 月 29 日深夜 11 时，莫言深爱的母亲去世，享年仅七十二岁，莫言悲痛欲绝。他一度万念俱灰，难于从失去母亲的痛苦中走出。他跟随好友李大伟来到高密东关教堂听道，基督信仰灵魂不灭的思想深深安慰了莫言。莫言最终把基督精神的原型意象应用到了母亲形象的塑造之中。母亲去世一年后的 1995 年 1 月 19 日，莫言开始在高密南关家中动笔写《丰乳肥臀》。[③]当他在卷首写下“谨以此书献给母亲在天之灵”这句话时，他的眼中已是饱含泪水。莫言将自己母亲的身世经历和母亲真诚善良、朴实宽厚的精神品格都融入进《丰乳肥臀》中的母亲上官鲁氏形象的创作之中。他将对母亲的深情倾注笔端，他“夜以继日，醒着用手写，睡着用梦写，全身心投入三个月。中间除了去过两次教堂外，连大门都没迈出过”。他几乎是一鼓作气完成了这部五十万字的小说。[④]莫言说在这本书里，“肆无忌惮地使用了与我母亲的亲身经历有关的素材，但书中的母亲情感方面的经历，则是虚构或取材于高密东北乡诸多母亲的

① 莫言:《〈丰乳肥臀〉解》，张清华、曹霞编:《看莫言：朋友、专家、同行眼中的诺奖得主》，华中科技大学出版社 2013 年版，第 14 页。
② 莫言:《用耳朵阅读》，作家出版社 2012 年版，第 29 页。
③ 管谟贤:《大哥说莫言》，山东人民出版社 2013 年版，第 238 页。
④ 莫言:《用耳朵阅读》，作家出版社 2012 年版，第 34 页。

经历”[①]。土地生养万物，母亲拥有大地般厚德载物的品格。母亲任劳任怨，默默奉献，具有旺盛的生殖力，人类由此生生不息。[②]

莫言现实生活中的母亲并不信仰基督教，信仰基督教的母亲原型来源于莫言所在的大栏平安庄信仰基督教的母亲们。在二十世纪的山东，基督教已有了广泛的传播。莫言的邻居单际衡从解放前就信仰基督教，他在自己的家中建起了教堂。单际衡的妻子和女儿们也信仰基督教。莫言亦是从小就听闻此事，基督思想早在莫言童年时代就在他的心中扎下了根。《丰乳肥臀》以“马洛亚牧师提着一只黑色的瓦罐上了教堂后边的大街”开篇，莫言意欲将其写成“高密东北乡的‘圣经’”。母亲的一生，恰恰是贯串了基督信仰“原罪、苦难、救赎”的一生，她为生活所迫，多方借种生子，可谓犯下“原罪”。她被丈夫、婆婆折磨得奄奄一息，可谓受尽“苦难”，她来到了教堂，遇到了马洛亚牧师，可谓得到了“拯救”。为了养育孩子，她更是承担起一生的“苦难”，最终，她让金童背起她，再次来到了教堂，她在基督的信仰里找到了安慰，得到了心灵的“救赎”，她的灵魂归向了天国。母亲勇于追求自由、平等的人生，她关爱生命，无私奉献，焕发着基督精神的博爱光芒。

托马斯·阿奎那认为：“艺术作品起源于人的心灵，后者又为上帝的形象和创造物，而上帝的心灵则是自然万物的源泉。”[③]在西方，圣母玛丽亚哺乳耶稣信仰历史悠久，玛丽亚给圣子喂奶是西方绘画中常见的主题。德国翻译家郝慕天（Martina Hasse）这样写道：“在 Brenken 教堂的天花板上我们看得到一个天高地厚的、宇宙性的内容，一个世界末日最后审判：我们看得到有耶稣坐在彩虹宝座上，面玛丽亚举起她的乳房以及在施行施洗的圣约翰内斯的。”“信

① 莫言：《讲故事的人——在诺贝尔文学奖颁奖典礼上的讲演》，《当代作家评论》，2013 年第 1 期。

② 莫言：《〈丰乳肥臀〉解》，张清华、曹霞编：《看莫言：朋友、专家、同行眼中的诺奖得主》，华中科技大学出版社 2013 年版，第 18 页。

③ 伍蠡甫主编：《西方文论选》（上卷），上海译文出版社 1979 年版，第 153—154 页。

徒期待的是玛丽亚以及她的纯洁的母奶会第一救助染上了原罪的人，脱洗掉原罪，人的灵魂得救一直到打开天堂的门。”“世界末日的大审判在面前，可是玛丽亚的奶水会救人。”[①]母亲形象的创作充分借用了圣母喂奶的原型意象，契合了人类古老的圣母信仰主题，亦大大增强了小说的丰厚意蕴与艺术感染力。

莫言以生活中的母亲、齐地女性以及东西方圣母为原型，在《丰乳肥臀》中塑造了饱受苦难却仁慈善良、胸襟博大、越是在危险关头越是能够顶天立地的母亲上官鲁氏形象，[②]在展现生活中的母亲善良宽厚品质的同时，亦将齐地女性原型的自由洒脱、坚韧顽强，以及圣母原型的博爱众生、生养万物、包容苦难的基督精神融入进“母亲”形象的塑造中，体现了人性与神性的完美融合。母亲形象的成功塑造，展现了莫言凝炼民间、历史、现实、宗教等质素进行小说人物创作的深厚功力。莫言以同情和悲悯的眼光关注“历史进程中的人和人的命运”[③]，母亲对基督信仰的皈依，亦展现了莫言对人类灵魂救赎之路的探索。

“艺术本质上是某种超越了个人、象征和代表着人类共同命运的永恒的东西。艺术并非宗教，但艺术作为一束神圣的光源的投射，旨在显示、象征神圣，使人感领从未感受到的爱的目光，从而使艺术成为灵性的一种启示。”[④]母亲是人类生命的源头。莫言笔下的母亲正是承载着人类神圣的母爱情怀，母亲历尽一生坎坷，以博爱拯救苦难，最终以超脱的意识返回神圣的灵魂家园，成为人生存在意义的给予者，[⑤]母亲上官鲁氏亦成为莫言小说最具代表性的典

① 郝慕天:《〈丰乳肥臀〉主人公的恋乳癖与欧洲德国读者群》，北京师范大学国际写作中心编:《讲述中国与对话世界：莫言与中国当代文学国际学术研讨会论文集》，2014 年版，第 199—203 页。

② 莫言:《用耳朵阅读》，作家出版社 2012 年版，第 128 页。

③ 莫言:《用耳朵阅读》，作家出版社 2012 年版，第 33 页。

④ 胡经之、王岳川、李衍柱主编:《西方文艺理论名著教程 · 下》，北京大学出版社 2003 年版，第 143 页。

⑤ 胡经之、王岳川、李衍柱主编:《西方文艺理论名著教程 · 下》，北京大学出版社 2003 年版，第 142—143 页。

型人物形象之一。随着莫言的获奖以及《丰乳肥臀》的广泛传播，这样一位包含着深厚的东西方文化意蕴，将人性与神性完美融合的母亲形象，必将在中外文学史上绽放出更加璀璨的光芒。慈爱、悲悯、坚韧、勇敢的母亲，孕育着人间不朽的传奇。

第六章 《丰乳肥臀》中马洛亚牧师创作原型探源

翻开厚厚的《丰乳肥臀》，开篇第一句话便是："马洛亚牧师提着一只黑色的瓦罐上了教堂后边的大街，一眼便看到，铁匠上官福禄的妻子上官吕氏弯着腰，手执一把扫炕笤帚，正在大街上扫土……"[①]来自遥远瑞典国的马洛亚牧师作为独具"莫言特色"的西方传教士形象走进人们的视野中，他与高密东北乡的"母亲"上官鲁氏以及他们的儿子上官金童的故事，成为贯穿全书始终的线索。莫言以马洛亚牧师形象的塑造，勾连起了基督教在山东高密传播的百年历史。《丰乳肥臀》也因此实现了某种程度的历史揭秘与信仰追问，成为一部不可多得的史诗般的巨著。本书拟从《丰乳肥臀》中马洛亚牧师的创作原型入手，对瑞典传教士到马洛亚牧师形象的文学演变进行考察，并深入探讨莫言构建这一人物形象的深层原因，亦有助于认识马洛亚牧师形象蕴含的思想艺术价值。

第一节 莫言笔下的马洛亚牧师

西方文艺复兴以来，中外文学史上常见虚伪、贪婪、愚昧的传教士形象。在二十世纪八十年代以前的中国现当代文学作品中，亦常将基督教妖魔化，多见外来传教士们欺骗虚伪、卑俗无耻、仗势欺人等等，例如郁达夫、张资平、老舍等作家笔下的西方传教士形象皆是如此。新时期以来，中国当代作家莫言、唐浩明、叶兆言、

① 莫言:《丰乳肥臀》，北京十月文艺出版社 2010 年版，第 3 页。

铁凝等一改过去作家们对传教士形象创作的思维局限，以尊重历史的态度，创作出一批积极正面的西方传教士形象，其中莫言创作于1995年的马洛亚牧师就是其中一个突出代表。在《丰乳肥臀》中，莫言探入到马洛亚牧师的内心深处，以生命意识去洞悉其人性的复杂，以超越性的襟怀创作出具有强劲生命活力的马洛亚牧师这一文学形象。[①]

在莫言小说《丰乳肥臀》中，写到马洛亚牧师的地方主要集中在两处，一处是在故事的开篇，展现了马洛亚牧师与上官鲁氏生活的几个片断，另一处则出现在小说的尾声处，回顾了绝境中的上官鲁氏在高密东北乡教堂中得到了马洛亚牧师的救助。小说由马洛亚牧师开场：马洛亚牧师看到上官吕氏扫大街上的浮土，他知道他的亲生骨肉就要降生了，他的心怦怦直跳。后来上官鲁氏难产，马洛亚牧师来到她家为母子平安向上帝祈祷。他与鲁氏的龙凤胎诞生后，他被日本鬼子抓走，又死里逃生回到了高密东北乡。几个月后，在他为一双爱子施洗的那天，黑驴鸟枪队侵占了教堂。上官鲁氏受尽黑驴鸟枪队员的污辱，挺身而出的马洛亚牧师被鸟枪队员打伤了腿，万般无奈的他拖着一双残腿，从高密东北乡教堂的钟楼跳下……

莫言笔下的马洛亚牧师，虽着墨不多，也算不上《丰乳肥臀》中的主要人物，但却是一位具有复杂的生命个性，能够给人留下深刻印象，也增加了作品厚重意蕴的人物。马洛亚牧师是一位富有爱心和奉献精神的瑞典传教士，他有着悲天悯人的情怀，救人于苦难的美好愿望。他出于对基督的真诚信仰，孤身一人来到中国传教，要将福音的种子撒在高密东北乡的土地上，给予苦难中的人们心灵的寄托。马洛亚牧师在乡亲们遭遇苦难时替他们祷告，困境中他给予了他们心灵的安慰，他传播的基督信仰给人们黑暗的生活带来了一线光明，一丝希望。日本人血洗高密东北乡，马洛亚牧师死里逃生，他为这片土地上受苦受难的人们祷告：“主啊，拯救这些受苦

① 杨守森：《生命意识与文艺创作》，《文史哲》，2014年第6期。

受难的灵魂吧……”眼泪从牧师湛蓝的眼睛里流出来，流经他脸上那几道结着青紫血痂的鞭痕，滴到他破烂的黑色长袍上，滴到他胸前那个沉甸甸的青铜十字架上。[①]耶稣基督慈爱悲悯的精神在马洛亚牧师的身上得以彰显。

这个人物形象值得关注之处还在于，他既是一位灵魂高洁的传教士，同时又是一位凡人。他带来西方基督教的信仰，却融入高密东北乡，像土生土长的高密人一样生活。他是一位中国本土化了的牧师，也是一个热爱生活的人，他借毛驴磨面粉，他自己会做兰州拉面，他像中国的老农民一样会抽旱烟。同时，马洛亚牧师也有作为凡人的七情六欲，他关爱女性，向往爱情。当饱经折磨的上官鲁氏拄着拐棍来到教堂时，她身上的恶臭让在场的人皱起了鼻子。而马洛亚牧师却走下讲台，双手扶起她，对她说："我的妹子，我一直在等待着你。"[②]马洛亚牧师不仅救助了上官鲁氏，还将天国的福音传给她，他们之间产生了真挚的爱情，又共同生育了一双儿女。不仅如此，他在兰州传教时亦与当地的一名回族女性之间产生了爱情并共同生育了一个儿子，由此可见他对凡俗生活的热爱。马洛亚牧师的言语也几乎完全被高密东北乡同化了，当他见到上官鲁氏与一双爱子，他会用地道的土话说："俺的亲亲疼疼的肉儿疙瘩呀……"他会像高密东北乡人一样地骂人："于大巴掌这驴日的。"莫言对马洛亚牧师这种日常化的书写流露出浓厚的民间气息与勃勃的生命意识。

马洛亚也有着作为凡人的软弱。在那个苦难的年代，在他为一双儿女施洗的那天，黑驴鸟枪队侵占了教堂。在那一时刻，马洛亚牧师居然用地道的高密东北乡腔调说："弟兄们，您要什么？"还对队员们鞠躬。鸟枪队员们得寸进尺，想要在教堂里养驴，马洛亚在抗议不成时，他只有哭着向上帝祷告说："主啊，惩罚这些恶人吧，让雷电劈死他们吧，让毒蛇咬死他们吧……"[③]面对残暴势力，

① 莫言：《丰乳肥臀》，北京十月文艺出版社 2010 年版，第 59 页。
② 莫言：《丰乳肥臀》，北京十月文艺出版社 2010 年版，第 569 页。
③ 莫言：《丰乳肥臀》，北京十月文艺出版社 2010 年版，第 60—73 页。

马洛亚牧师像中国千千万万的草民一样饱受欺凌却无力还击，他在走投无路之下跳下了钟楼。马洛亚的个体生命遭遇缩微式地呈现出高密东北乡大地上曾有过的壮丽生存与那段苦难的历史。①

莫言一贯主张站在人的角度上写人，他特别擅长从典型人物身上透视社会生活的艰辛与人性的复杂。莫言深入民间，重新发现与书写瑞典传教士在山东高密的历史际遇，他以人性化的视角对马洛亚牧师进行了全新的书写，这位具有基督博爱救赎的品格、最终客死在高密东北乡土地上的马洛亚牧师，其个性化正是契合了莫言"写人"的创作追求。马洛亚是一位人性化、中国化、莫言化了的牧师，他的身上彰显着人性与神性的和谐统一，也体现了莫言小说人物创作的本土性和复杂性。

第二节　马洛亚牧师原型历史寻踪

莫言荣获诺奖之后，有人曾怀疑在"《丰乳肥臀》中突然虚构出这么一个瑞典籍的传教士"，是在有意"讨好瑞典人"②。这实在是一种不负责任的臆测。作为小说人物，马洛亚牧师当然是莫言的"虚构"，但这"虚构"绝非凭空而来，而是有翔实的生活依据的，这就是，莫言的家乡高密，曾是瑞典传教士长期活动过的地域。

一、瑞典传教士在高密

据瑞典浸信会 1941 年出版的《山东瑞华浸信会五十周年史》书中介绍，1892 年，瑞典国基督教浸信会教士文道慎（Carl

① 张清华:《中国当代文学中的历史叙事：海德堡讲稿》，北京大学出版社 2012 年版，第 173 页。

② 诗人小郑:《支持莫言获诺贝尔奖，但不应回避莫言的六大缺陷！》，凯迪网络凯迪社区 2012 年 10 月 12 日，http：//club.kdnet.net/dispbbs.asp？ id=8698791&boardid=1.

Vingren）偕令约翰（J.E.Lindberg）来山东胶州传教，后来又到高密布道。1908 年，冯继业、高升汉始于高密城及城南之沟头、城律设布道所，范永起、李润升、臧寿彭为传道员。1915 年，安道慎（Elis Almborg）在高密城发展 60 多名教徒，并在县署前建起了高密布道所，由范永起主持。到 1919 年，高密布道所发展到 11 所，瑞典教士李安德（Ando.Leander）主持教务，并在北关建起教堂、医院、学校。1921 年，高密浸信会成立，名称为“高密瑞华基督教会”，牧师是李安德，高密县城教徒达 240 余人。[①]

莫言在《丰乳肥臀》中提到的腊八施粥的北关大教堂，正是在 1920 年左右，由瑞华浸信会在北关兴建的，瑞典传教士常驻北关教堂传教，亦常与在胶州、诸城、王台等地传教的瑞典传教士交流往来。在李克恭牧师所写的教会年鉴中，曾出现的瑞典传教士有安道慎、李安德、任为霖（Oscar.Henry.Rinell）、苏德林（Thure Skoglund，B.A.）、唐义礼（Eric Thoong）、杨荣道（Martin Jansson）牧师等等。1941 年，瑞华基督教高密浸信会发展到高峰期，共有教堂及布道所 38 处，教徒 2230 名，成为瑞华议会的重点教会之一。[②]

《丰乳肥臀》中所提到的“神召会”也的确由瑞典传教士建立，成立时间是 1939 年。地点不是在莫言小说中所说的北关教堂，而是在高密萝卜市街租借的一幢小楼上，创始人是李安德牧师。[③]李牧师夫妇在 1907 年至 1939 年期间先后在山东诸城、胶州、王台、高密等地主持教务多年，[④]曾对高密基督教的发展做出过卓越贡献。

2012 年 12 月，在瑞典斯德哥尔摩领奖期间，莫言曾会晤了来自瑞典乌普萨拉（Uppsala）的任雪竹（Alice Rinell Hermansson）母

---

① 于天助、赵永泉:《高密宗教述略》，张家骥编:《高密重大历史事件》，香港华夏文化出版社 2008 年版，第 310 页。

② 于天助、赵永泉:《高密宗教述略》，张家骥编:《高密重大历史事件》，香港华夏文化出版社 2008 年版，第 314 页。

③ 于天助、赵永泉:《高密宗教述略》，张家骥编:《高密重大历史事件》，香港华夏文化出版社 2008 年版，第 316 页。

④ 殷颖:《岁月沉香》，台北: 道声出版社 2012 年版，第 171 页。

女，任雪竹女士出生在胶州，她是来华传教的瑞典老牧师任其斐（J.A.Rinell）的孙女。她的叔叔任为霖牧师曾在1925—1927年以及1940—1941年期间来高密代理、主持过教务。在1942—1948年期间，主持高密教务的有唐义礼、杨荣道牧师等。唐义礼牧师是在高密殉教的一位瑞典传教士，1946年4月，他开医护车从高密到潍县去，在路上遭到士兵的枪击，唐牧师不幸中弹遇难。

瑞典传教士来高密之后，除了传教之外，还在当地做过许多的善事。他们开办学校，办诊所，办孤儿院，收养被遗弃女婴，他们为孩童施洗，救助贫困的人，他们提倡女权，劝导取消女子缠足与纳妾等。在饥荒时他们辅助赈灾，行过诸多善事，在战时教堂曾一度成为平民百姓躲避战火的避难所。

二、外国传教士在高密东北乡

瑞华浸信会与中华基督教会在高密的传教范围很广，遍及高密城乡。莫言家所在的大栏平安庄因为地处高密、胶州、平度三县接壤处，也曾有外国传教士在此活动。在高密基督教长老会历史上，大栏也曾是长老会最初设立的13处分会之一。根据莫言家乡的单亦珉长老以及她的弟弟高密二中退休教师单亦敏老师的介绍，在1939年左右，他们的父亲单际衡（单子平）信了耶稣后在自己家中建起了教堂。教堂距离莫言家很近，最初是建起了7间厢屋，后来又盖起了9间正屋作为礼拜堂。主日礼拜，其他时间作为教会小学使用，教会小学被命名为“圣经学院”，学制6年。1941年左右，单亦珉的堂兄单亦超正是在那儿结婚，当时主持婚礼的正是美国人库尔德牧师。1945年左右，单际衡一家搬离了平安庄。解放后，教堂的房子就变成了小学，正是莫言上小学时的大栏中心小学。二十世纪八十年代初期，学校搬迁到大栏村，教堂多年失修而被居民拆毁。目前，在“圣经学院”旧址上，已恢复莫言上小学时的大栏中心小学旧貌。

三、高密的其他外国传教士

在那个年代，除了有瑞典人在高密传教之外，来传教的还有来自美国、挪威、德国等国的传教士。清光绪中期，美国牧师德维斯来到高密官庄、郭家店一带传教，并建立了长老会官庄支会。1918年，赵斗南牧师等人到高密城萝卜市设立布道所。后来潍县滕景瑞牧师到高密以美国长老会城市布道所名义在东关成立了“大美国长老会”，设立了教堂。1920年改名为“中华基督教会”。高密中华基督教会东关教堂是由美国斯菲特莱女士及其子女捐款，委托滕景瑞牧师建设的，另由高密宫家巷蔡允生在此捐地二亩，教堂共建有砖瓦平房95间。从1920年教会建成，到1961年的40年间，一直由单卓然长老管理，教会负责人是美国传道人库尔德、范爱莲。高密基督教长老会在郭家店、王家官庄、皋头、大栏等地设立13处分会，每处分会都有长老，教徒数十人或百余人不等。[①]

德国人在高密传教主要以天主教为主，高密最早的天主堂是建于1853年的后三皇屯天主堂以及建于1855年的祝家庄天主堂等。到1900年前后，全县天主教已发展到41处，教民400余户，教徒2000多人。教会以博爱慈善为宗旨，开展了教育、医疗、救济等慈善事业，赢得了一些群众的信任，因此发展较快，影响较深。1897年11月，德国以“巨野教案”为由强占胶州湾。1899年，德国人在山东修胶济铁路，激起了以孙文为首的爱国民众的强烈反击。1900年1月，德铁路公司人员下榻南流教堂，孙文率众夜袭南流。3月，后三皇屯的一名教徒劝说孙文的部下徐元和放弃抵抗，激化了天主教徒与孙文领导的抗德群众的对立冲突，高密的义和拳更以“除教灭洋”为宗旨同仇敌忾，攻打天主教堂，轰跑传教士，高密抗德运动风起云涌。德军在高密制造了屠杀百姓的“克兰惨案”“沙

① 于天助、赵永泉:《高密宗教述略》，张家骥编:《高密重大历史事件》，香港华夏文化出版社2008年版，第307—308页。

窝惨案”等惨案，爱国群众和天主教徒的矛盾日益加深，天主教在高密的发展受到抑制。至1930年前后，全县尚有天主教40处，教民320户，教徒1600余人。天主教在高密城里的传教场所有位于高密火车站附近的圣言会高密分会、高密修道院，位于县城东门里路南的高密总铎会、高密仁惠堂等。[①]目前，位于高密火车站南的高密一中老家属院内尚有一处保留至今的德国天主教堂。

在高密的瑞典传教士与美国传教士、德国传教士相比较，既有其相似之处，又有其巨大差异。相似之处在于他们在传播上帝福音的同时，都建起了教堂、医院、学校等，从客观上推进了当时高密社会的发展。不同之处在于瑞典传教士、美国传教士在高密传播的是基督教，而德国传教士在高密传播的是天主教。瑞典是个中立的国家，瑞典传教士来到高密传教，并非受政府或商人派遣，而是出于对上帝的真诚信仰，出于基督徒的使命传播福音，他们在传教的同时也做了大量的慈善工作，赢得了当地百姓的信任，高密人对瑞典传教士的评价多以正面为主。美国传教士库尔德、范爱莲等在高密留下的史料不多，高密人对他们的了解较少，对他们的评价也多以正面为主。德国传教士入驻高密比美国、瑞典传教士都早，由于德国入侵山东等复杂历史因素，德国传教士在传播福音的同时，也曾经为德军提供情报、做翻译等，他们维护的是德国人的利益，因此激起了爱国群众的反洋教斗争，高密人对德国传教士的评价多以负面为主，其传教活动也呈现萎缩的态势。后来天主教也因其自身的局限，不能顺应时代的发展而退出了高密的历史舞台，与今天高密基督教会的兴起形成了鲜明的对比。

四、高密教会与瑞典教会的新世纪交流

在《丰乳肥臀》中，母亲曾笑称马洛亚牧师是个土包子，质疑

① 于天助、赵永泉:《高密宗教述略》，张家骥编:《高密重大历史事件》，香港华夏文化出版社2008年版，第301—305页。

他的瑞典人身份，马洛亚牧师则辩解说，他曾保留着大主教派他来中国传教的相关文件。[①]与此段描述类似的事实是，瑞典教会以及瑞典档案馆至今仍然完好地保存着许多瑞典传教士们来中国传教时的相关资料。2007 年左右，高密教会为了建设新教堂用地事宜联系到瑞典教会，瑞典教会及时伸出了援手，他们将保存完好的当年瑞华浸信会在北关置地的地契以及相关文件邮寄到了高密教会，高密教会以此作为证据申请到了建堂用地。2010 年，高密圣德教堂得以兴建，圣德教堂巍峨庄严，在山东省内的教堂中堪称翘楚。

新世纪以来，高密基督教会的对外交流逐渐增多，每年都会有国外朋友来高密教会礼拜、交流。瑞典传教士的后人们也曾多次来到高密教会参观访问。2012 年夏天，高密基督教会迎来了任雪竹女士一行 16 人。教会组织了欢迎仪式，以特别的方式欢迎来自瑞典的传教士的后代们。任雪竹女士一行与高密教会的弟兄姐妹一起聚会交流，他们还参观了圣德诊所、圣德养老院和圣德培训中心等等。莫言获奖后，瑞典朋友又来过多批，他们前去北关教堂、莫言旧居以及幼时生活过的地方寻找童年的足迹，感慨颇多。2014 年 9 月 22 日，任雪竹女士以及童年时在高密生活过的杨荣道牧师的女儿玛丽安（Mariann Hagbarth）女士一行再次回到了高密教会访问，她们还参观了当时正在兴建的高密东北乡教堂。

玛丽安女士 2014 年 9 月在诸城教会演讲时这样说：二战期间，中国也有战争，当时的瑞典传教士在山东经历过一段非常艰苦的日子。原本他们在瑞典的生活很好，他们在战争期间完全可以再回到瑞典去过安逸的生活，然而却因着对上帝的热爱，对这片土地和人民的热爱，他们依然克服了重重困难，选择留在了这么艰苦的地方继续传福音。他们在传福音时，是用内心的爱与当地的教徒们交流、交往的。

通过采访瑞典传教士的后代，查阅瑞典教会以及高密教会的历史文献资料，可以了解到来高密的瑞典传教士对基督信仰的执着

① 莫言:《丰乳肥臀》，北京十月文艺出版社 2010 年版，第 63 页。

以及对这片土地上人民的热爱。他们甘心为信仰理想付出自己的青春、生命也在所不惜。他们心存敬畏，非常积极认真地投身到传教工作中，他们下乡传教，也开办学校、诊所，对当时高密社会的发展做出了积极贡献。他们以内心的爱来传播福音，传扬上帝之爱。六十多年过去了，传教士们的后代们也已是白发苍苍，他们依然回到这儿，他们诉说着他们逝去的父辈们生前对这片土地的深切留恋，流着泪为这片土地上的人们献上祷告和祝福。

瑞典传教士在高密传教，对高密的历史文化发展产生了深远影响，瑞典传教士的故事多年来一直在高密的民间讲述流传，这些故事自然也对莫言产生了潜移默化的影响，莫言正是据此虚构了马洛亚牧师这一人物形象。

第三节　从瑞典传教士原型到马洛亚牧师文学形象的演变

莫言能够虚构出这样一位马洛亚牧师形象，与他长期从事小说创作所秉承的历史意识、开放意识与人性意识息息相关。1955 年出生的莫言，从二十世纪八十年代中期以来一直活跃于中国文坛，作为新文学的探索者，他创作的许多人物形象都是具有开创意义的。研究莫言笔下的马洛亚牧师，亦应将其置于莫言生活的时代，结合莫言的生活、创作经历以及精神历程，才能进一步认识这一形象的意义。

一、莫言与基督教传教士

正如前文所说，莫言童年时上小学的大栏中心小学就是由解放前平安庄教堂的房子改造而成，小学就在莫言家的东边不远处。莫言年少辍学后在平安庄参加劳动时，就曾经听村里的大人们讲到过教堂和传教士的故事。而前文所说的单际衡长老的儿子单亦敏，是山东师范大学的毕业生，他在1972—1974年期间回家乡参加劳动，就是他告诉莫言当作家可以一天三顿吃饺子的。单际衡一家笃信基督教，莫言与单亦敏以及村里信仰基督教的人接触交流，自是听闻了不少关于外国传教士的故事。莫言从小就是耳濡目染这些故事长大的，可以说，基督教的信仰以及传教士的故事早在莫言童年时就烙在了他的记忆深处。

莫言曾经在接受王尧采访时说，在他们的镇上曾有一位瑞典女传教士，生活非常简朴，自己劳动，开了两亩荒地，养了一头奶山羊，每天挤奶，非常辛苦。她戴着斗笠披着蓑衣，在地头上和老百姓一边干活一边讲解上帝的教义。[①]据笔者查访，在高密历史上，的确出现过一位颇有影响力的瑞典女传教士傅淑真（Nina Fredriksson），她1921年从胶州来到高密，为高密教会一直服务到1946年。她曾是瑞华浸信会儿童灵修院（教会小学）的院长，她也曾创办过高密女校，帮助过许多高密的妇女儿童享受受教育的权利。傅淑真女士的故事在高密基督教会的历史以及瑞华浸信会的历史资料中都有记载，至今高密的一些老人仍然记得这位当年腿部略有残疾的瑞典来华女传道人。她当时的确是养了两头奶山羊，瑞典人习惯喝牛奶，因为养牛很困难，所以她就改为养羊。这些素材也通过口耳相传被莫言获知，激发了他的创作灵感。

1994年1月，莫言的母亲去世，莫言非常悲痛。他饱含深情，想写一本小说献给他挚爱的母亲。虽然莫言现实生活中的母亲不信仰基督教，然而莫言母亲拥有的无私、善良、宽广的胸怀，与基督精神所倡导的博爱、良善、平等、自由等精神品格息息相通。在莫言构思、创作《丰乳肥臀》期间，1994年春节过后的一个星期天，在李大伟的陪伴下，莫言生平第一次走进了高密的教堂。李大伟陪伴莫言去过的教堂，正是二十世纪九十年代的高密东关教堂。[②]

高密东关教堂是二十世纪八十到九十年代高密的基督徒在县

① 莫言:《碎语文学》，作家出版社2012年版，第148页。
② 李大伟:《莫言做弥撒》，楚绍山编:《海岱文学》，光明日报出版社2006年版，第38—40页。

城中的主要聚会场所，位于解放前的东关教堂原址附近。那时，随着高密基督教会的影响力渐渐扩大，信教群众也是逐年增多，东关教堂房间里渐渐容不下越来越多的信教群众，教会又在院子里摆下了条椅，后来又搭建了前出厦。1994 年莫言来到东关教堂时，因教堂室内面积小坐不下，就坚持冒着严寒坐在院子里的马扎上做礼拜，直到布道完毕。[①]莫言在《丰乳肥臀》一书中描述的母亲临终前去教堂的一幕，正是依据了当时东关教堂活动的场景，莫言在文中描述了有一位老牧师正在讲经。莫言笔下的马洛亚牧师及其从兰州回来的儿子的传道人形象，部分即是来源于当时在东关教堂传道的高密人李克恭牧师。

莫言笔下的马洛亚牧师蕴含着他的童年记忆，在母亲去世的人生剧痛的刺激下，马洛亚牧师这一人物形象在莫言的心中重新变得鲜活起来。一方面是因为面对亲人离世这样的人生剧痛，原先的精神资源没有基督教那么强烈的支撑作用；另一方面，相信人死后可以上天堂，可以得到灵魂拯救是一种精神安慰。正是在这样的心理背景之下，莫言创作了代表着以基督精神拯救世间苦难的马洛亚牧师这一人物形象。

二、马洛亚牧师形象的创作经历

莫言曾在《盛典》一书中写到，见到任雪竹女士，相见恨晚。如果在当年写作《丰乳肥臀》时他能见到任雪竹女士，看到她所提供的资料的话，那么呈现在读者面前的《丰乳肥臀》，将会是另外一种面貌，因为小说创作也要依附在现实的基础之上。[②]通过莫言的遗憾表达，可见莫言在当初创作马洛亚牧师形象时，并未参照具体某一位瑞典传教士作为原型，而是依据了童年耳闻的故乡传说、在高密东关教堂见到的牧师形象以及在文学作品中读到的传教士等

① 李大伟:《莫言做弥撒》，楚绍山编:《海岱文学》，光明日报出版社 2006 年版，第 38 页。

② 莫言:《盛典——诺奖之行》，长江文艺出版社 2013 年版，第 202 页。

原型，又经过了文学想象与艺术加工而创作生成了马洛亚牧师这一文学形象。莫言又将自己的生命情感和人生体悟倾注进笔下人物的创作之中，显然这样一位马洛亚牧师是打上莫言印迹的传教士形象。

莫言起初创作的牧师形象，是1992年发表于《梦境与杂种》这部中篇小说中的莫洛亚先生，这位莫洛亚先生与马洛亚牧师有着诸多的相似之处。他也是解放前在高密东北乡传教，他住在村西头的教堂中，他自己挤羊奶喝，对传教不是很热衷，但很有爱心，很愿意亲近小孩子们。他办过只经营了一天的小学，后来与一位回族女人结了婚。一年后他死去了，接着回族女人难产也死去了，留下了一位名叫“树叶”的混血女孩。[①]

1995年，莫言开始创作《丰乳肥臀》，显然马洛亚牧师是在莫洛亚先生基础上的全新演绎。马洛亚比莫洛亚性格更为丰富，故事情节更为曲折，围绕他的人物关系又有了新的拓展。莫言在创作这一人物时将自己熟知的高密东北乡的历史、文化、民间生活等元素皆融入马洛亚形象的创作之中，他演绎出马洛亚在高密东北乡传教以及与上官鲁氏的爱情等故事。作为《丰乳肥臀》的灵魂人物之一，马洛亚牧师与母亲、上官金童等人合奏了一部慷慨激昂的生命乐章。莫言以马洛亚牧师形象的成功塑造，显明了人生命运的坎坷以及造物的神奇。马洛亚曾为上官鲁氏的生育而祈祷说：

> ……至高无上的我们的主耶稣基督。主啊主，请赐福保佑，在您的忠实奴仆面临痛苦和灾难的时候，请您伸出神圣的手抚摸我们的头顶，给我们力量、给我们勇气，让女人产下她的婴儿，让奶羊多产奶，让母鸡多生蛋，让坏人的眼前一片黑暗，让他们的子弹卡壳，让他们的马迷失方向，陷进沼泽。主啊，把所有的惩罚都施加到我的头上

① 莫言：《梦境与杂种》，《怀抱鲜花的女人》，作家出版社2012年版，第390—436页。

吧，让我代替天下的生灵受苦受难吧……[1]

莫言在创作马洛亚牧师形象时，曾仔细研读过《圣经》，基督文化为莫言的小说创作注入了新鲜的文化血液。《圣经》中的耶稣及其门徒爱人如己、牺牲、救赎的精神，以及传道、受难的生命经历，对莫言塑造马洛亚牧师形象提供了有益的借鉴和参考，《圣经》的语言、叙事技巧以及“原罪、苦难、救赎”等思想内涵也对《丰乳肥臀》小说的创作产生了深远影响。马洛亚与上官鲁氏的结合伴随着原罪，他们不得不在世间承受苦难，最后马洛亚之死令人联想到受难的耶稣，因着马洛亚牧师的舍命，他所爱的女人与孩子得到了救赎。莫言创作的《丰乳肥臀》故事最终的结局，母亲回归主怀，金童皈依了耶稣基督。在耶稣基督的爱里，母亲与金童那受尽苦难的心灵得到了安慰。马洛亚牧师传递的基督之爱成为他们心灵的避难所。在莫言的笔下，马洛亚牧师的精神影响贯串全书始终。

三、马洛亚牧师形象的不足之处

莫言笔下的马洛亚牧师有血有肉，具有丰富的人性内涵。他热爱上帝，尽心尽力传播福音，他对基督信仰执着追寻。他温柔良善、谦恭有礼、待人真诚，富有爱心与同情心，这些品格特征是与历史上真实的瑞典传教士形象相符的。然而，由于莫言所处的历史时代以及文化背景的差异，莫言对马洛亚牧师生命经历以及爱情等情节的描写有些偏离了历史事实。

在中国，基督教文化一直是被主流文化排斥的，在相当长的时期内人们无法正视基督教文化本身的精神价值与审美意义。莫言并未成长在基督教家庭中，在他的家族中也很少有人信仰宗教，莫言的邻居信仰基督教，莫言自己仅去过几次教堂。他关注基督教，然而这些经历对于塑造一位牧师形象是远远不够的，他与基督教传教

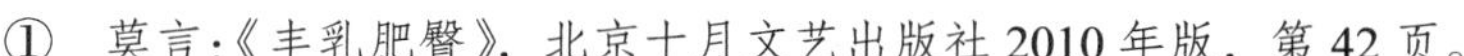

① 莫言:《丰乳肥臀》，北京十月文艺出版社 2010 年版，第 42 页。

士之间有着一定的文化心理隔阂以及精神距离，当时莫言也缺乏相关的历史资料积累，他只能凭借听来的传说、有限的教会生活体验以及阅读到的传教士的故事来创作小说人物，他对解放前在高密的瑞典传教士的生活情境以及精神状态的理解与创作，在很大程度上借助于他天才的想象与自己的人生经验，他笔下的马洛亚牧师偏离了历史上真正的瑞典传教士形象，马洛亚形象的鲜活生动更多地得益于他对普遍人性的深刻洞察以及卓越的文学创作才能。

莫言笔下的马洛亚牧师除了生就一副西方人的面孔，在生活习惯和语言上已几乎被高密东北乡完全“同化”，这一点与真正的瑞典传教士不同。瑞典传教士们来到胶东，虽然会有一些适应性的改变，但无论是外表还是生活习惯方面都还是非常西化的。他们也并非孤身一人来到高密传教，而是有瑞华浸信会这样完备的组织。为了顺利开展传教工作，瑞典浸信会给他们提供了足够的经济保障，他们不仅有实力置地建教堂，出门传教时还可以坐小汽车、骑摩托车、骑自行车。这些丰富的素材因为时代与视域的局限未能被莫言看到，也因此未能在莫言小说中充分体现出来。莫言笔下的马洛亚牧师曾哭着向上帝祷告说“让雷电劈死他们吧，让毒蛇咬死他们吧……”[①]，而《圣经》中的教导则是不要以恶报恶，反要以善胜恶，反映在现实情境中，常见的是牧师为恶人祷告，祈求上帝赦免他们。莫言笔下的马洛亚牧师在走投无路的情况下选择了自杀，在这一点上与真正的瑞典传教士不同。瑞典传教士为传教甘愿吃苦受累，他们不远万里来到中国，选择了艰苦的生活，他们去农村传教，在经历战乱困苦时他们彼此扶持，向上帝祈祷，向教会求助，不会轻易选择自杀。他们来到中国，因着基督教的教义约束，也很少会有人与中国女性之间产生爱情。他们一般会选择西方人为伴侣走进爱情与婚姻，共同养育子女，大部分的瑞典传教士夫妇都是夫妻恩爱、彼此忠诚的……这些真实的素材对于莫言将来再去创作传教士形象无疑是具有借鉴意义的。

① 莫言:《丰乳肥臀》，北京十月文艺出版社 2010 年版，第 73 页。

第四节　马洛亚牧师人物形象的价值

尽管马洛亚牧师形象有着不足之处，对他的描写也还不够充分，但在《丰乳肥臀》中，马洛亚牧师是一个不可或缺的重要人物。莫言通过这一人物形象的设计与塑造，不仅拓展了小说的文化意蕴空间，亦加强了引人深思的精神向度。此外，作为人物形象本身，亦具有独特的审美意义。

一、审美意义

在《丰乳肥臀》的人物系列中，马洛亚牧师虽出场不多，但因新颖独特，以及内心深处的向往与失落，苦痛与渴望，以及拯救世人与自我拯救的努力与无奈等，而别具审美意味，从而成为给读者留下深刻印象的人物之一。

在莫言笔下，马洛亚牧师那温柔的蓝眼睛里常常饱含着透明的泪水，那胸前沉甸甸的青铜十字架，手中的烟斗，身上的黑袍，面前的《圣经》，脸上的鞭痕，流泪祷告时的形体语言，对爱情的向往，对高密东北乡民众发自肺腑的热爱等诸多元素，构成了一位活跃在中国高密东北乡、已经高密化了的西方牧师形象。这一陌生化的特异形象本身，就给读者以审美向往，丰富了作品的审美感染力。

在小说中，有关马洛亚牧师的情节，主要是他与上官鲁氏之间的爱情。在高密东北乡的一隅，他们相亲相爱，生儿育女，恰似生活在幸福的伊甸园，这场景是《丰乳肥臀》苍茫悲壮的历史天空下最唯美的一个画面。马洛亚对上官鲁氏感人肺腑的赞美，又何尝不是他对生命的礼赞？他们的爱情，没有世俗功利的算计，只有两个人的倾心相爱。这爱情超越了环境的逼迫与挟制，透出人类对自由美好生活的向往和追求。这样的爱情可以超越生死，是过去的，也是永恒的，是肉体的，也是心灵的，能给予读者超越性的审美感受。在他们曲折的爱情故事中，虽不无传统文学中“英雄救美”叙事结构要素，但因融入了中国人与外国人这样的世界性元素，以及发生在牧师身上这样的宗教元素，就使得这爱情，不仅更为纯美，也更具有了博大的人类之爱的性质，这爱情亦是天国之爱，神圣之爱。

莫言笔下的马洛亚牧师形象亦蕴含着悲剧美感。鲁迅曾指出：“悲剧将人生的有价值的东西毁灭给人看。”[①]马洛亚牧师与上官鲁氏的美丽爱情终究以马洛亚惨死的悲剧而告终。在爱的最深处包含着最深沉永恒的绝望，而从其中跃现出希望和慰藉。[②]这种希望与慰藉，通过马洛亚传扬的上帝之爱在上官鲁氏与上官金童身上得以延展。丁帆曾说，艺术家只有把深深的苦难融进自身的艺术描写之中，倾注其全部的审美能量，才能换来作品的辉煌。[③]莫言笔下的马洛亚牧师的爱情、生命、肉体、心灵皆承受着巨大的痛苦，莫言将人类共有的苦难的悲剧美感融入马洛亚的人物创作之中，他的生活境遇之苦、心灵之痛，也是千百年来人类共同经历的苦痛，马洛亚成为个人在苦痛的人世间挣扎生存的一个缩影，他的悲剧亦承载着人类普遍的悲剧特征。马洛亚牧师遭遇的苦难，他脸上的鞭痕，像极了受难的耶稣。他的钟楼一跃更是升华了这种为救赎而献身的悲剧美感。作者通过对马洛亚苦痛生命的深度刻画，透视出对个体生命受逼迫的深切同情以及对人类苦难寄予的深切悲悯。

二、精神向度

文学的重要精神向度是人类的终极关怀，是人类对彼岸世界的探求与向往。文学作品的精神向度追求有其共通性与普遍性。古罗

---

① 鲁迅:《鲁迅选集》(第一卷)，四川人民出版社 1983 年版，第 106 页。

② 转引自丁帆:《动荡年代里知识分子的“文化休克”——从新文学史重构的视角重读〈废都〉》,《文学评论》，2014 年第 3 期。

③ 丁帆:《动荡年代里知识分子的“文化休克”——从新文学史重构的视角重读〈废都〉》,《文学评论》，2014 年第 3 期。

马后期著名的哲学家普罗提诺认为，此岸世界上的美的根源在彼岸世界。[①] “是灵魂给予物体以被称为美的权利。”[②]海德格尔认为，艺术作品向我们昭示存在之真，艺术不仅揭示个人的生存和命运，而且揭示民族的、人类的历史和命运，揭示世界的本质和意义。[③]莫言在对《丰乳肥臀》的创作中，将虚幻的彼岸世界“现实”化地呈现在马洛亚牧师的形象创作中，马洛亚牧师具有拯救者与受难者的双重特征，他的悲剧亦承载着人类的悲剧。莫言以马洛亚牧师对理想信仰的终极追寻与苦痛现实羁绊所产生的张力描写，在人生的悖论之处追问生命的真相，从而达到精神升华的高度。

二十世纪九十年代，随着市场化的到来，许多作家都在寻找一种新的精神资源，莫言的《丰乳肥臀》正是在这样的历史境遇中写成的。莫言从未放弃过对精神信仰的执着追寻以及对人类灵魂的持续拷问。莫言并非基督徒，他是在遭受失去至亲的心灵创痛之时，为求走出生死的困惑，寻求心灵慰藉而找到了耶稣基督，并缘此孕育了他小说中的马洛亚牧师形象。而恰是这样一位爱人如己，自由、良善、平等、博爱，有助于抵御纷扰现实，救赎迷茫灵魂的人物形象，契合了时代和人类的精神欲求，体现出东西方文化共通的叩问心灵与探索生命信仰的精神向度。

马洛亚形象体现的精神向度自然并非单一，作者通过马洛亚之死又反问了耶稣基督的缺席。上帝何以一次次让罪恶发生呢？西方文明果真能够拯救受尽苦难的天下众生吗？耶稣之爱虽为西方人视为战胜苦难的精神法宝，然而仅凭耶稣之爱，人们就能够真正享有生而为人的平等自由和尊严吗？莫言笔下的马洛亚牧师反映了莫言更深层次的信仰追问与哲学体悟，以及寻找精神家园路途中的迷惘，同时也带给人们对生命、信仰以及苦难的深刻思考。

① 马新国主编:《西方文论史》，高等教育出版社 2008 年版，第 62 页。

② 伍蠡甫主编:《西方文论选》(上卷)，上海译文出版社 1979 年版，第 139 页。

③ (德)海德格尔:《艺术作品的本源》，见《林中路》，孙周兴译，上海译文出版社 1997 年版，第 28—32 页。

三、文化价值

马洛亚牧师作为一位集多元文化符号于一身的牧师形象，他是近代高密与西方文化交流与对话的一个缩影，这一人物是多种历史合力的产物。莫言在创作《丰乳肥臀》时不仅深受故乡齐鲁文化的影响，亦有着深厚的民间乡土记忆。在二十世纪九十年代寻找新的精神文化资源的转向中，莫言曾仔细研读过《圣经》，基督文化为莫言的文学创作提供了新的维度，也为他的小说注入了新鲜的文化血液，《圣经》的语言风格、叙事结构以及“原罪、忏悔、救赎”等思想文化内涵皆对莫言创作马洛亚牧师以及后来的诸多文学形象产生了深远的影响。在创作过程中，莫言又将自己对生命的感悟与热爱诉诸笔端人物，这样一位马洛亚牧师形象，已经超越了历史意义上的西方传教士形象，他是一位本土化、莫言化了的小说人物，这一人物形象凝聚了传统与现代、现实与虚幻、民族与世界等多种元素，具有融汇中外、贯通古今的丰厚的历史文化内涵。

马洛亚牧师作为一名来自瑞典的传教士，诞生于西方文化之中，又被中华文化所同化，他所蕴含的文化价值呈现出多元复杂的特征。他既是西方宗教文化的载体，又有着热爱生活、拥抱生活的中国儒家品格以及回归天地自然、恬淡不争的道家风范。马洛亚牧师所宣扬的基督之爱、爱人如己同中国传统儒家所倡导的“仁者爱人”思想是有着共通之处的。马洛亚柔和谦卑顺服如同上帝羔羊的性情与中国传统道家文化“贵柔”“道法自然”“返璞归真”等道家精神亦有相通之处。马洛亚对于彼岸世界的追寻又契合了佛家历经百千万劫修炼“成佛”之理。正因为有着诸多这样共通的人类文化基因，马洛亚才能真正融入高密东北乡，被乡民们尊重和爱戴，亦被后来的广大读者们认可和接受。随着莫言小说的广泛传播，这样一位马洛亚牧师更是成为东西方文化沟通交流的桥梁，既有助于中国人认识西方基督信仰的内涵，亦有助于西方人感受中华传统文化的魅力。

马洛亚牧师在反映着东西方文化交融共生特征的同时，亦体现出中国传统民间文化与外来文化之间的碰撞冲突。民间是一个藏污纳垢的场所，真善美与假恶丑如影随形，相克相生。马洛亚以爱情拯救了上官鲁氏的肉身及灵魂，但这份爱情无疑是违背了《圣经》摩西十诫中“不可奸淫”的诫命，但小说中的马洛亚牧师乐天知命，安然自在，几乎没有为此而忏悔。上官鲁氏在承受临产的痛苦时祈求着中国至高无上的神和西方至高无上的神的拯救，她想起了慈父仁兄般的马洛亚牧师在春天的草地上曾对她说，中国的天老爷和西方的天主是同一个神；[①]马洛亚的说法反映了西方传教士在中国传教初期引导人们从原有民间之“神”到基督之“神”的认识转化过程，通过这样的释义，基督之“神”落户中国民间，融入了百姓的生活。小说中还写到了马洛亚所在教堂大门上涂抹着亵渎圣灵的污言秽语、黑驴鸟枪队对教堂的进犯以及马洛亚的惨死等情节冲突，从多个侧面折射出西方基督文化在高密东北乡动荡的历史变迁中受到野蛮暴力冲击的历史境遇。马洛亚死去了，他撒播的福音种子却存留在了高密东北乡人的心中，亦成为母亲上官鲁氏度过苦难岁月的精神支柱，马洛亚与上官鲁氏的儿子上官金童在现实中处处碰壁，他在走投无路之下最终对上帝的皈依亦反映出基督文化在近代中国百年传播中所历经的艰难曲折以及民间对基督“救世”精神的需求，同时亦彰显了在世界全球化的今天，东西方文化交融共生的普世化特征。这种文本的内在张力，深化和延展了《丰乳肥臀》的历史文化内涵。

总之，马洛亚牧师形象的成功塑造，以其对瑞典来华传教士原型、现实生活中的牧师形象以及《圣经》中的耶稣基督等原型的依托与超越，进一步增强了《丰乳肥臀》的思想厚重度和艺术感染力，体现了莫言作品历史与当代相融、世界性与本土性交汇的重要特征，亦使《丰乳肥臀》成为中国当代文坛少有的反映中西方文化交融冲突的力作，其中蕴含的丰厚的思想文化内涵以及揭示的普遍人性，引起了世界读者的广泛共鸣。

① 莫言:《丰乳肥臀》，北京十月文艺出版社 2010 年版，第 38 页。

第七章 《蛙》中姑姑形象创作原型探源

莫言小说《蛙》是一部反映社会现实、揭示真实人性、贴近生命存在的作品。《蛙》以新中国六十年来的农村生育史为背景，以乡村妇产科医生姑姑万心的经历为主线，描绘了高密东北乡故土大地上苦痛的生存本相以及个人内心的挣扎。小说成功塑造了姑姑这一血肉丰满、感人至深的人物形象，这一形象的人物原型来自莫言生活中的小姑管贻兰。深入剖析姑姑这一人物形象形成的渊源及其演变，可以从人物原型视角考察莫言小说成功的奥秘及其蕴含的精神价值。

第一节 莫言笔下的姑姑

莫言一贯主张文学创作要始终盯着人来写，他关注人性，关注人的命运在复杂历史进程中的浮沉变迁。在荣获诺奖感言中他说自己是一个“讲故事的人”，通过一个个精彩传奇的故事，莫言塑造出许许多多给人留下深刻印象的典型人物。《蛙》中的姑姑即是其中的一位，她个性鲜明、内涵丰富，具有强烈的艺术感染力，在中外文学史上拥有一席之地。

莫言笔下的姑姑是一位坚强、智慧、勇敢、泼辣的女性，她敢闯敢干，风风火火，具有坚韧顽强的性格。她出生在抗日战争时期的中国，经历过新中国成立后的困难时期、“文革”时期以及改革开放时期等七十多年动荡的历史风云变迁，艰难的生存环境磨炼出姑姑百折不挠的个性。姑姑童年时因为父亲八路军医生的特殊身份，曾被日本鬼子杉谷抓到了平度城里，她小小年纪就表现出非凡的自信，面对日本人应对自如。后来，姑姑被营救出来，上了抗战小学，又学了医，成为高密东北乡的妇产科医生。作为一名年轻医生，姑姑不畏艰难，为推行新法接生勇斗老娘婆。姑姑“黄金璀璨”般的出身，吸引来飞行员王小倜的“革命”爱情，她被恋人王小倜称作“红色木头”。最终王小倜受到台湾女播音员声音的魅惑，驾机叛逃去了台湾。姑姑陷入了信任危机，曾一度割腕自杀。她写下血书，坚决与王小倜划清界限：“我恨王小倜，我生是党的人，死是党的鬼。”在“文革”中姑姑惨遭批斗，即使受尽辱骂殴打，姑姑也誓不低头。

姑姑亦是一位具有复杂人性的人，她既博爱又绝情，她本身充满了矛盾。一方面，她非常有爱心，她热爱工作，爱护病人，更是热爱孩子。为了救治病人，她几乎没有正儿八经地坐着吃过几顿饭，她曾无数次骑着自行车疾驰在结了冰的河面上，亲自上门为病人服务。她接生了一万多名婴儿，她曾经是散发着百花香气的“送子观音”，在高密东北乡深受乡亲们爱戴。在成为乡计划生育领导小组的副组长之后，姑姑又以火热的激情投入到了工作之中。她坚决执行计划生育政策，她要求个体生命的“小道理”服从计划生育政策的“大道理”，在工作中她过于较真，过于坚持原则，她对孕妇耿秀莲、王仁美、王胆的围追堵截令她们因流产或生产而死，表现出她绝情冷漠的另一面。她成为“催命判官”，她亲手流产掉两千八百名婴孩，有人给姑姑起了个外号叫“活阎王”，姑姑居然感到很荣光。姑姑亦有其愚昧的一面，她缺乏对生命的尊重与反思，她曾自欺欺人地认为没出“锅门”的胎儿不能算“人”，她坚持计划外怀孕的应坚决流掉，在那时她并没有深刻意识到她的“大道理”是以残害生灵为代价的。

姑姑亦是一位在“忏悔”中痛苦煎熬的人，良心的谴责最终令晚年的姑姑纠结在负罪感中难以自拔，她几近疯癫。历史的多变令姑姑陷入了困惑，姑姑多年来付出巨大代价所坚持的信仰到了市场经济时代不堪一击，原先的“大道理”似乎成了“谎言”。多年以来姑姑将内疚与自责深深地压抑在内心深处，她试图说服自己她所做的一切都是为了工作，为了党的政策的实施，为了国家和民族的长远利益，然而现实的悖谬以及退休那晚的遭遇唤醒了姑姑的人性良知，成千上万只青蛙对姑姑进行了围攻，令她魂飞魄散，她认为那是被流产的婴儿来向她讨债了……姑姑的人性复苏了，面对自己曾经亲手流产掉那么多婴儿的过去，姑姑认定自己有罪，并且罪大恶极。姑姑后来嫁给了泥塑艺人郝大手，又通过郝大手捏出了被流产的婴儿的泥塑，对他们进行焚香祭拜，以此忏悔，希望能够赎罪……为了在这个复杂多变的人世间有尊严、有价值地生存下去，姑姑已尽心尽力地去做了，然而，姑姑活得仍然不幸福。她幼年丧父，青年时失恋陷入政治漩涡，“文革”时惨遭批斗，铁腕执行计划生育政策被乡亲们唾骂，一生没有自己的孩子，晚年退休后又被蛙魔缠身，这是姑姑别无选择的宿命？还是她难以逃脱的命中劫难？这一切究竟是社会的错，时代的错，还是姑姑的错？

莫言以姑姑的人生经历写出了人的生命存在的苦痛，他将姑姑放在七十多年的历史长河中去书写，政治风云的变幻莫测，国家政策的急剧转折，最终都反映在姑姑一生的传奇故事里。人处尘世间，不可避免地要生存，要发展，但最终人要面对的，却是自己的良心。艰难的生存环境令姑姑选择了先适应生存，再追求事业的发展和自我的完善。事业的发展亦是应以尊重生命作为前提的。姑姑最终陷入了良心的谴责不能自拔，只能遁入民间伦理中，企望能以焚香祭拜赎罪。人的生命存在是如此的纠结苦痛，罪已犯下，备受煎熬的灵魂如何才能得到救赎呢？

第二节　莫言生活中的姑姑

小说《蛙》的女主人公“姑姑”的原型，是莫言大爷爷家的小姑管贻兰。生活中的管贻兰待人热情，她开朗豁达，办事干练，具有男儿性格。她是高密东北乡家喻户晓的接生婆，莫言来到这个世界上第一眼见到的人便是他的姑姑——莫言正是由管贻兰接生的。

管贻兰出生于 1938 年，当时正是社会动荡的时期。管贻兰的父亲是当地出名的老中医，对子女要求很严。管贻兰从小就非常聪慧懂事，1943 年，她跟随家人搬迁到了青岛生活。1949 年 11 月，国家刚刚解放，村里缺衣少药，缺少像管贻兰父亲那样的医生，她又跟随家人返回了大栏沙口子村居住。在解放前管贻兰并没有接受什么文化教育，直到十三岁时，她才到平安庄小学就读。在读过五年的小学之后，到了 1956 年元月，公私合营，管贻兰的父亲作为中医带徒，带着她加入了大栏乡卫生院。从 1956 年到 1974 年期间，管贻兰一直都是大栏乡卫生院的医生。

后来到了 1975 年，高密县组织各乡镇的妇产科医生培训。管贻兰作为大栏乡卫生院的唯一一名女医生参加了培训。在 1975—1976 年期间，她在高密县人民医院参加了为期两年的培训。1977 年之后，管贻兰又回到了大栏乡卫生院工作。

管贻兰从十八岁开始四十多年间一直从事乡村妇产科医生的工作，经她的手来到这个世界上的婴儿有上万个。她在高密东北乡赢得了乡亲们的尊敬和爱戴。管贻兰工作尽心尽责，因为家里是地主出身，她背负着巨大的思想压力，她工作比别人更勤奋更认真。在县医院参加培训时，别人休息时在宿舍里睡觉，她依然奋战在病房里。别人休息时去高密百货大楼逛商店，她依然还在工作。勤奋的工作换来的是她技术水平的提高，她见过的病人多了，处理的紧急情况多了，自然就经多见广，练就了一身好技艺。管贻兰说：“眼经不如手经，手经不如常拨弄。”她凭着一身好本领，回到大栏乡卫生院挑起了大梁。管贻兰年轻时给人看病总是上门服务，她背着药箱子，骑着自行车在冰面上疾驰，她说在冰面上骑车最顺畅。无论是刮风下雨，还是天黑下雪，有十分的力气，她恨不能拿出二十分的力气来使劲干。那时候除了工作，还要填写各种各样的汇报材料，这些工作都是她晚上加班加点干出来的。

管贻兰一生中经历过的政治运动很多，“三反”“五反”“整风”“反右”“文革”等，无论政治风云如何变幻，管贻兰一心干好工作，她凭着对工作的认真执着和优异成绩赢得了大家的信任。她说不求大富大贵，工作尽心尽力，多出力干，心里舒坦。

二十世纪七十年代以来，随着国家计划生育政策的推行，管贻兰的形象却从“圣母”跌落为“瘟神”。作为中共党员以及卫生院的医生，她不得已成为计划生育政策的积极执行者，一方面她继续接生婴儿，同时她又变成了流产医师。在1977—1980年期间，正是计划生育搞得如火如荼的时候，那时候她每天忙着结扎、放环、流产，一天要工作十几个小时，每天晚上都要忙到很晚。二十世纪八十年代初期，管贻兰任乡计划生育领导小组的副组长，参与了计划生育工作，她的工作就更加忙碌。后来，到了八十年代后期，成立了计生办，她的工作才稍微轻松了一点儿。

管贻兰1981年入党，后来成为高密县的政协委员。1992年12月31日，她办理了退休手续。退休后乡卫生院挽留她继续工作，她又一直工作到了1996年。

管贻兰性格爽朗，家庭幸福。管贻兰的丈夫曾是部队的军人，参加过抗美援朝，后来从部队转业去了安徽工作，直到1996年才调回了高密县人民医院工作。管贻兰和丈夫聚少离多，她一心扑在工作上，儿女们多亏了管贻兰的母亲照顾。

莫言在小说中说起姑姑接生了一万多名婴儿，流产掉近三千名婴儿，事实上，管贻兰告诉我们，由于当时农村缺少避孕措施，农民缺乏避孕意识，导致很多妇女计划外怀孕，这些婴儿只能被流产。其结果是流产掉的婴儿远比接生的婴儿多，是接生婴儿的2—3倍。她说就从1956年算起，1年接生300个婴儿的话，那么10年是3000个，到她1996年退休时，40年间，她接生了大约有1.2万名婴儿。而流产掉的婴儿远比接生的婴儿多，大约有2万至3万人之多。

管贻兰说，计划生育本身就是个矛盾，搞计划生育每天都有哭号的，在地上打滚的，闹的，天天都这样，计划生育是从来没有过的政策，尤其在山东，重男轻女思想特别严重，让人断子绝孙，其对立面肯定是针锋相对，但计划生育是个国策，在那个位置上不工作能行吗？千人千思想，万人万模样。有的人理解这是一项工作，不干不行，有的人就朝着她来了。她干了一辈子计划生育工作，也是担惊害怕，下班回家后就早关门早堵窗。因为推行计划生育政策，她家的门窗玻璃曾多次被人砸破，地里种的玉米也被人用镰刀砍断，就是夜里走路，也有人对她扔砖头。现实生活中的管贻兰拥有美满的爱情、幸福的家庭生活，然而因为从事特殊的计划生育工作，她也品尝了诸多的艰辛，经历了太多的矛盾、煎熬和苦痛。

第三节　从原型到小说中姑姑形象的演变

在小说《蛙》中姑姑形象的创作中，莫言在现实姑姑人物原型的基础上融入了许多爱恨情仇相互纠缠的故事，在其身世经历、性格特征以及心理状态等方面进行了大胆改写与深度挖掘，通过其心灵忏悔的转折，赋予了她更为深刻的人性内涵。

一、身世和经历

《蛙》中的姑姑是莫言依据生活中的姑姑原型创作生成的艺术形象，其主要身世和经历皆取材于生活中的原型管贻兰。小说中的姑姑与管贻兰一样皆出身于医生家庭，有一位医术高明的父亲。她们一样在农村基层从事了几十年的妇产科医生工作，后来亦都成为乡计划生育领导小组的副组长，县政协委员，从事过非常艰难的计划生育工作。小说中的姑姑的主要身世经历与现实生活中的管贻兰的人生经历是相符的。

莫言笔下的姑姑与原型管贻兰的身世经历在细节方面又有着诸多的不同，例如姑姑在平度城里勇斗日军的故事便是出自莫言的艺术想象。根据笔者访谈，现实生活中的管贻兰在童年时，并未被日本鬼子抓到平度城里，这一点是莫言虚构的情节，但她的确在童年时见过日本人。管贻兰 1938 年出生，日本侵略者是 1937 年进入中国的，那时侵略者经常和日伪军一起到乡下“扫荡”，他们也曾多次到高密东北乡烧杀抢掠，童年时的管贻兰亦亲眼目睹、亲身感受过日军的残忍与暴行。莫言给姑姑平添了在平度城勇斗日军的故

事，一方面突出了姑姑勇敢智慧、处变不惊的个性特征，另一方面通过这个故事勾连起了作者的通信对象杉谷义人对父亲当年在山东曾经犯下的战争罪行进行忏悔的维度，表达了作者以文学呼唤和平的初衷。同时，姑姑对杉谷司令在公开与私下的不同评价亦能看到两套话语在不同场合的不同表达方式，亦反映了在复杂历史变迁中人的多面性特征，无疑是有其创作深意的。

莫言亦描写了在“文革”那种特殊的政治环境中姑姑为了自保而犯下的过错，“文革”初起时，“姑姑是卫生系统‘白求恩战斗队’的发起人之一。她十分狂热，对曾经保护过她的老院长毫不客气”，致使老院长无法忍受凌辱而自杀……[①]后来，黄秋雅“揭发”了姑姑“是特务”以及“与杨林姘居”这“两大罪状”，姑姑惨遭批斗。批斗大会上，姑姑猛一甩头，女红卫兵手里攥着姑姑的两绺头发，跌落在台子上，姑姑头上渗出鲜血……[②]谈起《蛙》中姑姑在“文革”时的经历，管贻兰说这也是艺术创作，在“文革”中，管贻兰不曾得罪过人，她工作干得很出色，从未受到过批斗。关于和黄秋雅的矛盾，管贻兰说，工作上会与同事有一些矛盾，但这些矛盾都是小事，根本不值一提。莫言通过对姑姑“文革”时期经历的书写，对个人在特殊历史时期为了生存而显露的人性之恶进行了深刻反思。在非理性的社会中，人类的善良人性被埋没，原始兽性被释放。在“文革”中，人们在“以阶级斗争为纲”的疯狂环境的压迫和诱导下，相互仇恨心理和相互虐杀行为最大限度地被激发出来，它恶性地膨胀，吞噬了人类之爱。这种相互敌视和仇杀具有广泛的社会文化基础。与“文革”相似的是，由于人类原始文化的极端狭隘性和党同伐异的特性，这种对异端的野蛮的仇杀，在人类历史上不断地蔓延和膨胀，[③]它亦是引发异族、同族之间战争的重要

① 莫言:《蛙》，上海文艺出版社 2009 年版，第 70 页。
② 莫言:《蛙》，上海文艺出版社 2009 年版，第 70—72 页。
③ 王毅:《文革中人性的扭曲和残酷行为超出人类素质最低标准》，引自 http : //news.ifeng.com/history/zhongguoxiandaishi/special/wenmingdeshangxian/detail_2011_03/06/4999536_6.shtml.

根源。莫言对姑姑“文革”经历的文学书写一方面揭示了“文革”对知识分子造成的肉体及精神苦痛，另一方面又完成了对政治与历史的反讽与解构，这样的反思超越了历史、时代和国界的局限，具有深刻的历史和现实意义。

在当代文学创作中，很少有作家敢于触碰计划生育这一个敏感的话题，更不用说去刻画一个经历奇特的农村计划生育妇女干部形象。莫言扎根农村生活，他用自己的心灵去发现姑姑、体会姑姑、书写姑姑。他结合在农村听闻的计划生育故事，对姑姑从事计划生育工作的经历方面进行了添油加醋的描绘，塑造了一位在中外文学史上少有的农村计划生育妇女干部的独特形象。

作为妇产科医生的姑姑，对工作尽心尽责，是受人尊敬的，而作为计划生育干部与流产医师的姑姑，对工作忠于职守，却是饱受巨大非议的。小说《蛙》的主要故事情节之一，是那些围追堵截违规孕妇的故事，这些故事大多来自农村的现实生活。通过在高密东北乡的寻访，笔者了解到当年在莫言的家乡有一群专门从事计划生育的工作者们，他们作风泼辣，成绩突出。莫言笔下姑姑意欲派人拉倒邻居家的门楼，从而逼迫王仁美走出家门去流产的情景，在滔滔的大河上追赶孕妇王胆以及耿秀莲的情景，大多是从平时听到的抓计划生育工作时发生的故事演绎而来的。

对于小说中写到的王仁美、王胆、张拳的妻子耿秀莲流产的故事，管贻兰说莫言妻子的流产手术，的确是她做的；在高密东北乡有两名袖珍女，她们后来生育都是做的剖腹产手术，她们当中有一位生育了一名男孩，另一位生育了一名女孩，就再也没有生育了，也不存在二胎怀孕的事情；耿秀莲的故事，也并非管贻兰亲身经历的。根据莫言的说法，管贻兰在计划生育工作期间实际上也偷偷地帮了许多人，她绝不像小说里那样是个铁面无私如判官一样的人物。她是非常有人情味的。很多人找到她，让她帮忙，她就悄悄地帮助。[①]

① 《莫言谈文学与赎罪》，《东方早报》，2009 年 12 月 27 日。

通过寻访，笔者还了解到，在执行计划生育政策时，诸如拉家具、拉牲口、拆大门、拉倒门楼、扒房子、孕妇被逼跳河逃跑等等情节在当时的农村也时有发生，从当时的计划生育宣传标语也能看出计划生育在农村执行时的艰难复杂，如“引下来，流下来，就是不能生下来”“一胎上环、二胎结扎、超怀又引又扎、超生又扎又罚”“外出的叫回来，隐瞒的挖出来，计划外怀孕的坚决引下来，该扎的坚决拿下来”“该流不流扒房牵牛”“要上吊，给根绳，喝农药，不夺瓶”等等。

有些人，在计划外怀孕之后，经计生干部们和风细雨地做工作，也会去到医院里做引产手术，但很多的孕妇们是不甘心束手就擒的，她们会强烈地想把孩子生下来，于是就选择逃跑。有“幸运”的就会跑掉了，隐姓埋名地找亲戚朋友，把孩子生在异地。然而，她们家庭中的其他成员往往会被迫参加“学习班”，要他们交代情况，逼迫孕妇们自首。有些孕妇被计生办的人抓住了，就会被送到医院里强行流产，被流产时，她们撒泼、哭闹，骂医生，骂计生工作人员，但也是无济于事，她们还是会被打上引产针，强行被手术。

这些从事计划生育的基层工作者们每天面对这样的工作，也真是无奈，他们承受着心理的煎熬和良心的不安。但如果不铁腕执行计划生育政策，就完不成工作任务，就会有越来越多的孩子生下来。计划生育是基本国策，这项基本国策要真正在省、市、县落实，就只能与行政挂钩，成为一级一级行政部门考核必须完成的指标。为了完成硬性的工作指标，基层的计划生育工作者们在执行计划生育政策时，有时不得不采取一些强制性的措施。

莫言在创作中，将这些听来的故事艺术化地浓缩进笔下姑姑的人生经历中，将几个故事巧妙地编织穿插，使其节奏分明，环环相扣，惊心动魄。他写出了农村计划生育基层工作者们工作的艰难以及良心的煎熬，亦写出了违规怀孕被追堵、被强制流产的孕妇及其家庭所承受的苦痛。

二、性格特征

莫言笔下的姑姑与生活中的原型管贻兰一样性格豁达、聪明能干、坚韧顽强、敢于担当，具有男儿的豪气。小说中的姑姑对于工作的积极、努力、勤奋，与现实生活中的管贻兰是一致的。管贻兰是高密东北乡有名的妇产科医生，她技术过硬，刚毅果断，工作上能够独当一面，她的妇科以及儿科医术在高密东北乡有口皆碑。

小说中姑姑的性格具有非常执拗的一面，例如在“文革”期间她遭受批斗时誓不低头，在铁腕执行计划生育政策时她坚持“决不让一个漏网”，在晚年时，她陷入良心的谴责不能自拔。在现实生活中的管贻兰则既坚持原则，又具有与时俱进的变通能力。日本作家大江健三郎曾多次围绕计划生育问题与管贻兰深入探讨，管贻兰告诉大江说，当家过日子各人有各人的过法，在你们日本不需要实行计划生育，在我们中国则需要实行计划生育政策，这是从中国的国情实际出发控制人口需要实行的政策。在今天再来探讨计划生育政策，管贻兰告诉我们，过去实行计划生育政策对了，现在政策改了也对了，今天国家计划生育政策的调整是为了适应今天国家发展的需要。政策一时一个变，人要跟得上这个时代。

莫言在小说中突出表现了姑姑性格复杂纠结的一面。小说中写道，姑姑意识到自己的手上沾有两种血，一种是芬芳的，一种是腥臭的。对于经她的手流产掉的婴儿，姑姑一生都不能释怀。及至后来，姑姑帮助小狮子、蝌蚪将陈眉代孕的儿子据为蝌蚪家所有，姑姑的人性就更加趋于复杂，本是赎罪，还蝌蚪一个孩子，却因此而又犯下了新的罪孽，孩子从一生下来就与亲生母亲骨肉相离，陈眉因此而痛不欲生，神志失常。姑姑感觉愧对了陈眉，她不但没能赎罪，反而背上了更加沉重的心灵枷锁，甚至常常会想到死……

现实生活中的管贻兰则生性达观，多年的医生工作培养锻炼了管贻兰善解人意的性格。她说每个人都是有弱点的，有时候她的心里会存在两个自我，一个是被人惹恼了生气的自我，另一个则是对人说笑的自我。当有病人上门看病时，就需要那个对人说笑的自我展现出来。她说，人生总是起起伏伏的，人要学会顺水推舟，吃好喝好，好好享受生活。碰到事，大事化小，小事化了，也就不生气了。世上还是好人多，坏人少。文学来源于现实又高于现实。莫言笔下姑姑执拗、纠结的复杂个性与现实生活中人物原型的圆融、通变形成了耐人寻味的映照。

莫言曾在访谈中说："《蛙》固然是反映了一个非常敏感的、重大的社会现实问题，但我最满意的还是塑造了姑姑这样一个人物形象。"他写《蛙》的目的不是表现计划生育这个事件，"而是借计划生育来表现、塑造一个在我们的文学史上没有出现过的、独特的典型人物形象"[①]。他认为："好的文学作品应真实地反映现实，文学艺术就是用来暴露黑暗，揭示社会的不公正，包括揭示人类心灵深处的阴暗面，揭示人性中恶的成分，暴露人类灵魂中丑恶的一面。"莫言对现实生活原型人物的变形、夸张、扭曲化的艺术处理，就像电影的特写镜头一样，真实地反映、再现、突出了人性的矛盾复杂，同时，亦令《蛙》这部小说对现实的暴露，比真实的生活更加深刻和集中。莫言借姑姑之口写到了他对人性之恶的理解：张拳的外甥是个坏种，曾用纸包着青蛙把姑姑吓晕，但姑姑说她并不恨他，"花花世界，缺一不可，好人是人，坏种也是人……"[②]。小说中的姑姑集聚了众人的复杂人性，亦反映了莫言通过文学揭露现实的创作初衷、强烈的社会批判意识以及关爱生命的悲悯情怀。

三、心理状态

小说中的姑姑与现实生活中的管贻兰一样是共产党员，在年轻时她坚决拥护党的政策。在从事计划生育工作时，姑姑充满正义感。她认定工作任务必须坚决完成，这是工作需要，也是国家和社

① 莫言：《写小说就是"胡编乱造"，想写战争小说》，《大众日报》，2011年7月22日。

② 莫言：《蛙》，上海文艺出版社2009年版，第271—272页。

会发展的需要，这一点与原型管贻兰的心理状态是一致的。在内心深处，小说中的姑姑与现实生活中的管贻兰一样有着难言的苦衷。小说中的姑姑坚决执行计划生育政策的一个重要心理因素就是男友王小倜叛逃台湾令姑姑陷入了信任危机。为了自保，为了表明自己的政治立场，姑姑成为党的政策的坚决执行者。生活中的管贻兰则出身于地主家庭，家庭出身的压力、历次的政治运动，令管贻兰一直小心谨慎地生活着。她坚决执行计划生育政策首先是她作为一名党员的责任感使然，同时亦有其为了自保，努力工作，好好表现，希望被组织认可的另一面。

小说中的姑姑在晚年陷入了深深的反省与忏悔，现实生活中的管贻兰则一贯认同党的计划生育政策。她在接受采访时说，如果当年中国不实行计划生育的话，那么今天中国的人口数量得翻倍。如果那样下去的话，中国人的吃饭、穿衣、住宿都成了问题，国家的经济建设上不去，人口的素质更上不去。以前中国人的思想是“多子多福”，那时候要做工作不让人们生。现在的中国人，你让她们多生，她们都不愿意多生了。随着社会的发展，人们的素质提高上去了，许多观念也改变了。人要跟得上这个时代，有儿子指望儿子，没儿子就指望闺女，实在都指望不上了，还有敬老院。那时候大家都去住敬老院，同龄人在一起，有话说，有共同的爱好，也不错。

问起管贻兰是否害怕青蛙？她说并不害怕。关于祭拜泥娃娃的事情，她说现实生活中也没有这样的事情。郝大手捏泥娃娃的故事取自高密姜庄聂家庄，而她的生活中也从未出现过这样一位捏泥娃娃的手工艺人。问起管贻兰是否对经她的手流产掉的婴儿产生过内疚的心理，她说刚开始的时候还心里觉得难受，过了三四年之后，渐渐地就把这件事情看作是工作的需要，就慢慢适应了。这是项艰难的工作，总得有人去做。今天不必为过去做过的事情后悔，计划生育是国策，计划外怀孕胎儿的流产是国家计划生育政策要求做的，她当时只不过是执行政策的工具，是不必为此而自责和纠结的。现实生活中的管贻兰能够根据国家与社会的发展及时调整自己

的心态，所以她才能在晚年健康快乐地生活。

小说中的姑姑在晚年时的心理却是极其压抑的。在退休那个夜晚，喝醉的姑姑在回家的途中误入一片洼地，洼地里铺天盖地、紧紧追逼的青蛙大军让姑姑魂飞魄散。姑姑几乎是被青蛙撕扯得赤身露体，她奔走呼号却无人来救，她艰难地从洼地中逃出，一头扎进了正在制作月光娃娃的泥塑艺人郝大手的怀抱，她喊了一声“大哥，救命”，便昏了过去。姑姑喝着郝大手的绿豆汤闯过了生死关，后来她嫁给了郝大手……为弥补内心的歉疚，姑姑将她引流过的婴儿通过姑父泥塑大师郝大手一一再现出来，供奉在木格子里，对之焚香跪拜。姑姑一度以为这些孩子们享受了她的供奉，“等他们得了灵性，便会到他们该去的地方投胎降生”[①]。然而姑姑并未因此而摆脱良心的折磨，每到夜深人静时，她感觉那些讨债鬼们浑身是血，哇哇号哭着，跟那些缺腿少爪的青蛙们一起又来讨债了，他们追得姑姑满院子跑，姑姑被蛙鬼魇怕了，她再也难以逃脱这种精神惩罚，满地的青蛙似乎是在向姑姑控诉，又似乎是被流产的几千名婴儿在向姑姑讨债。姑姑悟到：“一个有罪的人不能也没有权力去死，她必须活着，经受折磨，煎熬，像煎鱼一样翻来覆去地煎，像熬药一样咕嘟咕嘟地熬，用这样的方式来赎自己的罪，罪赎完了，才能一身轻松地去死。”[②]

莫言以这种艺术化的处理，更好地突出了人性忏悔的主题。通过这样奇特的情节转折，亦实现了人物心灵世界的逆转。姑姑从“红色木头”、党的政策的坚决执行者到心灵忏悔者，这样的转折无疑具有突变性，而现实生活中管贻兰的思想并未转化。现实生活中的管贻兰的心理，是积极、乐观、向上的。她对于生死看得很开，她说死了就是死了，有没有什么灵魂，她不知道。管贻兰说：“人死如灯灭，但行好事，莫问前程。说是过年的时候给祖宗们烧纸钱上香摆供，他们能来吃吗？那只不过是给活着的人心里一个安

① 莫言：《蛙》，上海文艺出版社2009年版，第270页。
② 莫言：《蛙》，上海文艺出版社2009年版，第338—339页。

慰。”莫言笔下姑姑的忏悔形象是在原型基础上的深化提升，现实生活中的管贻兰内心深处有着些许的内疚和自责，小说中的姑姑则承受着巨大的心灵煎熬，她的良心永世不得安宁，她曾为此而上吊、焚香祭拜，却永远也无法得到真正的怜悯、宽恕与救赎。

姑姑形象的独特魅力依托于精彩的人物原型故事，亦依托于莫言对故乡女性的独特感悟以及对普遍人性的深刻洞察，莫言又将自己生命中真实苦痛的人生体验融入笔下人物的创作之中。在经管贻兰的手流产掉的成千上万个婴儿之中，其中就有一个是莫言的孩子，当年他为了自己的前程而放弃了这个孩子，这个不能来到世间的小生命就成了莫言心中永远的痛，在他的心中一直有着无法排解的重压。他在心中曾无数次地对这个婴孩忏悔，他想做些什么来弥补自己心中的愧疚。小说中姑姑的忏悔，蝌蚪的忏悔，亦饱含着莫言自己的忏悔，他用手中的笔，为这个未出世的婴儿以及被流产掉的千千万万个婴儿做了一个文字上的祭奠。因此，莫言笔下姑姑的忏悔，有着生命的温度与真实的苦痛，能够抵达人的灵魂深处。莫言之所以能够创作出姑姑被青蛙围困这种离奇的故事，亦与莫言的童年经历有关。莫言小时候常常在村里听聊斋的故事，他还多次听姑姑、大爷爷等人给他讲过狐狸炼丹、狐仙助人、“小红灯笼”给人带路回家等玄奇的故事。[①]莫言写到姑姑被青蛙大军围困的故事，显然受到故乡齐文化中“怪力乱神”的影响，这场景似乎是蒲松龄笔下聊斋故事的今日再现。

莫言笔下的姑姑在身世与经历、性格特征、心理状态等方面与原型管贻兰既有相同、相似之处，亦有加强、改写之处。小说中姑姑在“文革”和计划生育工作中的曲折经历，其性格的执拗复杂以及晚年的忏悔心理，令其呈现出超越生活原型的丰富性、独特性与深刻性，充分体现了作者莫言在小说人物创作中的创新意识、批判意识和审美文化追求。

① 管谟贤：《大哥说莫言》，山东人民出版社 2013 年版，第 207 页。

第四节 姑姑形象超越原型的艺术价值

高密东北乡的民间生活深刻影响了莫言的历史观、文学观，他汲取生活的营养，充分利用现实生活中姑姑的生命故事以及故乡丰富的民间资源，以自己的独特视角展现了六十年来农村计划生育的部分真实历史，塑造了一位在世界文学史上从来没有过的农村计划生育妇女干部姑姑形象。通过这位在特定的时代背景下产生的典型人物，展现了人在生与死、罪与罚、历史与现实等错综复杂的矛盾中的煎熬，凝聚了个性、乡土性、民族性、人类性，反映了作家对"人的生命的尊重，对人的生命的终极关怀"。这一主题具有历史的和现实的永恒价值。[①]通过建立在历史、现实以及民间传说基础上的艺术创新，莫言以姑姑形象集中展现了人类生命存在的苦痛，并由此揭示出人类社会面临的巨大的生存危机以及信仰危机，更为找寻人类灵魂的救赎之路进行了文学上的探索。

一、生命的苦痛

《蛙》的创作，涉及莫言对人口问题的思考，对社会的忧思，触及中国社会之痛。国家政策与国人的生育权，原本就是一个两难的问题。莫言并没有急于去表达自己的看法，而是通过笔下姑姑的故事自然地展演出这一政策对于中国当代基层农村生活的深刻影响。"姑姑的形象刻画得相当充分，那些别无选择的疼痛写得逼真而深切。"[②]姑姑形象亦集中反映了人的自然生命与文化生命之间的

① 李衍柱:《〈蛙〉: 生命的文学奇葩》,《山东师范大学学报》, 2011 年第 6 期。

② 陈晓明主编:《莫言研究》, 华夏出版社 2013 年版, 序言第 6 页。

对立与痛苦[1]，为了适应生存需要，人的文化生命必然会对人的自然生命进行一定的规约，姑姑内在的矛盾冲突正是这种规约的反映。“保护生命”与“控制人口”在这儿形成了“二律背反”。姑姑将党的计划生育政策看作是她的信仰目标，她认定执行计划生育政策为的是解决社会人口与资源之间的矛盾。中国当时的国情是经济落后，人口众多，资源有限。如果不实行计划生育政策，就会导致人口的过度膨胀，控制人口与尊重生命就成了两难的问题。一方面，为了控制人口必然要伤害无辜的生命；另一方面，为了保障生命更好地生存又必须要控制人口。这是中国的问题，亦是整个人类世界共同面临的两难问题。姑姑执其“控制人口”的一端，就必然会得到“伤害无辜生命”的另一端，这是人的生命存在的两难。马克思主义历史观认为：“历史的合理性与道德的合理性是社会历史发展进程中的一对矛盾，因此对历史事件及历史过程的评价要遵循历史尺度与价值尺度双重标准和辩证法。在历史上，存在许多恶的力量，虽然在道德上是不合理的，但却起着推动历史发展的‘杠杆作用’。”[2]在具体执行计划生育政策时，姑姑人性的善与恶就形成了内在冲突。一方面她热爱生命，她执行计划生育政策为的是国家和民族的长远利益这一“善”的目的。另一方面，姑姑在具体执行计划生育政策时又不得不采取了一些“恶”的手段。善与不得不做的恶亦引发了姑姑的心灵冲突，造成了姑姑执行计划生育工作时的决绝与退休之后良心的谴责与灵魂的煎熬，这种人类永恒的历史合理性与道德合理性的冲突所造成的悖论，亦使姑姑这一形象具有了超越时代、超越国界的普适化意义，反映了人类在历史进程中的两难处境。如何来判定姑姑的善恶？姑姑的人性冲突是动人心魄的，亦是能够引发读者深深思考的。

1957 年 7 月，马寅初发表《新人口论》，提倡“节制生育、提高人口质量”。由于受“左”的思潮影响，马寅初的人口观点曾一

① 杨守森：《生命存在与文学艺术》，《东岳论丛》，2013 年第 11 期。
② 张羽佳：《马克思主义关于“恶”的历史作用的思想及其内涵》，《湖北行政学院学报》，2005 年第 4 期。

度受到批判，中国的人口一度出现爆发式增长。1958 年 5 月 20 日，毛泽东在中共八大二次会议上发表讲话，毛泽东说："人多好还是人少好？我说现在还是人多好，恐怕还要发展一点。"在新中国成立初期，人口的快速增长有利于"代际更换"，一大批新生的人口从客观上促进了新中国的持续发展。①人口的增长逐渐带来了越来越大的生存压力，1964 年，国务院成立了计划生育委员会，城市计划生育工作取得显著成绩。截至 1965 年，农村约有 1/5 的县不同程度地开展了计划生育工作，政策上明确了实行计划生育是我国的一项既定政策。提出了"大力提倡晚婚"的措施，在群众宣传中已出现"一个不少，两个正好，三个多了"的提法。1973 年，国务院成立了计划生育领导小组，各地区亦建立了相应的计划生育工作机构。1978 年 8 月中央批转《关于国务院计划生育领导小组第一次会议的报告》，具体提出一对夫妇生育子女最好一个最多两个和生育间隔三年以上的要求。1980 年 9 月，第五届全国人民代表大会第三次会议上，国务院正式宣布调整计划生育政策，指出"要普遍提倡一对夫妇只生育一个孩子"。1980 年的"提倡"，实际上变成了除有特殊困难者外，一对夫妇只能生育一个孩子的政策。②1982 年，计划生育被定为我国的基本国策。1980 年至 1984 年春推行的一孩政策在当时经济文化还很落后的农村受到强烈抵制，难以推行。1984 年 4 月，中共中央提出，在继续提倡一对夫妇只生育一个孩子的同时，在农村适当放宽生育二胎的条件。1986 年 12 月，中央领导明确指出，农村除过去规定的一些特殊情况可以生育两个孩子外，独女户间隔若干年后可允许生二胎。③国家计划生育政策执行三十年来，与民间"多子多福"、注重家族血脉传承的传统信

① 刘雪松：《毛泽东："我不是不赞成节育"》，《大家文摘报》，总第 72 期，2015 年 9 月 8 日。

② 冯立天、马瀛通、冷眸：《50 年来中国生育政策演变之历史轨迹》，《人口与经济》，1999 年第 2 期。

③ 冯立天、马瀛通、冷眸：《50 年来中国生育政策演变之历史轨迹》，《人口与经济》，1999 年第 2 期。

仰产生了尖锐的矛盾冲突。随着当今社会老龄化、养老等问题日渐突出，人们也在反思，当年国家对人口发展的认识是否存在着一定的局限性？当年在执行计划生育政策时是不是有些矫枉过正了？“如果从 1980 年‘一胎化’算起，中国的计划生育政策已经实施了 35 年。相比当初担心‘人口爆炸’，今天中国的人口形势已经发生了历史性转变。生育率过低、人口老龄化、性别比失衡、青年占比下降等问题已经成为共识。”[①]随着中国社会老龄化的日益严重，近些年来国家对计划生育政策做出了新的调整。“2013 年的中共十八届三中全会调整生育政策后，中国各地开始陆续推出‘单独二孩’（夫妇一方为独生子女者可生育两个孩子）。”[②]2015 年 10 月 29 日发布的《中国共产党第十八届中央委员会第五次全体会议公报》宣布了“全面实施一对夫妇可生育两个孩子政策”的重大决定，这是三十多年来中国计划生育政策的重大调整。“此次全面放开二孩生育的背景是，中国人口形势已发生历史性转变。这些变化包括生育率进入超低水平，以及性别比失衡、老龄化和少子化等。”[③]2021 年 8 月 20 日，第十三届全国人民代表大会常务委员会第三十次会议通过了关于修改《中华人民共和国人口与计划生育法》的决定，将第十八条第一款修改为：“国家提倡适龄婚育、优生优育。一对夫妻可以生育三个子女。”

小说《蛙》以姑姑的生命经历再现了那段曾与中国亿万个家庭紧密关联的计划生育历史，展现了在复杂的社会历史变迁中人的命运沉浮以及生命存在的苦痛。姑姑的功绩、负罪与救赎，承载着计划生育历史的深刻印迹，亦承载着作家对历史、政治、人口、人性与伦理问题的深刻反思。

---

① 《我国全面实施“一对夫妇可生育两孩”》，《南京晨报》，2015 年 10 月 30 日。

② 《政策何时落地？还需各地人大修法——全面放开二孩要落地至少经历 4 程序 抢生属违法》，《重庆晨报》，2015 年 10 月 30 日。

③ 《一对夫妇可生育两个孩子，35 年独生子女政策正式终结》，《京华时报》，2015 年 10 月 30 日。

小说中写到，进入二十世纪九十年代以后，“计划生育”政策在市场经济大潮的冲击下已是名存实亡——“有钱的罚着生”“没钱的偷着生”“当官的让‘二奶’生”，有些所谓的富翁、贵人甚至找人代孕，编造理由，避免罚款……[①]资本全球化时代到来，展现在人们面前的却是这样一幅末世般的图景：“天下还有许多人衣不蔽体、食不果腹，还有许多人在死亡线上挣扎……某些地方炮火连天，尸横遍野；某些地方载歌载舞，酒绿灯红。这就是我们共同生活的世界。”[②]面对被物质文明入侵以及人性的自私贪婪而造成的生态自然环境破坏以及严重的社会问题，整个人类都在犯罪。从这个层面上来说，姑姑的矛盾，亦是生命在重重困境中苦痛挣扎的反映，姑姑的忏悔，就有着更加深刻的代表性，涉及深层的社会问题根源。这样的世态乱象，这样的苦痛和心灵创伤，是人类共同面临的问题。莫言用他的笔，揭示苦痛的生存现实，揭示人性的光明美好以及阴暗丑陋，具有穿透历史的力量。

二、灵魂的救赎

莫言触摸到了那些故土大地上的人们苦痛的生存本相以及精神苦闷的内心挣扎，姑姑这一人物形象承载着肉身存在的苦痛、人类灵魂对救赎的渴望，以及对终极信仰的追问。莫言在香港公开大学接受荣誉文学博士学位演讲时曾说，文学要想创新和突破，无非是通过两种力量，一种是外来力量，另一种要从民间寻找，这样才能真正与世界对话。莫言对姑姑形象的创作，既来自民间真实的乡土生活，扎根于中华民族古老的文化传统，同时又融入了西方基督信仰中的忏悔思想，表达了对人类生命之谜的深思以及对生命意义的体悟，这样一位姑姑形象，就成为承载着世界文学精神的小说典型人物。莫言笔下姑姑对罪的良心发现以及忏悔的意识，亦有着广泛

① 莫言：《蛙》，上海文艺出版社 2009 年版，第 228 页。
② 莫言：《蛙》，上海文艺出版社 2009 年版，第 233—234 页。

的社会心理根源，更涉及人死后灵魂向何处去等与信仰相关的主题。

莫言的故乡高密东北乡，是一块受多元文化恩泽的风水宝地。不仅传统的儒释道文化对高密有着数千年的影响，同时，民间淳朴善良的人们亦有着对财神、土地爷、关公、送子娘娘、狐仙等各方神灵的信奉，高密人对娘娘的敬拜由来已久。基督信仰落地到高密东北乡，亦有上百年的历史了。莫言笔下的姑姑这一人物形象既承载着高密东北乡的多元文化内涵，同时亦呈现出生活在东方齐地的人们对于灵魂救赎问题的思考。

姑姑形象承载着高密的民间信仰文化精髓。高密的民间之神“娘娘”对于小说《蛙》具有“点睛”的作用，小说中统摄全篇的重要精神支点，就是民间对“娘娘”的敬拜。小说中的“娘娘”是民间的生育图腾，对于我们这个历来注重家族血脉传承的古老农耕民族而言，生育繁衍既是千百年来社会活动的中心，亦是人们生存的意义和价值之所在；生育繁衍不仅是绵延种族的需要，更早已渗透进社会文化、伦理以及民族心理。[①]与小说中姑姑的生命经历发展这条主线相对应的，是民间娘娘庙中“娘娘”的经历这条暗线。姑姑的复杂人生经历与“娘娘”的曲折遭遇形成了相互映照的关系。姑姑从“送子观音”沦为“催命判官”，晚年时则生活在扼杀生命的忏悔与痛苦煎熬之中。在慈悲良善的正义化身“娘娘”的对比之下，姑姑作为凡人的美丑善恶集于一身的复杂人性及其作为凡人的灵魂不安得到了深刻揭示。同时，民间之神“娘娘”亦经历了从被敬拜到被嘲弄毁弃，再到被重新敬拜的复杂历史变迁，“娘娘”的经历亦是世道人心转换的一面镜子，通过“娘娘”这一“文眼”，作者将小说、历史与当下的现实紧密联系在一起。《蛙》中写到，曾经被“破四旧”战斗队拆庙毁神的娘娘庙，如今已在旧址上被重建，娘娘也被再塑灿烂金身。在现实生活中今天的高密市朝阳街道的娘娘庙村，娘娘庙已真的被重新建立起来。娘娘庙几经毁

① 孟庆澍:《莫言〈蛙〉三题》,《艺术广角》，2011 年第 1 期。

损，几经重建，是高密人心目中的信仰图腾。解放前的娘娘庙每月初一、十五开庙门，到娘娘庙来烧香、许愿、求子的人总是络绎不绝。娘娘庙里，在娘娘的下首东边还供奉着“送生娘娘”“送生爷爷”等神灵，来求子的人烧香后，便会用红绳拴个泥娃娃回家，怀孕之后，他们还会到庙里烧香还愿，民间世世代代对“娘娘”的敬拜寄托了人们对传承生命的渴望以及对美好生活的向往。曾被高密人世世代代供奉的娘娘在“文革”时遭遇了毁弃，小说中写到，“我油然忆起，孩提时期，亲眼目睹，县一中的红卫兵‘破四旧’战斗队，专程来拆庙毁神的情景”，他们高呼口号：“计划生育就是好，娘娘下河去洗澡！”娘娘被抬出来，扔到大河中。[①]在不允许供奉娘娘的年代里，乡民们有解决不了的问题，还会到娘娘庙原来所在的地方去烧纸上香，祈求娘娘护佑。历史的发展充满了戏剧性，随着经济的发展，传统的信仰亦在慢慢回归。小说中，娘娘庙大殿高耸，有四十九级白石台阶通向殿门。在现实生活中，2014 年，高密的娘娘庙已被捐资重建。在莫言的笔下，古老神圣的仪式在今天已被金钱“绑架”，小说中这样写道：“跪拜完毕，女人们拿出钱，塞入娘娘座前的红色木箱。拿钱少的匆匆塞入，拿钱多的则不无炫耀。”[②]娘娘庙的重建“既是继承传统文化，又创造了新的风尚；既满足了人民群众的精神需要，又吸引了八方游客；第三产业繁荣，经济效益显著。真是建一座厂，不如修一座庙啊。我的乡亲们，我的旧友们，都在为这座庙活着，都是靠这座庙活着啊。”[③]在今天的高密娘娘庙村重建的娘娘庙绝无莫言小说中所写的那样恢宏高大的气势，也并未吸引八方游客，更谈不上经济效益显著。作者通过对娘娘庙的文学书写，以超越现实的笔法讽喻了资本现代性以及历史的多变性对民间信仰的侵蚀，亦引发读者陷入深深思考：曾经承载着慈善悲悯、普度众生精神的“娘娘”已被金钱和世俗玷污，又如何能承担起拯救世道人心的重任呢？人们苦痛无助的心灵，又当向

① 莫言：《蛙》，上海文艺出版社 2009 年版，第 192 页。
② 莫言：《蛙》，上海文艺出版社 2009 年版，第 193 页。
③ 莫言：《蛙》，上海文艺出版社 2009 年版，第 193 页。

何处去寻求救赎和安慰呢?

姑姑形象亦承载着基督精神的“罪与忏悔”思想。基督信仰在高密东北乡有着较为广泛的传播，早在二十世纪初期，就有西方传教士来到莫言的家乡高密传教。传教士们撒下的福音种子，在高密东北乡生根发芽。莫言上小学时的校舍，就是由解放前的基督教堂改造而成。基督思想，亦对莫言的小说人物创作产生了深刻影响。莫言从二十世纪八十年代开始接触到了西方文学作品中的基督思想，九十年代时，莫言曾仔细研读过《圣经》，对《圣经》中“罪与救赎”的理解，亦随着莫言阅历的丰厚在其文学创作中逐渐得到彰显。在《红高粱》中，只看见犯罪，却几乎看不到主人公的忏悔;在《丰乳肥臀》中，莫言塑造了与母亲上官鲁氏真心相爱的瑞典来华传教士马洛亚牧师形象，他传播的基督信仰成为母亲度过苦难岁月的精神法宝。带着“原罪”出生的母亲的八个女儿个个命运坎坷，英年早逝，而母亲与上官金童也是一生凄苦，他们最终在基督里找到了灵魂的安慰;《檀香刑》中，作为抗德英雄的孙丙甘愿承受檀香酷刑被缚升天台受难的场景，像极了耶稣基督为救赎人类甘愿舍身被钉死在十字架，而作为凡人的孙丙所犯下的“罪”似乎是由他自己、他的妻儿以及眉娘来共同承担了;在后来的《生死疲劳》中，莫言用到的是佛家六道轮回的思想，西门闹未曾犯罪，却被无辜处决，他有冤无处申，只能在一次次的轮回中逐渐淡忘了仇恨，平息了愤怒，以无罪之身宽恕了别人对他犯下的罪恶。在《蛙》中，莫言对罪与忏悔意识的书写越发深刻了起来:故事的叙述人蝌蚪年轻时为了自己的前途参与了逼迫前妻王仁美流产的事件，致使王仁美因大流血死在了姑姑的手术台上，蝌蚪对此一直深感内疚。退休后的蝌蚪被求子心切的妻子小狮子骗取了“小蝌蚪”，卷入了由陈眉代孕生子的事件中。蝌蚪和姑姑都犯了“罪”，然而他们的自我拯救却是那样的无力，而且在进行自我拯救的同时，他们又犯下了新的罪恶。蝌蚪的救赎机会是建立在陈眉痛失爱子的痛苦之上的，而姑姑的祭拜与忏悔，显然没有办法让她得到真正的心灵解脱，让她备受煎熬的良心好过多少。事实上，祭拜也好，自

杀也罢，并不能改变一些什么，正如小说中蝌蚪给杉谷义人的信中所言，每个孩子都是唯一的，不可替代的。流产婴儿的投胎转世，不过是自我安慰罢了！《圣经》中说，“申冤在我，我必报应”，按照基督教的说法，世人都犯了罪，能够承受申冤和忏悔的是上帝。现代犹太哲学家弗兰茨·罗森茨维格认为“黑格尔和整个德国唯心主义哲学忽略了个人，忽略了个人的遭际、焦虑、孤独和对死亡的畏惧，使得个人完全淹没在无所不包的‘世界精神’概念中”[①]。姑姑晚年的苦痛以及对两千八百名婴儿泥塑的祭拜是她在此世界上未完成的救赎之路。如果没有一位超越现实的更高位格的“神”的出现，注定了她的救赎永难完成，她只能活在罪中，承受心灵的煎熬与苦痛。

后现代以来，客观真理、理性、同一性和客观性被质疑，人性充分张扬。人性的善恶共生、欲壑难填令人永远无法摆脱罪性，亦永远无法走出存在的苦痛。面对当今人类面临的巨大生存危机，莫言以姑姑的经历、姑姑的忏悔向“存在”发问：人类究竟该往何处去？被罪纠缠的心灵是不是永远也得不到解脱呢？苦痛的灵魂又该向何处去寻求救赎呢？姑姑的忏悔带给人们太多的思索。

文学艺术的重要价值之一，就在于唤醒高贵、善良、美好的人性，促进人类文明的进步。在小说《蛙》中，作者通过对姑姑形象的深度刻画，点明了“对生命的热爱”这条灵魂救赎之路。多年以来，莫言将“对生命的热爱”贯串于他的小说人物创作之中，“关爱生命，赞美生命，悲悯生命的苦难与不幸，痛恨对生命的摧残与杀戮”，亦是莫言小说激动人心的魅力之源，[②]“写人”更是成为他一贯的创作追求。莫言以对人生更高境界的向往，挑战人世间的丑陋与邪恶，[③]抗拒因某些方面的文化过界而对人的自然生命造成的侵袭与戕害，[④]将基于生命本真存在的艺术探索推向人道关怀的境

① 傅有德：《现代犹太哲学》，人民出版社1999年版，第17页。
② 杨守森：《生命意识与文艺创作》，《文史哲》，2014年第6期。
③ 杨守森：《生命存在与文学艺术》，《东岳论丛》，2013年第11期。
④ 杨守森：《生命存在与文学艺术》，《东岳论丛》，2013年第11期。

界。莫言笔下的姑姑形象既张扬着勃勃的生命意识，洋溢着博爱众生的诗性情怀，亦饱含着罪与忏悔的悲悯忧思。莫言以超越原型的姑姑形象的成功塑造，深刻揭示了生命存在的苦痛以及灵魂向善的渴望，亦令《蛙》这部小说具有超越政治、超越民族、超越时代的“生命”魅力。

第八章　莫言文学创作自身原型探源

法国哲学家萨特曾在《为何写作》一文中写道:“作家无论在什么地方接触的只是他的知识，他的意志，他的计划，一句话，只是他自己。他只触及他自己的主观;他所创造的客体是他所不能及到的，他创造这个客体并不是为他自己。”[①]莫言亦曾说:“一个作家一辈子可能写出几十本书，可能塑造出几百个人物，但几十本书只不过是一本书的种种翻版，几百个人只不过是一个人物的种种化身。这几十本书合成的一本书就是作家的自传，这几百个人物合成的一个人物就是作家的自我。”[②]莫言对人性的思考首先是从自身开始的，他的小说始终贴着人写，贴着自己写。他以自身生活经历为原型，创作了一系列精彩的小说人物形象。莫言与这些人物不仅生命经历有着相似之处，而且在性格特点与人格特质上也有相近之处，莫言内心世界的秘密也蕴藏其中。

弗洛伊德认为:“心理小说的特殊性质无疑由现代作家的一种倾向所造成:作家用自我观察的方法将他的‘自我’分裂成许多‘部分的自我’，结果就使他自己精神生活中冲突的思想在几个主角身上得到体现。”[③]“目前的强烈经验，唤起了创作家对早先经验的回忆(通常是孩提时代的经验)，这种回忆在现在产生了一种愿望，这愿望在作品中得到了实现。作品本身包含两种成分:最近的

---

① (法)萨特:《为何写作》，伍蠡甫等编:《现代西方文论选》，上海译文出版社 1983 年版，第 194 页。

② 莫言:《自述》，张清华、曹霞编:《看莫言:朋友、专家、同行眼中的诺奖得主》，华中科技大学出版社 2013 年版，第 4 页。

③ (奥)弗洛伊德:《创作家与白日梦》，伍蠡甫等编:《现代西方文论选》，上海译文出版社 1983 年版，第 145 页。

诱发性的事件和旧事的回忆。”[①]莫言以自身为原型塑造的小说人物众多，在《丑兵》《黑沙滩》《白狗秋千架》《红高粱》《红蝗》《白棉花》《战友重逢》《酒国》《丰乳肥臀》《生死疲劳》《变》《蛙》等诸多小说中，都有莫言的影子。本章选取《透明的红萝卜》中的黑孩，《丰乳肥臀》中的上官金童，《酒国》中的莫言、李一斗，《生死疲劳》中的蓝解放，《蛙》中的蝌蚪等主要人物，从分析莫言小说中的“我”入手，深入考察莫言的“自我”原型以及从作家自身到小说中的“我”的文学演变，进而分析莫言小说中的“我”超越原型的艺术价值。

第一节　莫言以自身为原型塑造的小说人物

福斯特在《小说面面观》中这样阐释小说人物：“小说家的工作就是凭空造出一个个的文字堆，用以粗略地描述他自己（精微的描述只能寄希望于后来者了），给他们命名，划分性别，派给他们看似合理的表情动作，强迫他们使用引号开口说话，或许还费心要他们前后言行保持一致。这些文字堆就是他的各号人物。他们可不是这么冷冰冰地出现在他头脑中的，他们或许是他在狂热的兴奋中创造出来的，不过，他们的本性仍旧是他通过推己及人臆想出来的，是融入了他本人血肉的，并且受制于他的作品的其他各个方面。”[②]从 1981 年发表处女作《春夜雨霏霏》开始，莫言就将自己写进了小说。接着是 1985 年《透明的红萝卜》中的黑孩，二十世纪九十年代《酒国》中的莫言，《丰乳肥臀》中的上官金童，2000 年之后的《生死疲劳》中的蓝解放，《蛙》中的蝌蚪……在诸多莫言小说作品中，几乎都可以发现莫言以自身生活经历为原型创作的

① （奥）弗洛伊德：《创作家与白日梦》，伍蠡甫等编：《现代西方文论选》，上海译文出版社 1983 年版，第 146 页。

② （英）E.M. 福斯特：《小说面面观》，冯涛译，人民文学出版社 2009 年版，第 38 页。

人物形象。他们在莫言小说中饰演着不同的角色，是莫言小说人物画廊中极其重要的组成部分。莫言将自己的生命体验以及内心情感灌注于小说人物的创作中，令其笔下的人物充满活力。

莫言小说中的人物呈现出的特色显然与其童年生活的地域环境、家庭出身、个人经历以及时代背景息息相关。莫言的故乡高密，位于齐国故地，那儿一片沃野，天地开阔。齐文化向来以开放进取、自由旷达、神秘浪漫而著称。莫言出生于1955年，童年时代吃不饱，穿不暖，经常饿肚子。莫言在十一岁上小学五年级时就辍学了，从此就一直在乡间劳作。在高密东北乡的土地上生活的人们就成为莫言记忆中最为熟知的源头活水，而莫言自己所经历的生命故事，则润物无声地融汇进小说人物形象的创作之中。他是《枯河》中遭父母毒打的小虎，是《透明的红萝卜》中极其能忍耐的黑孩，是《红高粱家族》中，在秋天夜晚跟着罗汉大爷去河边捉螃蟹的豆官……二十岁时，莫言才穿上军装来到部队，初到部队黄县时，莫言还是过着种地、喂猪这样的农村生活，莫言的家乡齐文化是“怪力乱神”的，莫言亦是生性自由的。少年时代一起劳动的回乡大学生单亦敏“当作家可以一天三顿吃饺子”的诱惑点燃了莫言最初的文学梦想，他将苦难生活磨砺的记忆最终都化作了写作的动力和创作的财富。这些财富，就蕴藏在莫言以自身为原型塑造的小说人物故事中。

一、童年的“我”——黑孩、上官金童

刘勰在《文心雕龙·知音》中这样写道：“夫缀文者情动而辞发，观文者披文以入情，沿波讨源，虽幽必显。”[①]由作家创作的人物形象，往往可见直接或间接的作家自身的生命体验。莫言的作品亦是如此，他是将童年、少年时的生命体验写进了小说，融进了笔下人

① 周振甫：《〈文心雕龙〉今译（附词语简释）》，中华书局1986年版，第439页。

物的故事里。因为特殊的政治环境，酷爱读书的莫言不得已中途辍学，他有过作为地道的农民在土地上辛勤劳作、在胶河滞洪闸工地当小工的经历。当莫言拿起笔来进行小说人物创作时，他的童年记忆亦不知不觉地融入其小说人物的思想性格之中。

1985 年，莫言以《透明的红萝卜》一举成名，他以充满魔幻色彩的叙述、狂欢化的叙事，展现了“文革”时期发生在胶河滞洪闸工地上的一段爱情故事。小说的主人公之一黑孩丰满鲜活、棱角鲜明，内涵丰富。莫言曾说：“如果硬要我从自己的书里抽出一个这样的人物，那么，这个人物就是我在《透明的红萝卜》里写的那个没有姓名的黑孩子。”[①]由此可见黑孩这一形象在莫言心目中的分量以及在莫言小说人物王国中的重要地位。莫言在创作《透明的红萝卜》中的黑孩形象时，将童年的自己写进了小说，童年的莫言便是黑孩的创作原型。

黑孩对苦难具有非凡的承受力，他艰辛地劳作，默默忍受着命运的不公，不曾抱怨什么。他在寒冷的秋天只穿一条大裤头子，在工地上受尽欺侮。他沉默不语，对苦难仿佛置身事外，却在自我的幻觉中倾听着别人不曾聆听到的鸟儿的叫声，看到了梦幻般的红萝卜，活在自我编织的梦境里。黑孩又是个渴望被爱的孩子，他对菊子姑娘有着深深的依恋。他自幼失去了亲生母亲，父亲娶了继母，继母对他非打即骂，他吃不饱、穿不暖。当菊子姑娘给他爱的关怀时，黑孩心中被爱充满，他对菊子，既有对母亲般的依赖，又有少年的隐秘情怀，因着这份爱，他仿佛是重新获得了生命的力量。可惜好景不长，小石匠与菊子的相爱让他彻底失去了菊子。黑孩不顾一切地去寻找他的透明的红萝卜，也是想要找回生命中难得的一点关爱、一丝温情……黑孩钻进了黄麻地，就像鱼儿游进了大海。

黑孩这个意蕴无穷的孩子，像极了童年时的莫言。莫言在塑造

① 莫言：《自述》，张清华、曹霞编：《看莫言：朋友、专家、同行眼中的诺奖得主》，华中科技大学出版社 2013 年版，第 4 页。

黑孩这个人物形象时，显然依据了自己的童年经历和情感体验，不同之处在于莫言在童年时极其喜爱说话，黑孩却沉默不语，这就与现实原型形成了鲜明的对比，有趣的是成年后的莫言在众人面前也是不太爱说话的，在创作黑孩这一形象时，现实生活中的莫言已经在刻意地让自己少说话或者不说话。沉默的黑孩更有魅力与个性，更令人捉摸不透，性格更坚韧，更渴望爱，也就更具有文学的张力。黑孩看似沉默，却是“此时无声胜有声”，因其沉默，更能走进读者的内心深处，唤起读者心中的同情、不忍与深深的悲悯。

在小说《丰乳肥臀》中，莫言塑造了一位“中国近代小说史上没有出现过的典型人物”——上官鲁氏唯一的儿子上官金童形象，他一生嗜乳、曾一度精神错乱，他虽有过短暂的荣华富贵，但却因被骗、被炒、难以融入社会而失败，最终贫穷潦倒、一事无成。他仿佛只能活在母亲的庇护之下，是个长不大的“老小孩”。在他走投无路之时，他像母亲上官鲁氏一样投向了上帝的怀抱。[①]在中国现当代文学史上，有“恋乳癖”的上官金童这个人物形象之于莫言，就如同阿Q之于鲁迅。莫言十分得意于他一手塑造的上官金童这个人物。莫言曾引用一位评论家的话这样说：“就像人人的灵魂深处都隐藏着一个小小的阿Q一样，我们认真考虑一下，我们近代的中国人每个人的灵魂深处都有一个小小的上官，我们每个人都在眷恋着一些其实并不重要的东西。”[②]

上官金童具有与《红楼梦》中的贾宝玉类似的柔弱性格，这个人物意蕴丰厚，读者可以对其作多向度的阐释，这一形象也象征着二十世纪中国知识分子的懦弱人格以及对灵魂信仰的艰难追寻。上官金童的生命历程，从某种意义上来说正是莫言所代表的当代中国知识分子自身经历与生命体验的缩影。金童有一个受尽中国百年历史磨难的母亲和一个来自西方传播基督教信仰的父亲，莫言也有着受尽磨难的祖国母亲，在二十世纪八十年代国门打开之后，亦受到

① 莫言：《写给父亲的信：散文》，春风文艺出版社2003年版，第260页。
② 莫言：《碎语文学》，作家出版社2012年版，第52页。

了西方文化的洗礼。上官金童皈依了基督教，亦可以看作他最终皈依了“父亲”。上官金童的一生，是找寻父亲的一生，亦是找寻上帝的一生。由于童年时父亲的缺位，没有人去教会他如何去做一个男人。他一路上跌跌撞撞地走来，最终遇到了代表父亲的从兰州回来的哥哥，在基督里找到了爱。他找寻上帝的路途是那样的艰难，神宽恕一切，神给出的爱是无条件的，他爱这个如此不堪的金童。上官金童最终找到了灵魂的归宿：“儿要把风烛残年献给上帝，我那同父异母的哥哥已在教堂里给我谋了个差事，他让我负责清扫卫生，看守门户，定期挖露天厕所，把那些秽物担到老百姓的菜地里。娘，这是我最好的归宿……”[①]上官金童是莫言着力塑造的人物形象，“他的最终归宿应当是作家最终意愿的体现”[②]。

二、奋斗的“我”——莫言、李一斗

《酒国》曾被莫言称之为“我的美丽刁蛮的情人”，可见莫言自己对这部作品是非常喜爱、极其珍视的。《酒国》的写作开始于1989年冬天，1993年2月由湖南文艺出版社出版，时年莫言三十八岁。莫言这一人物形象在《酒国》中并非主要人物，但他与酒国酿造博士李一斗的通信却对推动《酒国》的故事向前发展起到了关键作用。故事的最后，丁钩儿最终没能查明真相，他掉进了粪坑，这时的莫言刚刚出场……

莫言、李一斗是以莫言的作家形象为原型塑造的，莫言的沉稳、李一斗的创作激情，皆是不同时期作家自身的生命体验的反映。小说中的莫言是以一名功成名就的资深作家身份出现的。而李一斗，则是以年轻作家莫言在创作道路上不断探索的姿态出现的。青年作家李一斗热爱写作，他尝试了许多文体的写作，而这些作品却发表不出来，作家莫言会鼓励他，也会打击他，李一斗有一种不

① 莫言：《丰乳肥臀》，北京十月文艺出版社2010年版，第603页。

② 付艳霞：《莫言的小说世界》，中国文史出版社2011年版，第172页。

服输的劲头，这种初生牛犊不怕虎的势头，真是像极了年轻时在创作道路上坎坷前行的莫言。李一斗在创作中天马行空的风格也像极了作家莫言。《酒国》中李一斗的信中，有着一个个或真实或虚构的故事，在这些故事中，有酒国卖婴、杀婴、烹饪婴、食婴的故事，这些故事似真似幻，资深作家莫言最后出场，想要揭开故事的奥秘。这种扑朔迷离的创作风格，在莫言的其他小说中亦有展现。

三、彻悟人生的"我"——蓝解放、蝌蚪

如果说从黑孩身上可以读到童年莫言的影子，那么后来经历过磨砺后彻悟人生的莫言，可以从他发表于 2003 年的章回体小说《生死疲劳》中的蓝解放、《蛙》中的蝌蚪等人物身上寻觅到踪影。莫言以自身为原型，在《生死疲劳》中一人分饰两角，这两个人物便是莫言与蓝解放。莫言在小说中是个插科打诨、活跃气氛的角色，他的许多故事亦与作家莫言的经历相似，他也是个作家，创作了许多故事，例如《苦胆记》《太岁》《黑驴记》《方天画戟》等。这位莫言亦可以看作是作者莫言在写作中使用的"障眼法"，释放的"烟幕弹"，作者真正以自身为原型着力打造的人物，是他落下更多笔墨的另一个重要人物——蓝解放。蓝解放与作者莫言一样是个知识分子，都曾在棉花加工厂工作，都对县里的情形相当熟悉。蓝解放年少时跟从父亲单干，青春萌动之时，痴爱黄互助，可是互助、合作姐妹同时爱上了西门金龙，他不得已娶了黄合作，婚后蓝解放在老英雄庞虎的帮助下平步青云，职务一直升至副县长，可他最终放弃了功名和家庭，与比自己小二十岁的情人庞春苗私奔了，后来他的妻子得了肝癌死去了，他的爱人遭遇车祸也死去了，他的儿子蓝开放爱上了庞凤凰，得知他们是堂兄妹之后也自杀死去了，无助的蓝解放最终回到了黄互助的面前……他失去了父母、兄长、前妻，失去了爱人春苗和即将出世的孩子……蓝解放历尽沧桑、最终彻悟人生的生命经历也打上了作者自身的烙印。将蓝解放与莫言的生命经历进行对比分析，也可以有一些新的发现。

蓝解放的少年时代是卑微的，作为一个没有话语权的少年，他渴望实现自身价值。父亲蓝脸为坚持单干去省城上访，蓝解放同母异父的哥哥姐姐金龙、宝凤带着母亲加入了人民公社。蓝解放则下决心跟着父亲单干，他就是想靠这“与众不同”发出自己的声音，显示自己的勇敢，捍卫父亲的尊严，证明自己是条好汉。“文革”初起，屯子里的红卫兵闹革命闹得热火朝天，作为小单干户，蓝解放只能热眼旁观，他备受冷落。那年他十六岁，正是上天入地、翻江倒海的年龄，却被生生地打入另册，他感觉自卑、耻辱、焦虑、嫉妒，感觉自己正在被时代洪流抛弃……

蓝解放又是一个在时代洪流中勇于改变的人。当金龙威胁蓝解放说再这样执迷不悟单干下去，就有可能被革命群众吊死时，当他意识到这样下去只怕真的连个媳妇都说不上时，想被社会肯定以及想被黄互助欣赏等诸多因素结合在一起，蓝解放也就“叛爹入社”了。蓝解放的入社并没有换来他渴望的爱情，黄互助、黄合作姐妹俩同时爱上了生性放浪的西门金龙，蓝解放在幻灭之际爆发癫狂。在这紧急关头莫言献计，村长洪泰岳带领村民们仓促上演了一出配婚“冲喜”的闹剧。最终不爱的人被捆绑在一起——蓝解放与黄合作成了夫妻，婚后老英雄庞虎——当时第五棉花加工厂的厂长将蓝解放与黄合作双双安排进了棉花加工厂上班。这样一桩无爱的婚姻，使得蓝解放在日后二十年间平步青云——在庞虎一家的扶持和帮助下，他从棉花加工厂的棉花检验员开始努力打拼奋斗，后来调到了县供销社，先后升至县供销社政工科长、党委副书记、主任兼党委书记，后来竟一路干到主管文教卫生的副县长，同时这桩婚姻也为他以后的人生发展埋下了祸根。[①]

蓝解放又是一个渴望真爱的人。物欲和权力的满足并不能使一个人真正解决灵魂的饥渴。在《生死疲劳》中，庞虎年纪轻轻的女儿庞春苗莫名地爱上了蓝解放，由此改变了蓝解放的人生轨迹。蓝

① 肖宇:《〈生死疲劳〉: 世纪乡土风云的东方式展现》,《理论与创作》, 2006 年第 3 期。

解放与春苗私奔去了陕西。他放弃了官职，放弃了社会地位，抛弃了家庭。蓝解放的妻子黄合作死守无爱的婚姻，终因嫁非所爱、丈夫不忠、为爱所困而积劳成疾，得肝癌而死。[①]在她临终前，终于谅解了蓝解放。蓝解放终于堂堂正正地和春苗做了夫妻。然而在新生活刚刚开始的时候，他的父亲却离他而去。一场车祸，又让他失去了心爱的妻子春苗和即将出世的孩子，后来他又失去了岳父。在这场婚外恋中，蓝解放放纵了自己，为情人放弃了官职，抛弃了家庭，终究却落得个竹篮打水一场空。

计划生育政策在中国推行三十多年以来，几乎影响了每一个中国家庭。在中国当代文坛，以“计划生育”作为创作题材的小说寥寥可数，这是一个几乎无人敢于碰触的棘手话题，莫言却勇敢地接受了这个挑战。他历尽七年的艰辛，如蚌育珍珠一样，最终将心中的痛苦凝结成了一颗珍珠，这便是在 2011 年荣获茅盾文学奖的小说《蛙》。《蛙》的故事，是以主人公蝌蚪向日本好友杉谷义人写的五封信以及一部话剧的形式展开的。《蛙》对于爱情、亲情的书写是真诚质朴的，但娓娓道出的却是一个个痛彻心扉的故事。

蝌蚪是一个内心充满矛盾的人，为了仕途的升迁，他参与了逼迫妻子流产的事件，致使爱妻王仁美大流血死在了手术台上，妻子最后对姑姑说的话是：“姑姑，我好冷。”蝌蚪痛彻心扉，他多年来一直生活在负罪感和痛苦的自责中。

小说中的蝌蚪，同时又是一个热爱生命的人。他后来在姑姑的撮合下与姑姑的助手小狮子结了婚，也许是因为多年跟从姑姑流产掉成百上千婴儿的原因吧，小狮子多方努力求子不成，一直未能生育。为了得到一个孩子，她居然骗取了蝌蚪的“小蝌蚪”，找到袁腮的代孕公司代孕。带着“原罪”出生的陈眉为蝌蚪和小狮子代孕的儿子，在众人的期盼中，终于来到了这个复杂的人世间。大家

① 张喜田:《人生本苦与生死幻灭——论莫言新作〈生死疲劳〉的佛教意识》,《河南社会科学》, 2007 年第 3 期。

众星捧月般地围绕着他，呼唤着他，赞美着他，深爱着他。就连因他的意外到来而陷入矛盾、痛苦与绝望，曾经坚持要把他流产的他的生父蝌蚪，也在数百张婴儿照片的巨幅广告牌前顿悟了："先生，我深深地被感动了，我的眼睛里盈满了泪水，我听到了一个最神圣的声音的召唤，我感受到了人类世界最庄严的感情，那就是对生命的热爱，与此相比较，别的爱都是庸俗的、低级的。先生，我感到自己的灵魂受到了一次庄严的洗礼，我感到我过去的罪恶，终于得到了一次救赎的机会，无论是什么样的前因，无论是什么样的后果，我都要张开双臂，接住这个上天赐给我的赤子！"[①]蝌蚪由开始时的被蒙蔽到知道事情的真相后抗拒，他最终接受做了金娃的父亲。蝌蚪对小狮子的最终体谅，对金娃的爱，弘扬了生命之爱的主题，爱的主题也是莫言多年来从事小说创作一直坚守的主题，是作者涌动于心，又外化于小说人物的言谈举止之间的。

小说中的蝌蚪，又是一个勇于忏悔的人。他反省自己犯下的过错，检讨自己的人性之恶，渴望自己的灵魂能够得到救赎。他期望以爱、以真心的付出来换取良心的安宁。作者以悲天悯人的情怀与忏悔意识，对人性美丑善恶集于一身的矛盾复杂性进行了深入探索与挖掘。

莫言创作黑孩、莫言、金童、蝌蚪等人物形象历经三十余年，这些人物身份不同，个性不同，他们或激情狂放，或软弱无助，或克制内敛，这些人物形象既彰显了莫言天赋的文学才华，又是莫言自己心灵世界的反映。莫言将这些人物放在了二十世纪百年中国历史的背景下进行创作，倾注了自己的生命体验与情感，他写出了人物内心的痛苦、矛盾和挣扎，这些人物形象亦蕴含着莫言对灵魂、罪与救赎、信仰之路等等人生终极问题的探询与思考。

① 莫言：《蛙》，上海文艺出版社 2009 年版，第 265 页。

第二节　生活中的莫言

黑孩、蓝解放、蝌蚪等一系列生动感人的人物形象，依托于作家莫言的原型故事，这些人物所彰显的个性特征，亦是生活中莫言个性特征的反映。莫言是一个胸怀博大的作家，童年时母亲的言传身教，培养了莫言善良的品格与宽广的胸怀，然而这种胸怀并非一日培养的，而是莫言在经历了千折百回的磨炼之后，修炼而来的一份从容豁达。

莫言原名管谟业，他出生于高密东北乡的一个耕读世家。他的大爷爷出生在清朝末年，父亲出生在民国初期。父亲上过四年私塾，毛笔字写得相当漂亮。莫言的大爷爷曾准备考科举，科举制度废弃之后，大爷爷走上了治病救人之路。莫言的乳名叫“射斗”，名字是大爷爷取的。取自王勃《滕王阁序》:“物华天宝，龙光射牛斗之墟；人杰地灵，徐孺下陈蕃之榻。”“射斗”，取龙光射向天上的斗星之意。莫言的大爷爷懂周易八卦，能慧眼识才。他曾经预言，莫言将来没准能成个大“偶侯”（人物）。[①]

每个生命的最初都仅仅是一个小小的受精卵。一个孩子在母体中由孕育到出生，仅需九个月零十天，然而在他的DNA中，已经记载了人类遗传的密码，这个生命来到世间，已积聚了生命成长所需要的一切能量。他是人类进化千万年的终端产物，他的头脑和心灵有可能超越以往的圣人和智者。莫言的成才与其童年的生命体验息息相关。卢梭认为“大自然是人类真正的故乡，人只有回到自然的怀抱，灵魂才能得到净化，情感才能获得自由”[②]。孩子在年幼时，他的感悟力和灵性是通天地和宇宙的，只要不去人为地过多干预、伤害他天然的灵性，他在成年后略加学习，便可以轻松把握关

① 管谟贤:《大哥说莫言》，山东人民出版社2013年版，第26页。

② 马新国主编:《西方文论史》，高等教育出版社2008年版，第140页。

键要素，获得极大的成功。而传统的学校教育的培养目标往往是培养“顺民”，培养有利于社会管理的人，这种培养方式并不去过多考虑如何保护孩子们的灵性和天性，有灵性、有个性、发挥天性的孩子在学校中往往受尽打压。由于“文革”，家庭成分不好的莫言失去了上学的机会，莫言黯然离开了学校，心中充满了辛酸。但离开学校对莫言同时也是件幸运的事，他不用再受学校教育的束缚，他来到天地自然中，保有着天然的生命质感和原生态的纯朴，他阅“天南地北大地书”，他来到社会群体中，“学诗明人欲，读易见天心”，他的天性和灵性得到了更好的发展。正如莫言的打油诗所写的：

少时辍学牧牛羊，蓝天如海鸟飞翔。
天南地北大地书，胶河滔滔向东方。①

少小辍学业，放牧在荒原。
蓝天如碧海，牛眼似深潭。
河底摸螃蟹，枝头掏鸟卵。
最爱狐狸精，至今未曾见。②

我本野狐禅，无奈入校门。
痴人多美梦，孝子出忠臣。
学诗明人欲，读易见天心。
无师可自通，何必耻下问。③

童年时的莫言充满灵性，他出自天性地亲近自然，热爱读书，大量的阅读也在不知不觉间提升了他的写作能力，他的作文屡屡被老师拿来当作范文读给全班同学听，这是他短暂的学校经历给

① 高密莫言研究会:《莫言研究》(总第五期)，第230页。
② 高密莫言研究会:《莫言研究》(总第五期)，第228页。
③ 高密莫言研究会:《莫言研究》(总第五期)，第229页。

予他的最好激励。童年时的莫言爱看“闲书”，为了躲开父亲，他常常把书藏到草垛里，躲在里面看，他读书成瘾，二哥借来的《三家巷》，藏在猪圈棚顶上，为了拿到这本书，他被马蜂蜇得眼睛都肿了，可他顾不上眼疼，就在猪圈里如饥似渴地看了起来。莫言脚上长了脓疮，没法走路，坐在炕头上的莫言，从窗户里能远远望见高过屋脊的河堤，浩瀚的洪水奔腾而过，那扫荡一切的气势令人心惊。他呆呆坐在门槛上，看蚂蚁、苍蝇、蜘蛛、青蛙，看小生灵们忙碌。[①]在那个时候，他仿佛是无师自通了，文学的种子已在莫言心中悄悄孕育了，他笔下的那些充满生命力和灵性的动物、植物，在那个时候，已悄然进入他的生命。在莫言小时候，同学的弟弟给他一只羽毛未丰的小麻雀，他知道父亲是反对自己养鸟的，就将小鸟放在草垛里藏着，可是第二天早起，当他捉来蚂蚱喂小鸟时，竟然看见一群蚂蚁把那小鸟吃成一团漆黑，他很难过，从那时候起他就训练出了一种变异的感觉，他知道那感觉迟早要发生些什么……[②]莫言深刻体会到生命的无常，生活的磨砺也训练了他的才能、胆识、敏锐的直觉以及深刻的自我反思能力。

莫言年幼时在乡间劳作，他对人性之恶深有体会，他曾迫切地渴望逃离故乡：“十八年前，当我作为一个地地道道的农民在高密东北乡贫瘠的土地上辛勤劳作时，我对那块土地充满了刻骨的仇恨。它耗干了祖先的血汗，也正在消耗着我的生命。我们面朝黄土背朝天，比牛马付出的还要多，得到的却是衣不蔽体、食不果腹的凄凉生活。夏天我们在酷热中煎熬，冬天我们在寒风中战栗。一切都看厌了，岁月在麻木中流逝着，那些低矮、破旧的草屋，那条干涸的河流，那些木偶般的乡亲，那些凶狠奸诈的村干部，那些愚笨骄横的干部子弟……当时我曾幻想着，如果有一天，我能幸运地逃

---

① 根德文化编：《莫言的童年》，山东友谊出版社2013年版，第30—95页。

② 赵玫：《淹没在水中的红高粱——莫言印象》，杨守森、贺立华主编：《莫言研究三十年》（上），山东大学出版社2013年版，第31页。

离这块土地，我决不会再回来。”[1]童年时的饥饿孤独体验深刻影响了莫言，在农村生活时，莫言是压抑痛苦的，他说：“真正的爷爷、奶奶对我并不好。我的家庭挺大的，很迟才分家，父亲和叔叔一共有八个孩子，我是生得最丑、最淘气、饭量最大、最懒惰的一个。我还特别嘴馋，常偷爷爷、奶奶的东西吃，所以他们特别不喜欢我，经常拿白眼看我。”“你看我，1956 年（实际是 1955 年）出生，刚有点认识能力，1958 年“大跃进”乱糟糟的场面开始了。紧接着是‘文革’。我家出身不太好，是上中农，全家始终在胆战心惊中过日子。我父亲在外面受了好多窝囊气，回到家里就把气撒到我们头上。我确实没有感到人间有什么爱。所谓的父爱、母爱只有在温饱之余才能够发挥，一旦政治、经济渗入家庭，父爱、母爱就有限得、脆弱得犹如一张薄纸，一捅就破。当然可以歌颂母爱，歌颂父爱，但极端的爱里就包含了极端残酷的虐待。”[2]困苦的童年家庭生活给予了莫言爱与创伤的深刻体验。在田野放牧时，莫言又是快乐自在的，与动物们在广阔天地中的自然相处陶冶了莫言对生命的热爱。二十多年的乡村生活令莫言对当时农村“大跃进”、集体化、“文革”等历史背景深入了解，他亲身从那个时代走来，见多了挣扎在苦痛中的人们，也深刻理解了他们骨子里的顽强与坚韧，故乡历史、神话故事以及英雄传说都给予了莫言创作的灵感，莫言将童年时欢乐与苦痛的生命体验、情感亦融入笔下人物的创作之中，于是，他的笔下就有了黑孩、罗小通、上官金童、蝌蚪这些生动感人的人物形象。这些人物被莫言赋予了真挚深沉的感情，又贴合他们身处的时代背景，他们栩栩如生，能够打动读者的心灵。

莫言的视野随着他生命的成长不断得以开阔，二十岁时，他从乡村走向军营，踏上更为广阔的社会，见识到更多形形色色的人。他经历了人生的悲欢离合，品尝了奋斗的艰辛，也在生命经历中不断地读人、阅人。莫言对自己脚下的土地是熟悉的，对人性的理解

---

① 莫言：《恐惧与希望：演讲创作集》，海天出版社 2007 年版，第 297 页。
② 莫言、陈薇、温金海：《与莫言一席谈》，杨守森、贺立华主编：《莫言研究三十年》（上），山东大学出版社 2013 年版，第 299—300 页。

亦是深刻的，他走出故乡之后，又通过写作返回了心灵的故乡，他笔下的知识分子，亦带着浓厚的乡土气息。蓝解放、莫言、蝌蚪这些人物形象，就承载着莫言的生命记忆，被莫言赋予了深切的情感。

莫言的奋斗道路是异常艰辛的。1978 年，部队推荐他考大学，莫言苦读了五个多月，“到了六月份，他的高考名额被取消了”。不能考大学，就面临复员回家的可能，莫言想回家继续复习功课，参加地方高考，大哥告诉莫言趁早打消此念头，告诉他一旦复员回乡，“沉重的生活担子会压得他直不起腰来”，根本没有时间复习，大哥鼓励他安心在部队服役，“认真学习，抓紧写作”。1979 年，“莫言被调到河北保定，负责新兵训练。工作之余，继续苦读，继续写小说”。1981 年，莫言发表了处女作《春夜雨霏霏》。[①]1984 年，莫言考入解放军艺术学院学习。当时他的很多同学都已是功成名就了，作为无名小卒的莫言在座谈会上对其他同学的小说提出了批评，也将自己逼上了绝境。“一九八五——一九八六年，是莫言创作的极盛期，有时一天能写三个短篇。为了创作，他更是废寝忘食地读书，有时通宵不眠，不但在宿舍里读书写作，人们还常看到他晚上一个人提着马扎躲到水房里去读书写作。”[②]莫言有他天才的一面，更有他能吃苦的另一面。一方面他记忆力好，观察力强，想象丰富，灵感一来，他思如泉涌，写得非常快，确有过人之处。另一方面，为了写作他真是历尽艰辛。莫言探亲回家时，为了不妨碍家人休息，他曾在四面透风的旧居东厢房里写小说。东厢房里没有炉火，莫言冻得只好穿着大衣，戴着帽子、手套在这里写，耳朵、手上都长了冻疮。[③]长期不规律的生活和艰辛的

① 管谟贤、管襄明:《莫言与红高粱家族》，江苏凤凰文艺出版社 2015 年版，第 39—41 页。

② 管谟贤、管襄明:《莫言与红高粱家族》，江苏凤凰文艺出版社 2015 年版，第 44 页。

③ 管谟贤、管襄明:《莫言与红高粱家族》，江苏凤凰文艺出版社 2015 年版，第 54 页。

写作，使得莫言患上了好几种职业病，颈椎病、胃病常常折磨着他。为了深入了解民间历史，莫言涉猎了大量的地方史志、回忆录等等。[①]

莫言对自己文学才华的自信是发自肺腑的，他的心理素质又是极为坚韧的。1984年，莫言拿着受到老作家孙犁高度赞扬的《民间音乐》敲开了解放军艺术学院的大门，他的《透明的红萝卜》《爆炸》《红高粱》等一系列作品的问世，轰动了当时的中国文坛，那时的他自认为“二十九省数我狂，栽罢萝卜种高粱。下笔千言倚马待，离题万里又何妨？”（《秋日书怀》），“左手书法右手诗，莫言之才世无匹。狂语皆因文胆壮，天下因我知高密”（《狂诗》）。他当时“恨不得把文坛炸平”，他1995年的小说《丰乳肥臀》更是获得了当时中国文坛奖金最高的“大家文学奖”，却由此陷入了巨大的非议，莫言亦不得不从部队转业。某些人以“痛打落水狗”的态度来围剿他，他并没有像鲁迅那样以战斗者的姿态短兵相见，以眼还眼，以牙还牙，而是表现出打太极般的以柔克刚，他说鲁迅褒扬的痛打落水狗的精神他没有资格学习，但他有资格学习落水狗的精神，他还就此赋诗一首：“俺本落水一狂犬，遍体鳞伤爬上岸。抖抖尾巴耸耸毛，污泥浊水一大片。各位英雄快来打，打下水去也舒坦。不打俺就走狗去，写小文章赚大钱。”他用这种“落水狗”的自嘲精神超越了重重限制，他的作品也越来越多地被翻译成了多种语言在全世界广为传播，并一举荣获了2012年的诺贝尔文学奖。

莫言的性格是矛盾的。莫言本人看上去“不苟言笑，很内向，细眯的眼睛中透露出孤傲不羁的神态”，其实他“很豪爽，能喝酒，膀阔腰圆，算得上一条壮实的高密汉子”[②]。一方面，生活中的莫

① 管谟贤、管襄明：《莫言与红高粱家族》，江苏凤凰文艺出版社2015年版，第62页。

② 兰小宁、贺立华、杨守森：《莫言与中国传统文化和西方现代派——〈怪才莫言〉代序》，杨守森、贺立华主编：《莫言研究三十年》（上），山东大学出版社2013年版，第70页。

言是谦虚内敛的。在莫言以自身为原型塑造的小说人物中，亦可以清晰地发现“凡人莫言”的一面，软弱的知识分子上官金童，渴望上进却矛盾忏悔的蝌蚪，为暖的不幸而深深同情的“我”，他们在矛盾中挣扎，在现实中彷徨，总有一种无力感在纠缠着他们，令他们伤感、痛苦、压抑地活着。这也许恰恰就是莫言自己心灵的写照。另一方面，作为北方汉子的莫言，又是粗犷豪放的。多年来的艰苦生活磨砺，造就了莫言顽强、叛逆和永不屈服的个性，于是，莫言的笔下就有了余占鳌、司马库、孙丙这样的民间英雄。这些英雄形象，虽与现实生活中的莫言相距甚远，但他们的确是从莫言的内心深处生发出来的英雄形象。他们依托于历史与现实生活中的民间英雄原型，亦寄寓了作者自身的英雄情怀与英雄梦想。在写作时，莫言与笔下的英雄是浑然一体的，莫言在书写人物，故乡历史、现实中的人物在莫言的笔下仿佛又重新复活。随着莫言思绪的纷飞，这些人物仿佛是自己走来，他们有其自己的运行轨迹。很多时候莫言是借助灵感在写作的，当然有时他也会冥思苦想。从三十岁时的年轻气盛到六十岁时的宽厚沉稳，莫言的性格也是在不断变化发展着的。这种变化在他小说人物的思想性格变化中也是有迹可循的。从余占鳌、蓝解放到后来的蝌蚪，他们的思想、性格走向与作家莫言是基本相符的。

莫言在他高密东北乡的文学王国中纵横驰骋，他陶醉在“我让谁活谁就活，我让谁死谁就死”的指挥着千军万马纵横江湖的快意写作之中。莫言的成长背景和天赋才华造就了他洒脱自在的个性气质，莫言是能够大口吃肉、大碗喝酒的北方汉子，生活中的莫言深受故乡齐文化的影响，活得洒脱随意，亦影响了他的创作风格。莫言在为人处世上是较为包容、宽厚、有弹性的，较多地显现出道家自由随性的精神底色，莫言的左手书法也保有着一种拙朴，如同孩子般的天性自然地流露出来。这种洒脱自在亦在他笔下的莫言、曹梦九、司马库等人物的身上得以展现，他以戏谑的风格解构《丰乳肥臀》中的上官金童，他以《生死疲劳》中西门闹的动物视角写芸芸众生，读来皆是意蕴无穷，又能给人以自由与美感的享受。

第三节　从生活中的莫言原型到小说中的人物形象的演变

弗洛伊德在《自我与本我》一书中，将心理结构表述为“本我”“自我”“超我”组成的人格结构。“本我”处在心灵最底层，“是一种与生俱来的动物性的本能冲动”，“自我”是从“本我”中分化出来、“因受现实陶冶而渐识时务的一部分”，而“超我”则是理想化了的自我，按“至善原则”活动，“超我”被描述为“人类生活的高级方向”。[①]莫言小说中的“我”，不仅揭示了原始生命力、性欲望层次的“本我”，按照“现实原则”行动的“自我”，也融入了理想化的“超我”，从而实现了从生活中的自身原型到小说中的人物形象的演变。

一、从孩童莫言到黑孩、上官金童的文学演变

童年时的莫言和黑孩一样对苦难有着不可思议的忍耐力。莫言在胶河滞洪闸工地当小工时，也曾如小说中的黑孩一样给老铁匠拉过风箱。小黑孩像个孤独的精灵，他沉默不语，莫言在童年时屡屡因话多而被惩罚；莫言在部队的时候，也是“不爱讲话，不爱笑，习惯在各方面包括在面部表情上节制自己”[②]。小黑孩吃不饱，穿不暖，莫言在童年时忍饥受饿，遭受歧视与辱骂。莫言在《透明的红萝卜》中，写到了黑孩能够赤手拿起灼热的钢钻，让欺负他的小铁匠也为之动容。这种坚韧和不屈服的精神气质，恰恰也隐藏在少年莫言的内心中。莫言童年时为了读杨沫的《青春之歌》，不去割草放羊，而是钻进草垛读书。出来时，他浑身上下都被虫子咬了一

① 马新国主编:《西方文论史》，高等教育出版社 2008 年版，第 354 页。

② 赵玫:《淹没在水中的红高粱——莫言印象》，杨守森、贺立华主编:《莫言研究三十年》(上)，山东大学出版社 2013 年版，第 28 页。

片片疙瘩，这种忍耐力也非同一般。童年时偷萝卜的经历，亦被莫言写进了黑孩的故事里。所不同的是，莫言最初偷萝卜是因为饥饿难耐，黑孩偷萝卜则是为了寻找“爱”。莫言曾在饥饿的年代里偷了生产队里一个红萝卜，被人抓住，被罚跪在毛主席像前请罪，回家后又被父亲用蘸了盐水的绳子抽打，眼看着谁都劝不了，六婶赶紧去喊来爷爷，爷爷见此情景，对父亲发话了：“要叫他死还用费那么多事？”父亲终于停手了。父亲打得实在是太狠了，让莫言差点儿丧命，父亲严酷的惩罚为的是教育莫言做一个正直的人，亦因为莫言给全家人丢了面子。平常最爱莫言的母亲也拿了棉花柴抽打莫言。爷爷出手相救，让莫言感受到老人的爱、包容和敢于担当。在那个饥饿的年代里，找到食物活下去，实在是一个少年的求生本能。而那时村里的干部也实在是太残忍了，莫言那年才十岁左右，因为偷了一个萝卜，他们就上纲上线，对小莫言百般刁难侮辱。《透明的红萝卜》中，黑孩为了寻找那个象征着“爱”的透明的红萝卜，拔起了地里好多的萝卜，他被人抓住，剥光了衣服，游进了黄麻地。黑孩的经历是莫言早期生活的艺术表现，青少年时代参与劳动的艰辛、内心深处对爱的渴求，皆流露在笔端，融汇在黑孩的故事里。

《透明的红萝卜》既蕴藏着莫言的童年创伤，也包含着他作为一个少年的“本我”性能量以及自我实现的欲求。黑孩对于菊子姑娘微妙的感情，实则是一个少年朦胧的心事。那一个红萝卜的意象，曾被多人解读为少年性朦胧的意象，更被张清华称为是一段凄婉的“牛犊恋情”。“这种近似于母爱的关怀，复活了黑孩内心深处早已死灭的温情。他对菊子产生了一种强烈的迷恋，这种恋情既包含着对母爱的渴求，同时也包含了一种朦胧的性爱意识。”[①]莫言通过黑孩将那只可意会不可言传的少年心事表达了出来，莫言从未提起过菊子姑娘在现实生活中有无其原型，也许那是一桩少年隐秘的

① 张清华：《中国当代先锋文学思潮论》，中国人民大学出版社 2014 年版，第 128 页。

心事。类似的情节在莫言的小说《爱情故事》《红耳朵》《白棉花》中都有描写，在《爱情故事》中，小弟爱上了比他大十岁的女知青何丽萍……《红耳朵》中，王十千爱上了漂亮的女老师姚先生，姚先生因为参加革命牺牲，十千散尽万贯家财，一生未娶，沦为乞丐，投宿在姚先生住过的那间房屋里……在《白棉花》中，少年马成功暗恋成熟女性方碧玉，在《倒立》中，莫言写到了二十多年前的谢兰英可以倒立着在舞台上转十八圈……可以推测的是如果没有真实的情感经历，就无法将笔下的黑孩、小弟、王十千、马成功等形象塑造得如此生动感人。莫言曾在一些演讲中虚构过一个令他着迷的石匠的女儿，他说自己读到的《封神演义》是从石匠女儿那里以推磨为代价换来的，而在另一篇散文中，这个同学却是个男生。莫言还曾多次描述过他少年时熟识的女人到小桥上挑水，在滴水成冰的天气，她却穿着一双凉鞋。那冻红的脚后跟也许正是莫言亲眼所见的某位他曾经爱慕的姑娘脚后跟的写照。[①]没有生活原型，哪能有如此传神、传情又细致的表达呢？有些情感的小秘密莫言是不肯轻易示人的，那是人类最古老而原始的欲望，暗藏在一个少年懵懂的情感世界中，只能通过其笔下的小说人物捕风捉影。黑孩未完成的心愿，在《爱情故事》中得到了充分的发展以及最完美的结局。十五岁的小弟在郭三老汉的启发、挑逗下爱上了二十五岁的女知青何丽萍，第二年，“何丽萍一胎生了两个小孩，这件事轰动了整个高密县”。郭三老汉对小弟的性启蒙真实地反映了农村孩子对于性的懵懂的意识启蒙过程。成熟女性对于一个少年具有巨大的吸引力，她们能够满足少年对母爱、情爱与性爱的幻想，她们能够辅助少年成长，帮助他们在与成年男性的竞争中争得自己的一席之地，作者在这些少年的身上，倾注了自己少年时的梦想与情感。小说人物与故事是虚构的，然而作者倾注于其中的感情却是真挚的。莫言在童年、少年时也曾有过他暗恋的邻家姑娘、小学同学，正如张清

① 莫言：《也许是因为当过“财神爷”》，杨守森、贺立华主编：《莫言研究三十年》（上），山东大学出版社 2013 年版，第 55 页。

华分析的那样:“这篇小说中充满了来自作家童年生活记忆的温情的撞击，和弗洛伊德的心理学说的深层启迪，通过种种隐喻式的潜意识的刻写和超现实的‘灵视’与魔幻笔法，写出了一个感伤美丽、充满诗意的人性与生存本能的主题，其中戏剧性的人物关系和复杂微妙的心理活动，不但包含了丰富的人类学内涵，而且也洋溢着感性的迷人魅力。”①黑孩的意蕴是言说不尽的，莫言复杂幽深的少年心事亦是意蕴无穷的。

弗洛伊德认为:“生本能和死本能都是人类本能的表现，两者处于不停的搏斗中，一同构成人类行为的内驱力。”②生存本能与死亡本能也构成了作家创作的内动力。莫言童年挨揍的场景，在《枯河》中亦有再现，小虎的死亡结局却比生活中的莫言以及小说中的黑孩更为悲惨。上中农成分的小虎家在特殊的年代里备受歧视和羞辱，小虎在小珍的央求下上树给她折树枝，却不小心从树上掉下来砸死小珍，小虎被小珍的父亲——村里的书记以及自己的父母毒打，后来他自杀而死。在访谈中，莫言曾对小虎的死，予以同情和赞扬，赞扬他顽强证明自己的存在和不容凌辱的尊严。事实上小虎的压抑恰恰正是莫言童年时压抑心理的反映，小虎的自杀亦是莫言以反叛证明自己存在的一种文学想象，是莫言对童年时遭受毒打引发的对父母权威的反叛，亦是莫言内心深处萌发的超越自卑、战胜环境的心理显现。超越自卑的情感无疑是隐藏在个人成就后面最主要的推动力，自卑的感觉越强，促人奋斗的力量也许就更大，③莫言后来的成就亦充分证明了这一点。

小说《牛》中少年时的罗汉也是以童年莫言为原型塑造的小说人物。故事讲述了在“文革”时期，因为生活困难养不起太多的牛，生产队长麻叔请来公社兽医站的老董同志为双脊、大小鲁西三头小公牛施行阉割手术前后发生的故事。手术后，罗汉、杜大爷和三头

① 张清华:《中国当代先锋文学思潮论》，中国人民大学出版社2014年版，第128页。

② 马新国主编:《西方文论史》，高等教育出版社2008年版，第354页。

③ 张志忠:《莫言论》，北京联合出版公司2012年版，第15—17页。

小公牛朝夕相处、历经煎熬，大小鲁西康复了，双脊却因手术中大出血、术后感染，在经历了数天的折磨后不幸死去了。《牛》中放牛的少年罗汉非常贴近少年莫言，少年时的莫言，与少年罗汉一样是一个渴望被大家关注的孩子。罗汉调皮捣蛋，哪里热闹就往哪里钻，他喜欢听人说话，更喜欢插嘴，听到新鲜话，看到新鲜事就飞跑着到处宣传，他错以为别人都很喜欢自己，为了讨别人的欢心他可以干出许多荒唐事。他为了让大家关注自己而不停地惹事，为了让大家笑故意将柳树梢蹿冒了，他做的很多事都是为了引起别人的注意，赢得他们的笑声，而罗汉所做的事情，也是少年时的莫言为了吸引众人关注而做过的事情的翻版。罗汉与少年莫言一样是一个观察力相当强的孩子，他将观察到的双脊配母牛的事情告诉了老董同志，老董同志观察后发现双脊果然是不能阉了，否则会发生大出血。后来，桀骜不驯的双脊却最终被老董同志阉割了。少年罗汉对动物的感情与童年时的莫言是非常相似的。罗汉与牛的朝夕相处令他对动物产生了非常深厚的感情，他注意到了牛眼中的泪水，体会到了牛的痛苦，莫言写到了罗汉，仿佛写的就是童年、少年时代的自己。

另外一个以少年莫言为原型的小说人物形象是《四十一炮》中的炮孩子罗小通。罗小通对肉的迷恋，他的说话欲望，也是像极了童年、少年时候的莫言。

上官金童是莫言向自己的内心挺进、挖掘的一个人物。表面看上去，上官金童的失意与莫言本人的得意似乎形成了鲜明的对比。莫言在小说创作事业上非常成功，他不仅赢得了中国当代文坛最著名的茅盾文学奖，亦获得了令世界瞩目的诺贝尔文学奖。然而，如果透过表面看内心，我们就可以发现在深层心理上，上官金童与莫言有着千丝万缕的瓜葛。

恋乳与恋母也来自人类的“本我”意识。莫言与笔下的上官金童一样也是年龄很大了才断乳，他具有和上官金童一样极深的恋母情结。莫言说：“因为我是最后一个孩子，母亲对我比较溺爱，所以允许我吃奶吃到五岁。现在想起来，这件事残酷而无耻，我感到

我欠我母亲的实在是太多了。”[①]上官金童比莫言有过之而无不及，母亲给他断奶，他就要去自杀。母亲被逼无奈，只好继续给他吃奶。事实上，莫言笔下的“恋乳”，是中国男性乃至世界上的男性骨子里共有的特征，只不过莫言这么石破天惊地将其夸张地表达了出来。莫言写中了男性最隐秘的心事——从对母亲乳房的迷恋，到对成年女性乳房的迷恋，上官金童所寻找的，事实上是“女性乳房”所象征的“爱”与“安全感”。人从一生下来就要和母亲分离，通过吃奶才能再次与母亲连接，母亲的乳房对于初生的婴儿，是赖以生存的保障。断乳，则象征着长大成人。男性，无论是年幼还是年长，都渴望从女性那儿得到滋养、支持、安慰和爱情，这是男性的共有特征，也是男女相互吸引的天性使然。莫言撕下了虚伪的装饰，以上官金童的“变态”，真实而又艺术地显明了男性“恋母”又“恋乳”的事实。

在天性上，上官金童与作者莫言一样心地善良、心怀慈悲，又有着孩童般怯懦的性格。莫言这样说：“我虽然没有上官金童那样的高大的身躯和漂亮的相貌，也没有他那样对乳房的痴情迷恋，但我有跟他一样的怯懦性格。”[②]上官金童面对现实生活时的软弱，其实也是莫言自己心中的真实感受。莫言曾在北京的胡同里被凶恶的妇人欺侮，却无力还击，只能落荒而逃。为了让出租车师傅高兴，从机场打车很近就可以到家的莫言，总会提前准备好中华烟。

上官金童与莫言一样有着磨难坎坷的人生经历。金童在生活中受尽屈辱，一生落魄，他缺乏价值感，个性软弱。“上官金童无法抗拒地进入了现代中国的‘激流’之中，他站在‘过去’和‘现在’的断裂处，看见的是万丈深渊，所显示的是怯懦、逃避和低能，他所生发出的是荒谬与滑稽。”[③]生活中的莫言在发表了小说《丰乳肥臀》，获得大家文学奖之后，遭到了严厉的政治性批判，有人上纲

---

① 莫言：《用耳朵阅读》，作家出版社2012年版，第32页。
② 莫言：《用耳朵阅读》，作家出版社2012年版，第32页。
③ 张清华：《存在之镜与智慧之灯——中国当代小说叙事及美学研究》，福建教育出版社2009年版，第197页。

上线，想把他整垮，部队也派专门小组帮助他，要求他不再版《丰乳肥臀》，小组组长怀孕了，莫言在无奈之下写了检查……部队纪律严格，对写作审查得也很严格，莫言当时出国出不去，做人做事要特别小心。为了能够更好地放开手脚写作，莫言从部队转业到了检察日报社工作……后来他抄写毛泽东延安文艺座谈会上的讲话，也被人当作热点炒作起来，很多人都在攻击他。莫言在小说创作上可以天马行空，挥洒自如，面对现实，莫言却处处隐忍，事事小心。上官金童的受挫与软弱，从某种意义上来说，就是莫言面对现实时遭遇的挫折以及内心深处无奈、怯懦感的表现。

“万物负阴而抱阳，冲气以为和”[①]，美丑、善恶、阴阳，相克相生，相辅相成。莫言笔下的上官金童以其柔弱归于“道”，令人联想到老子《道德经》中第二十章中的语句：“荒兮，其未央哉！众人熙熙，如享太牢，如春登台。我独泊兮，其未兆，如婴儿之未孩，儽儽兮若无所归。众人皆有余，而我独若遗，我愚人之心也哉，沌沌兮！俗人昭昭，我独昏昏；俗人察察，我独闷闷。忽兮，其若海；望兮，其若无所止！众人皆有以，而我独顽似鄙。我独异于人而贵食母。”[②]上官金童见素抱朴，如婴儿一般蒙昧无知，浑沌不明，若愚似鄙，无所用心，世人皆逞才智满足欲望，而他既不通于私利又不精于算计，不通世事，像孩童一样吮食母乳。上官金童最终皈依了上帝，这个人物亦暗含着作者希望摆脱私欲的困扰和侵蚀，回归人性的纯朴、自然、本真的理想状态的向往。

二、从奋斗的莫言到小说中的莫言、李一斗的文学演变

在对《酒国》中的莫言、李一斗的形象创作中，莫言也充分融合了“本我”“自我”与“超我”意识。《酒国》中的莫言是一个知识分子，是一名作家，他对写作有着执着的偏好，对故事有着强

① 辛战军译注:《老子译注》，中华书局 2008 年版，第 171 页。
② 辛战军译注:《老子译注》，中华书局 2008 年版，第 78—79 页。

烈的兴趣，这位作家亦曾经历过创作道路上的艰辛，熟知社会的复杂，并且已小有名气。他不断地通过与酒国酿造博士李一斗通信，作为一名冷眼旁观者参与了这个故事。他参与各种社会生活，最终他踏上了去“酒国”的行程。有趣的是李一斗也是个热爱写作的业余作家，他渴望作品发表，他把自己了解到的一些故事寄给莫言，他所写的某些故事恰恰正是侦察员丁钩儿无法了解的故事，世界像个万花筒，李一斗就像是莫言打入《酒国》内部的密探，这样莫言就在小说中以一个成功作家莫言的身份完成了与年轻时候的文艺青年莫言的对话。这部小说尚有许多意蕴有待揭开，李一斗和莫言就是考察这些奥秘的关键人物。而李一斗之“斗”，恰如“蝌蚪”之“蚪”，都暗合了作者莫言的乳名“射斗”之“斗”。

《酒国》可以说是莫言以故乡高密为原型打造的，为了创作《酒国》，莫言曾对酒、酿酒、品酒等做了相当深入的研究，莫言也把自己在故乡的见闻以及喝酒、醉酒的体验以及在酒桌上听到的奇闻趣事写进了小说。高密的大多数男人生性豪放，喜爱喝酒。高密酒厂在二十世纪八九十年代曾经非常兴盛，那时候高密酒厂以纯粮食为原料酿造出的大黑坛、小黑坛酒享誉一方，至今高密的许多老人还在津津乐道于高密酒厂当年酿出的琼浆，很多人还以收藏了当年的大黑坛、小黑坛酒为荣。吃婴孩的故事也许来自某些高密人把婴儿出生后母体的“胎盘”当作补品来吃的故事的启发，也许来自当时在高密盛传的某些南方人“吃婴孩”的故事。在高密这个地方是非常重男轻女的，某些农村家庭如果生了女孩，就送人（也有悄悄将孩子放在别人家门口的），直到生了男孩为止。莫言小说中写到的只吃“男婴”的故事，也是对现实的一种反讽。

莫言在《酒国》的创作中，也充分运用了“复调”“对话”式的书写。莫言小说中的人物是“有充分价值的话语之承载者”，莫言会对笔下的人物发问，甚至与其争论，对其嘲弄。①与主人公的

① （俄罗斯）巴赫金：《陀思妥耶夫斯基的诗学问题》，刘虎译，中央编译出版社 2010 年版，第 70—72 页。

对话关系，也进入了莫言的构思，并作为能生成形式的必要成分存在于他的小说中。他这样写道：“躺在舒适的——比较硬座而言——硬卧中铺上，体态臃肿、头发稀疏、双眼细小、嘴巴倾斜的中年作家莫言却没有一点点睡意……我知道我与这个莫言有着很多同一性，也有着很多矛盾……莫言是我顶着遮挡风雨的一具斗笠，是我披着抵御寒风的一张狗皮，是我戴着欺骗良家妇女的一副假面……我看到它软绵绵地铺满了狭窄的中铺，肥大的头颅在低矮的枕头上不安地转动着，长期的写作生涯使它的颈椎增生了骨质，僵冷酸麻，转动困难，这个莫言实在让我感到厌恶。此刻它的脑子里正在转动着一些稀奇古怪的事情：猴子酿酒、捞月亮；侦察员与侏儒搏斗；金丝燕吐涎造巢；侏儒在美女肚皮上跳舞；酒博士与丈母娘偷情；女记者拍摄红烧婴儿；稿费、出国；骂人……一个人脑子里填充了这样一些乱糟糟的东西，真不晓得他会有什么乐趣。”[①]真实的《酒国》作者莫言与《酒国》小说人物莫言在此合二为一，他脑子里正在转动着一些稀奇古怪的事情是真实的《酒国》写作过程还是虚构的小说情节？莫言的身份，在故事中变得更加扑朔迷离，在一定意义上形成了一个由虚构所建构的自我指涉的隐喻。

莫言依据自己年轻时在创作道路上的坎坷经历，塑造了李一斗这个青年作家的人物形象，他写出了李一斗作品发表不了的烦恼，被老一辈作家打压的痛苦，创作的激情，叛逆的内心，以及渴望名师指点，又想要保持自我创作风格的矛盾。李一斗虽然历经艰难，却拥有一颗永不放弃、不服输的心，莫言将自己创作的艰辛历程通过李一斗这个人物写进了小说，也把他在生活中想做而不能做的事情赋予了笔下的李一斗、莫言等，从而超越了自身现实原型。

作家莫言对于古今中外作家的借鉴学习在《酒国》中李一斗的故事中也有着深度体现。李一斗在创作中运用了“妖精现实主义”，他会戏仿鲁迅、蒲松龄等名家，也擅长借用民间神话故事。《酒国》作者莫言用莫言与李一斗的通信构起了一个大的叙述框架，在这个

① 莫言：《酒国》，作家出版社2012年版，第336页。

框架中，嵌套进李一斗创作的小说，并在故事结尾处通过作家莫言自我暴露了其虚构者的身份，“真相”本身用嵌套化的方式进行了整合。[①]根据热奈特的叙述层次定义，作家莫言与李一斗是在第一层次上的，此时他们虽是两个虚构人物，却是故事外层的作者，与真正的作者莫言一样面向真正的读者。《酒国》中被抓婴孩的“元故事”是处于第二层次的二度故事，此时的“余一尺”作为李一斗笔下《一尺英豪》中的一个人物，亦参与到了元故事事件的进程中，余一尺在小说的后半部分突破了层次界限，进入到了第一层次与莫言、李一斗有了实际的接触，这些巧妙的创作手法，令小说人物亦真亦幻，充满了艺术魅力。

三、从彻悟人生的莫言到蓝解放、蝌蚪的文学演变

在《生死疲劳》和《蛙》的创作中，莫言将自己对生命的彻悟写进了小说。蓝解放、蝌蚪的生命经历，展现了作者莫言自身的心路成长历程以及对“超我”意识的追求。“超我”代表着“良心”和“理想自我”，在蓝解放、蝌蚪经历坎坷命运之后，他们也都有着深刻的自我反省和“自我批判”，渴望走向生命的“至善”境界。

在对蓝解放的少年意气和追逐名利的书写中，莫言充分运用了自己的亲身经历。蓝解放在年少时被生生打入另册的经历亦曾是莫言青少年时期切身经历过的。那时候莫言的家庭成分不好，他在村里也是备受歧视。莫言曾有过被学校拒之门外只身放牧牛羊的经历。作为一个农民子弟，莫言从 1966 年至 1973 年的整整七年时间里，出没在家乡的田野间，作为农村最底层的生产队的小社员，他悄悄地成长着。[②]他亲身经历过农村的人民公社、“四清”“文革”等时期的真实历史，所以，莫言在书写蓝解放的心路历程时，亦是

---

① 邓颖玲、向虹宇:《论〈赎罪〉的元小说叙事策略》，邓颖玲主编:《叙事学研究：理论、阐释、跨媒介》，北京大学出版社 2013 年版，第 315—316 页。

② 叶开:《莫言评传》，河南文艺出版社 2008 年版，第 125 页。

感同身受的。在《生死疲劳》中，莫言写到了一个关键点“棉花加工厂”，高密县第五棉花加工厂是莫言与他的妻子杜芹兰一起工作过的地方，他也曾经做过棉花检验员。与小说中不同的是，莫言与他的妻子在此相爱，后来结婚，而蓝解放与黄合作是捆绑成夫妻的。莫言并没有走上蓝解放那样的仕途，当上副县长，而是去了黄县当兵，后来升至军官，调到了北京，经过几十年来的努力打拼，终于成为一位著名的小说家。蓝解放在调进县城工作之后，他的家亦搬到了县城，这个县城中的家，像极了现实生活中莫言在高密南关的旧居。1988 年 3 月，莫言在县城南关村买了一处旧房子（天坛路 26 号），他将妻子女儿安顿在此居住，后来还将这套房子翻盖了。莫言家的极凶的大狗亦被作为陪伴蓝解放的儿子蓝开放上学的爱犬——西门闹转世而来的狗小四的原型被莫言写进了小说。莫言刚开始写作《酒国》的 1989 年的 9 月，恰恰正是莫言的女儿进入高密县实验小学读书的第一年。莫言所写到的蓝解放工作过的县政府大院，庞春苗工作过的新华书店，以及他的儿子蓝开放上学途经的地方，可以与高密县城的人民大街上的县政府、新华书店以及从南关旧居到莫言的女儿曾经上学的高密县实验小学沿途经过的诸多街道、地点一一对应。就是狗小四与众狗一起奔跑的场景，在今天的莫言南关旧居的街道上也是常常可以见到的——一群群自由自在的狗，在莫言南关旧居的胡同里朝某个方向跑去，就像是小说中所写的，它们仿佛要去参加狗族的聚会。在莫言的南关旧居的旁边，坐落着一处被莫言写进了小说的理发店，这也是莫言在高密南关居住时，常常去理发的地方，店中理发的女老板兼任店员，和莫言一家亦是相当熟悉。

关于追寻真爱的经历，莫言在《生死疲劳》中写到了蓝解放与庞春苗的爱情，在其他的小说中，莫言也曾数次写到过婚外的恋情，从《怀抱鲜花的女人》中的上尉王四与路遇的怀抱鲜花女人的感情纠葛最终导致二人相拥死去，以及《檀香刑》中，孙眉娘与钱丁的疯狂爱恋却最终劳燕分飞、生离死别可以推断，莫言对婚外的恋情是并不看好的。事实上，在 1994 年，在莫言的家乡，曾经发

生过一则非常出名的新闻，有一位年轻帅气的官员婚后出轨，被当警察的妻子击毙了，妻子随后饮弹自尽，高密女子的烈性可见一斑。由此可以推断，《生死疲劳》中黄合作死守无爱婚姻，亦是有其本事依据的。文人莫言的心中亦可能幻想过婚外众多美好的女性，然而从他这些小说的描绘来看，婚外的恋情结局往往是荒凉又荒唐，是不可能得到善终的。

身处齐地的莫言，对女性一直都是心怀敬意的。他真心地爱慕他身边的女性，真诚地赞美女性，讴歌女性。在莫言的家乡，历来女性是能够顶半边天的，齐文化独特的风情孕育了齐地女性善良宽厚、坚韧顽强、自由洒脱、浪漫神秘、胸怀博大的个性。莫言对他的母亲，一直都是极其敬爱的，莫言对自己的妻子，亦是相当依恋的。1979 年，莫言与杜芹兰结婚，妻子可谓莫言命中的“福星”。新婚后不久莫言奉调解放军郑州工程技术学院第五系河北保定训练大队，担任新兵班长，新兵训练结束后，莫言留队工作，担任保密员兼政治教员。1980 年 7 月，杜芹兰来部队探亲。1981 年，莫言处女作《春夜雨霏霏》发表于河北保定的《莲池》第五期，此篇写于暑假，“这篇东西费力最少，一上午写成，竟成功了，有好多‘呕心沥血’之作竟篇篇流产，不知何道理”[①]。“道理”就在于莫言对妻子的挚爱，那种发自内心的爱情诉诸笔端，打动了编辑毛兆晃的心。处女作的发表，莫言的妻子功不可没。《春夜雨霏霏》中守岛的军官与兰妹的感情，恰恰正是新婚的莫言与妻子的爱情见证——莫言真心地爱慕自己的妻子，一句句兰妹思念新婚丈夫的话语，正是莫言对妻子的真情流露。在《售棉大路》中杜秋妹形象的塑造中，亦有莫言妻子的影子。莫言婚后的家庭生活，从《北京秋天下午的我》也可以窥豹一斑——莫言是非常享受他的家庭生活的。在莫言久已不更新的新浪博客上有一幅字画——“为老婆孩子奋斗”，这也是莫言心灵的真实写照。1990 年读硕士期间，莫言在高密南关为妻子女儿翻盖住房，因为离校太久，差点儿被北师大开除，多亏

① 管谟贤：《大哥说莫言》，山东人民出版社 2013 年版，第 232 页。

童庆炳老师鼎力相助，莫言才完成了学业。后来，莫言把妻女接到北京，一方面方便照顾家庭，另一方面也是为了让他的众多女粉丝们“死心”。后来莫言去德国法兰克福在“感知中国”论坛上演讲，他笑称“老婆让我来买锅”。2012 年莫言荣获诺奖，妻子陪伴左右。拿到奖金后他首先想到的是为妻子女儿买套大房子，由此可见莫言是典型的甘心情愿为妻子女儿撑起一片天空的山东男人。

小说中的蓝解放与莫言一样曾经经历过生命的沧桑，但他们的人生轨迹显然有着明显的不同。蓝解放为了爱情抛妻弃子，放弃仕途，一场车祸却夺去了他爱人的生命。命运仿佛是对蓝解放开了一个残忍的玩笑，随着西门闹的一次次生死轮回，蓝解放的爱情之路居然从终点又回到了起点——在儿子蓝开放的撮合之下，他又一次来到了他年少时为之痴迷的女子黄互助面前。他的儿子蓝开放在不知情的情况下爱上了自己的堂妹庞凤凰，在得知事实真相后他饮弹自尽，庞凤凰在千禧年之夜生下了大头儿蓝千岁之后因失血过多而死去了。黄互助有一头神奇的头发，她的头发是可以延续生来就患有血友病的大头儿的生命的……蓝解放从少年意气，从贪欲起，投入滚滚红尘，追逐名利；再到灵魂饥渴，为爱私奔，最终繁华落尽，再开始抚育新的生命……他历尽生死疲劳，阅尽人世沧桑，尝尽悲欢离合，最终与黄互助携手，找到了生命与灵魂的归宿。在蓝解放形象的塑造中，莫言潜入人物的内心深处去描绘其真实的心灵世界，莫言又充分运用了超现实的“不可靠叙述”，将诸多虚构的、离奇的故事都赋予了笔下的蓝解放。蓝解放虽然抛妻弃子但事出有因，他原本就娶非所爱。莫言通过对蓝解放形象的塑造、润饰和升华，将人类对苦闷现实生活的叛逆和逃离的“白日梦”通过艺术的手法展现了出来，令这一人物既有血有肉、生动感人又充满艺术魅力。

《生死疲劳》这部小说对于莫言荣获诺奖起到了关键作用，也是莫言在荣获诺奖后亲自推荐阅读的一部小说。小说中蓝解放的故事依托于莫言真实的生命体验，在艺术表现上又远远超越了生活原型。蓝解放最终以活着的韧劲与对生命的无限热爱超越沉沦，活出

了生命的丰盛、完整与自在。蓝解放的生命经历洋溢着洞穿一切又直指人心、叩问心灵的原始生命力和艺术冲击力，展现了作家莫言深厚的人性悲悯情怀。

2008年，莫言推出了反映计划生育现实的小说《蛙》，小说一经推出，反响强烈。计划生育政策实行三十多年以来对于控制国家的人口增长是有效的，然而同时也给很多家庭带来了痛苦和灾难，许多想生男孩的家庭为此东躲西藏，他们非法怀孕，就会被计生干部围追堵截，甚至是抄家扒屋。很多的孩子因此被流产，一些妇女也因此付出生命的代价。莫言的计划生育故事是围绕姑姑和蝌蚪这两个主要人物形象展开的。莫言曾说："这本小说确实是触及了我灵魂深处很痛的地方……这其实不仅仅是触及了我一个人的内心的痛苦，也触及了我们这一代人、许许多多人的内心深处的痛苦。"[①]莫言对蝌蚪的书写依托于自身原型的主要特质，他饱蘸自己的心血塑造蝌蚪这一人物形象，并对其进行了艺术化的提升，从而令这一形象达到了一种崭新的人物创作高度。

小说中蝌蚪参与逼迫妻子流产的故事，就是莫言以自己的亲身经历为原型创作的。在现实生活中，莫言的妻子在莫言调到北京不久之后计划外怀孕了，莫言不得不回家劝妻子打掉孩子。莫言的父亲不愿意，莫言的妻子更不愿意，然而为了莫言的前途，他们最终都让步了。流产手术是由莫言的姑姑做的，婴儿流掉了，妻子的身体也遭了罪，莫言的心中一直为此愧疚不已。对于三十多年前因为顾及工作岗位和仕途升迁而不得不流产掉的孩子，莫言心中一直隐隐作痛。他曾在小说《爆炸》中塑造了一位从都市匆匆返乡力劝妻子流产的深感负疚的男人，在小说《蛙》中，他不仅描写了姑姑向流产掉的两千八百名婴儿进行忏悔，"焚香祭拜"，亦通过文中的蝌蚪，再次深切表达了自己的忏悔："尽管我可以用种种理由为自己开脱，尽管我可以把责任推给姑姑、推给部队、推给袁腮，甚至推

① 张英、莫言：《莫言：姑姑的故事现在可以写了》，《南方周末》，2010年2月21日。

给王仁美自己——几十年来我也一直是这样做的——但现在，我却比任何时候都明白地意识到，我是唯一的罪魁祸首。”①

五十多岁时的莫言已看尽太多的人情冷暖、世态炎凉。然而在他的胸膛中跳动的，依然是一颗赤子之心。小说中的蝌蚪与原型莫言一样在写作上小有成就，但他内心深处一直心怀愧疚。莫言在小说中真诚地表达了“我是罪人，我需要忏悔”这样明确的主题，莫言笔下的蝌蚪认为，金娃是上天赐予他的赤子，是他唯一的救赎机会，他彻悟：“爱是此生唯一的救赎。”然而蝌蚪的自我拯救却是那样的无力，而且在进行自我拯救的同时，他又犯下了新的罪恶——他的救赎机会是建立在陈眉痛失爱子的痛苦之上的。对于日本的侵华战争，莫言塑造了一位愿意替父认罪反省的“杉谷义人”形象，反映了莫言的历史责任感和渴望和平的美好愿望。

“一花一世界，一叶一菩提。”在“本我”“自我”“超我”相互交融的人物创作中，莫言塑造了黑孩、上官金童、李一斗、蓝解放、蝌蚪等人物形象。这些人物形象既承载着作家的生命意识，也彰显了人类的苦痛命运与不屈的抗争精神。莫言又将心中的“爱”“希望”“信念”灌注其间，实现了自我超越和艺术创新。

第四节　小说中的“我”超越原型的价值

黑格尔认为：“只有从心灵生发的，仍继续在心灵土壤中长着的，受过心灵洗礼的东西，只有符合心灵的创造品，才是艺术作品。艺术作品抓住事件，个别人物以及行动的转变和结局所具有的人的旨趣和精神价值，把它表现出来，这就比起原来非艺术的现实世界所能体现的，更为纯粹，也更为鲜明。因此，艺术作品比起任何未经心灵渗透的自然产品要高一层……此外，艺术可以表现神圣

① 莫言：《蛙》，上海文艺出版社 2009 年版，第 281 页。

的理想，这却是任何自然事物所不能做到的。”[1]莫言以自身为原型创作了一系列小说人物，他将自己深刻的生命体验灌注其中，这些人物富有灵性、魅力无穷，超越了现实生活原型，成为具有丰厚意蕴的文学人物。通过对这些人物传奇经历的书写，莫言亦写出了自身的矛盾，软弱与坚强、豪情与无奈、爱与痛，皆融汇其中。这些人物不仅展现了莫言自身的生命经历，也展现了时代的精神风貌，亦反映作家的历史观、审美观以及精神人格的追求。

一、小说中的“我”：自我、非我与超我的交融

莫言曾说，“小说家并不负责再现历史也不可能再现历史”[2]，“你可以说我是历史唯心主义，只见树木，不见森林，只看到革命过程中一个片面、局部的现象，没看到整体性的东西。我觉得一个小说家他不应该去考虑整体和片面的关系，哪个地方最让他痛苦，就应该写哪个地方”[3]。莫言在以自身为原型的小说创作中，写到了真正令他痛苦的地方，体现了自身的深刻矛盾。“创作上的追求是很痛苦的。创作实际上就是一个不断发现自我的过程。”[4]莫言将“自我”融入了小说，但小说中的“我”显然不是现实生活中的“我”，而是他想象世界中的“我”，是“非我”，是“他人”，即“不是我自己的那个自我”[5]，是艺术化的“超我”，这“超我”又是作者在自我的意象中生成的，它也是自我在小说中的变身与灵魂的出演。作者在进行小说人物创作时，充分运用了叙述聚焦、元小说、不可靠叙述等叙事手法，以自我、非我与超我的融合，艺术化地呈

---

① （德）黑格尔:《美学》（第一卷），朱光潜译，商务印书馆1979年版，第36—37页。

② 莫言:《用耳朵阅读》，作家出版社2012年版，第33页。

③ 莫言:《碎语文学》，作家出版社2012年版，第156页。

④ 莫言、陈薇、温金海:《与莫言一席谈》，杨守森、贺立华主编:《莫言研究三十年》（上），山东大学出版社2013年版，第298页。

⑤ （法）萨特:《存在与虚无》（修订译本），陈宣良等译，生活·读书·新知三联书店，2012年版，第293页。

现出小说中的“我”，展现了复杂多变、亦真亦幻的艺术特色与美学风格。

当今叙事学研究已逐步从经典走向后经典，叙述聚焦研究也在多重层面上展开。在雅恩看来，“叙述聚焦是通向叙事世界的一个想象窗口，通过这个窗口以及‘聚焦者’这一连接故事内外的‘感知屏’，读者能够看到叙述文本中的事件与人物”。雅恩认为：“一幅完整的叙述聚焦图形还应当包括一个讲述自己‘想象感知’的叙述者，这样读者可以‘换位’至小说的虚构视角，达到一种‘浸入’文本的状态。”[①]通过叙述聚焦的“触发”，可以达到故事讲述与故事理解的目的。“窗口”像电脑屏幕的窗口一样，是真实与虚幻世界切换的窗口，亦是作家、叙述者与读者相互融合与分裂的窗口。在莫言的小说创作中，也充分运用了叙述聚焦手法实现了自我、非我与超我的融合，例如在其小说《春夜雨霏霏》《丑兵》《苍蝇·门牙》《遥远的亲人》《人与兽》《战友重逢》《白狗秋千架》《红高粱》《丰乳肥臀》《蛙》等小说中，皆充分运用了叙述聚焦手法，不仅方便了作家创作，亦方便了读者“换位”“浸入”文本，达到身临其境的阅读体验。莫言以自身为原型的人物形象的塑造，恰恰正是起到了这种“窗口”与“浸入”的效果，他既是作家创作和管理通往叙事世界的窗口，亦是规范、引导甚至利用读者想象感知的窗口。启发、引导着读者想象感知，在作者、叙述者以及读者之间架起了心灵沟通的桥梁。对生命、爱情以及信仰等人类共同关注的主题的表达与揭示，使自我、非我与超我更好地融合进小说中的“我”的形象塑造中。作者灵动的生命感觉，以叙述聚焦的方式“触发”“浸入”了读者的心灵，在他笔下人物的内心深处，总有隐隐的对爱的渴望以及对生命之谜的忧思，这种渴望与忧思是人类共有的情感，也是极具感染力和冲击力的。

元小说是一类有着明显的自我意识的小说，“叙述者在文本中

① 尚必武：《当代西方后经典叙事学研究》，人民文学出版社 2014 年版，第 226—228 页。

通过自我暴露的叙事策略，展示叙述和虚构的痕迹”[①]。莫言对以自身为原型的小说人物形象的塑造，具有明显的元小说特征。他的小说中故事套着故事，在他的层层叙事中，也不乏自我暴露的元小说特征，在《酒国》《木匠与狗》等小说中皆有着充分展现。在《生死疲劳》中也有典型的元小说叙事书写，莫言这样写道：“我不知道该如何描写蓝解放在那一时刻的心情，因为许多伟大的小说家，在处理此种情节时，已经为我们树立了无法逾越的高标。……肖洛霍夫让葛利高里不知不觉中跌倒在地，我怎么办？我难道也让蓝解放跌倒在地吗？肖洛霍夫让葛利高里内心一片空白，我怎么办？我难道也让蓝解放内心一片空白吗？肖洛霍夫让葛利高里抬头看到一轮耀眼的黑色太阳，我怎么办？我难道也让蓝解放看到一轮耀眼的黑色太阳吗？即便我不让蓝解放跌倒在地，而是让他大头朝下，倒立在地上；即便我不让蓝解放内心一片空白，而是让他思绪万端、千感交集、一分钟内想遍了天下事；即便我不让蓝解放看到一轮耀眼的黑色太阳，而是让他看到一轮耀眼或是不耀眼的、白色的灰色的红色的蓝色的太阳；那就算是我的独创吗？不，那依然是对经典的笨拙的摹仿。”[②]

在小说《蛙》中，莫言亦通过蝌蚪与杉谷义人的通信讨论如何创作剧本的方式引入了元小说叙事，莫言充分利用互文手法将文本的起源与现实的文本二者合为一体，通过在小说中套戏剧的方式，使书信与戏剧形成了共生关系。在五封书信中，展现了莫言以自身为原型的小说人物蝌蚪曲折的人生遭遇，亦指涉了最终九幕话剧的虚构本质。话剧成为戏中戏，在话剧中，书信中的人物皆被推到了前台，他们在舞台上展现了各自复杂的心灵世界。通过互文手法，小说情节一步步推进，通过作者“自我暴露”的元小说叙事，反映了作者对小说的主观建构性，作者也实现了从自我、非我、超我

① 邓颖玲、向虹宇：《论〈赎罪〉的元小说叙事策略》，邓颖玲主编：《叙事学研究：理论、阐释、跨媒介》，北京大学出版社 2013 年版，第 315 页。

② 莫言：《生死疲劳》，作家出版社 2012 年版，第 548—549 页。

到“小说中的我”的自然转换，拉近了作者与读者的心灵距离，在读者与叙述者、作者之间实现了沟通与相互理解，充分展现了作者莫言对自我写作意识的探讨、哲理化的人生思考以及深厚的人文情怀。

在小说《红耳朵》的最后一节，莫言运用了元小说叙事手法，与读者探讨对小说中王十千故事某些细节的思考。在故事的结尾处，作者又回到了故事中，讲到1948年底，土改开始，有七个人因为赢了王十千的钱而发家，被划为恶霸地主，被拉上桥头枪毙了。作者通过元小说叙事，自由出入文本，亦与读者拉近了距离。

二、新历史主义文学观

莫言曾说：“我们今天所读到的历史，都是被史学家、文学家和老百姓大大地夸饰过的，都是有爱有憎或是爱憎分明的产物。我们与其说是读史，还不如说是在读传奇；我们读《史记》，何尝不是在读司马迁的心灵史。”[①]莫言的写作具有鲜明的个人意识，他将自身带入了历史语境，创作出了独具特色的以自身为原型的小说人物。莫言笔下的故事看似荒诞，实则始终与社会历史背景联系紧密，他描写了中国农村一个世纪以来经历的巨大变化。这里有残酷的阶级斗争场景，有农民对土地的深厚感情，亦有生命轮回转世的悲惨故事，[②]从莫言笔下的黑孩、莫言、上官金童、蓝解放、蝌蚪等人物形象的身上，可以发现不同时期、不同侧面的作家莫言的身影，这些人物皆深刻反映了历史给个人造成的深切创痛以及生命的坚韧顽强。

如果说黑孩代言的是二十世纪六十至七十年代的农村底层历史，那么莫言、李一斗代言的则是二十世纪八十至九十年代改革开放之初的县城历史，而上官金童代言的则是半个世纪以来的中国乡

① 莫言：《会唱歌的墙》，作家出版社2012年版，第31页。
② 管谟贤、管襄明：《莫言与红高粱家族》，江苏凤凰文艺出版社2015年版，第32页。

土历史，蓝解放代言的也是从二十世纪五十年代到本世纪初的历史，蝌蚪代言的则是中国计划生育的历史，这几个人物所处的社会阶层不一样，人生经历不一样，所以他们反映的历史观也是迥乎不同的。黑孩经历的是二十世纪六十年代集体劳动的场景，他反映的是莫言吃不饱、穿不暖的童年生活，展现了一个农村社会最底层的卑微少年的成长经历。莫言将其塑造得生动感人又极富美感，是因为黑孩内心深处对爱的渴望，他顽强的生命力，点燃了那段灰暗的历史。

莫言、李一斗是以奋斗的知识分子的形象出现的，莫言写出了这一老一少两个作家在创作道路上的探索以及经历的挫折，那是莫言自己创作道路的再现，他反映的是二十世纪八十至九十年代的社会以及文坛状况，莫言运用了魔幻的创作手法穿插其间，把莫言、李一斗及相关故事描绘得极有魅幻色彩。莫言亦写出了改革开放之后物质的丰富与心灵的匮乏、人心的败坏，他写出了那一段历史的真实，同时他也将历史进行了虚幻化的处理，令其充满了言说不尽的意蕴。

上官金童所经历的，则是另一段凄惨的人生，上官金童似乎永远都是生活的失败者，他一辈子也没能独立，依靠老母亲生活……上官金童在半个多世纪的历史变迁中处处失意，他外形很漂亮，但内心软弱，更在时代大潮中无所适从，与他的外甥司马粮的呼风唤雨形成了鲜明的对比，这种极富象征意义的创作，令其展现出渺小的个人在动荡的时代历史变迁中无奈浮沉的悲凉意味。上官金童最终皈依了基督，也反映了在物欲横流、精神迷失的时代，人们灵魂深处对生命信仰的向往和追求。

蓝解放则是一个入世极深的人物，莫言写到了蓝解放爱情故事的跌宕起伏，以及他后来经历繁华之后的落寞。蓝解放的生命故事，从侧面反映了莫言自己在“文革”以及改革开放时期的亲身经历，通过这个人物，莫言深度刻画出个人在复杂历史中的艰难奋斗与抗争，以及内心深处对爱的渴望。蓝解放一生漂泊寻找爱情，爱情却也终究是一场空，这一人物反问着人类的存在之谜以及对

爱情的种种困惑。莫言通过对其人性的挖掘以及坎坷生命经历的书写，超越了时代的局限，彰显出佛教因果不虚、生死轮回、万事皆空的意味来。

陈晓明以“历史主义”的眼光阐释莫言小说的艺术特质，他这样评论《蛙》:“《蛙》以多种文本的缝合形式，重新建构当代史，它是重构历史叙事的一个启示性文本。莫言的个人风格吊诡多变，其每部作品都极鲜明地以个人风格去表现20世纪中国历史的沉重创伤与疼痛。”[①]蝌蚪这一人物形象从计划生育这一视角反映出莫言对于人类历史以及生存繁衍的思考。蝌蚪曾为了自己的前途迫使爱妻流产，致使妻儿双双死在了手术台上，后来在姑姑的撮合下，他与小狮子结婚，后来又卷入了代孕风波，他最终决定做这个孩子的父亲，可是陈眉却因失去这个孩子而发了疯。蝌蚪因自己曾经犯下的过错而深深忏悔，可是他却不肯放弃金娃的抚养权。莫言在《蛙》中突出了“忏悔”与“赎罪”的主题，他是“把自己当罪人写”的。

《蛙》中的主人公蝌蚪的年龄与莫言相仿，蝌蚪所经历的时代与莫言相符，莫言以个人化的视角重新打量和书写他感知到的生命历史，以其独特的个人风格去表现二十世纪中国的沧桑巨变以及计划生育政策对基层农村家庭的深刻影响。蝌蚪这一人物形象突出反映了莫言对人类历史、战争、苦难以及生命繁衍等问题的深刻思考。面对日本战犯杉谷的后人的真心谢罪，蝌蚪也以一种客观的态度予以接纳和理解，反映了作者渴望和平、反对战争、悲悯苦难、向往人间正义良善的朴素情感。

莫言的这些以自身为原型的小说人物创作，深刻反映了其新历史主义的文学观，他超越了传统的对“历史进步”主题反映的创作手法，而是把人放到了历史的进程中，去深刻反映历史的荒谬与翻云覆雨，以及个人在其中的沉浮挣扎。“有中国农村集体所有制的解体和乌托邦理想的破灭，有改革开放以后各阶层人们面临的困惑

① 陈晓明:《以个人风格穿透现代性历史——莫言小说艺术特质漫议》,《山东文学》，2012年第11期。

和灵魂的煎熬，还有青年一代的迷茫和挣扎等等，堪称大气磅礴跌宕起伏。”[①]“他把中国现代性经历的大事件大变局转化为个人的深切创痛，并以个人化的语言风格和叙述方式表现出来，使历史与人性被一种独特的生存状态绞合在一起，当代中国小说从思想意识到文体及其语言都获得了一次自行其是的解放。”[②]个人在历史巨变中苦痛挣扎，生命与历史就是这样相互交织，作者与读者的视域在这儿相互融合，这才是生命的历史，民间的历史，真实的历史，感性的历史，而不是教科书中冷冰冰的空洞的历史。

三、宏伟的气魄和浪漫自由的审美情怀

莫言立足于他所处的时代与地域，创作了具有现代齐文化风情的小说人物，展现出宏伟的精神气魄和浪漫自由的审美情怀。二十世纪八十年代正是中国当代作家思想获得空前解放的时代，莫言笔下的人物，是敢于立在潮头浪尖，勇敢搏击生命激流、具有浪漫主义情怀的。在莫言以自身为原型的小说人物创作中，在黑孩、上官金童、蓝解放、蝌蚪等人物的身上，莫言充分运用了天马行空的想象力，他对自己体验过的生命故事捕风捉影，进行艺术化的表述，他也将发生在别人身上的故事、听来的、看到的民间故事、自己心中的意象倾注到他以自身为原型的小说人物创作之中，赋予了这些人物更为复杂的生命经历以及更为独特的个性特征。比如黑孩在胶河滞洪闸工地上对菊子的依恋，李一斗笔下鱼鳞少年和红衣小妖的故事，上官金童恋乳的倾向，蓝解放与庞春苗的忘年恋情，蝌蚪的回乡……这些人物的故事以及蕴含的情感都大大超越了生活中原型莫言自身的生命经历，充分展现了莫言博大的精神世界和浪漫主义的审美情怀。

---

① 管谟贤、管襄明:《莫言与红高粱家族》，江苏凤凰文艺出版社 2015 年版，第 32 页。

② 陈晓明:《以个人风格穿透现代性历史——莫言小说艺术特质漫议》，《山东文学》，2012 年第 11 期。

生长于齐地的莫言，骨子里有着桀骜不驯的天性，他敢于秉持正义，更有着豪侠之气，莫言以自身为原型创作的小说人物，亦遵从内在自由的天性，不受正统道德的束缚，敢于打破被命运与政治划定的牢笼。他们在叛逆中彰显出勃勃的生命意识，他们在挑战命运的抗争中展现出来的不仅仅是生命之美，更是彰显了不甘屈辱、勇敢追求生命自由的人性光华。莫言笔下黑孩自由灵动魅幻的特色，李一斗昂扬自主的生命姿态，蓝解放狂放恣意的爱情，莫言草莽作家的气度……显然与作家本身所处的时代、地域以及自身个性有着极大的关联。

“恋着你刀马娴熟通晓诗书少年英武，跟着你闯荡江湖风餐露宿吃尽了世上千般苦。”[①]无论历史怎样进步，世道都一样艰难。无论悲观情绪如何弥漫，人类寻求精神解脱的理想之火不灭。在这个美丽与苦难相互交织的世间，人类之间既相互关爱又相互摧残，表现出不可思议的善良或残忍。莫言以超越性的人类视角，冷静客观地剖析人性，赤裸描写人性的缺憾，把潜藏在人类身上的优点和弱点淋漓尽致地展现了出来。通过对黑孩、上官金童、莫言、李一斗、蓝解放、蝌蚪等以自身为原型的小说人物创作，莫言张扬了蓬勃的生命力，以浪漫自由的精神，带给读者心灵的鼓舞和生命活力的振奋。[②]贺拉斯认为，文学创作应“寓教于乐，既劝谕读者，又使他喜爱，才能符合众望”[③]。莫言笔下的人物恰恰正是体现了这一点。

莫言在人物创作中不仅融入了自身的人格特质与生命体验，也寄寓了人类共通的对生命深沉的热爱，浪漫自由的审美情怀。深入分析莫言小说中的人物，正是展现了莫言自身的生命意识，具有生命力勃发、自由灵动、浪漫神秘等特质，同时他们也是美丑交织、

① 莫言:《透明的红萝卜》，莫言:《欢乐》，作家出版社 2012 年版，第 20—21 页。

② 丛新强、孙书文:《莫言研究三十年述评》(代前言)，杨守森、贺立华主编:《莫言研究三十年》(上)，山东大学出版社 2013 年版，第 7 页。

③ (古罗马)贺拉斯:《诗艺》，杨周翰译，人民文学出版社 1962 年版，第 155 页。

善恶共生、贞洁与淫荡并存、悲剧与喜剧集于一身的，他们是鲜活丰满的个体，以丰富的人性内涵、独特的人格魅力和宏伟的气魄展现出一幅幅生命景观：命运的神秘莫测、生存竞争的残酷，内心煎熬的痛苦，对爱的渴望与执着追求，顽强的生命力、不屈的意志、人与自然的和谐……他们彰显着理想主义的光芒，具有超越民族、超越时代的艺术魅力。

四、自我批判意识与精神人格的追求

莫言从小就阅读鲁迅的小说，他相当推崇、敬仰鲁迅，他的文学创作亦直接受到鲁迅文学的影响。莫言小说《月光斩》就受鲁迅小说《铸剑》的影响，他的《酒国》《拇指铐》受到鲁迅的《狂人日记》《药》的影响，就连小说人物名字“阿义”都是直接取自鲁迅小说，关于吃人、救救孩子等意象，也来自鲁迅小说的启发。莫言与鲁迅皆敢于批判现实，莫言与鲁迅最大的不同在于他们所处的环境、时代以及性格、气度的不同。鲁迅成长的背景较为压抑，也养成了他较为抑郁的人格特质。鲁迅杂文是以斗争出名的，他以文学为“匕首投枪”，他曾说“一个也不宽恕”，在这一点上莫言与鲁迅是有较大差异的。莫言生长在齐地，从小母亲教导他以德报怨、宽厚待人，大爷爷对《周易》的诠释运用也给予了莫言超越常人的智慧启迪与处世风格的影响，他对自己受到的攻击很少理会。他立足于“作为老百姓”写作的立场，最终将批判的矛头指向了自己，特别是对《蛙》中蝌蚪形象的塑造，他是“把自己当罪人写”的。而鲁迅小说更多地立足于启蒙的立场，他对自我罪性的反思，对自我的批判，是留有余地的，这也就决定了二者笔下人物气度的不同。

莫言从鲁迅那儿继承了两个非常重要的品质，那就是对人性深刻的挖掘以及强烈的批判意识。莫言与鲁迅一样，是勇于进行自我批判的，并且他的自我批判更为深刻和直接。鲁迅在针对陀思妥耶夫斯基的小说的评论中这样写道，要从别人的人性恶中，发现自己的人性之恶。他在《一件小事》中写到车夫对老女人的救助，要榨出“我”皮袍下面藏着的“小”来，他说这件小事教他惭愧，催他自新，并增长他的勇气和希望。[①]在《端午节》一文中，鲁迅亦写出了作为知识分子的虚伪、清高以及自私自利的人性弱点。而莫言对自我的批判则显得更为深入，通过笔下的上官金童，莫言批判自己性格的懦弱；在小说《蛙》中，莫言更是以蝌蚪作为映像，对自己人性的自私与丑恶进行了深刻的批判与反思。莫言亦写到了人生矛盾的不可解，他以姑姑的口吻，说“坏种也是人，也有生存的权利”，他以姑姑的忏悔，追问“被罪纠缠的心灵是不是永远也得不到解脱呢？”。从这些方面来看，莫言的批判现实与自我批判，是在鲁迅先生勇于批判的精神基础之上进行的更深层次的探索。莫言进行自我批判的目的在于让沉睡的心灵警醒，让有罪的灵魂忏悔，反思社会以及人性中的丑恶，进而寻找生命、灵魂的救赎之路以及社会流弊的改进之途。

莫言受鲁迅影响深远，他的小说亦具有对生命永恒价值的探索。莫言在以自身为原型的小说人物形象的创作中，赋予了笔下人物丰富的精神内涵，通过这些人物的生命故事，作者莫言在揭开苦痛残忍的人类生存本相的同时，亦对通过文学拯救世道人心寄寓了殷切的期望。莫言在他的本子上记着鲁迅的语录：“文艺是纯然的生命的表现，是能够全然离了外界的压抑和强制，站在绝对自由的心境上，表现出个性来的唯一的世界。忘却名利，除去奴隶根性，从一切羁绊束缚中解放出来，这才能成为文艺上的创作。”[②]莫言循着鲁迅踏出的道路继续披荆斩棘，他以自身为原型塑造的黑孩、上官金童、蓝解放、蝌蚪等人物，已超越了鲁迅的知识分子“启蒙”大众的立场，他“作为老百姓写作”，把自己融入进历史进程中，他书写自己的善良与丑恶，揭示自己内心的狂欢、苦痛与软弱，调侃自己的无知、无能、无助与贪吃，这些人物以其真性情，成为蕴含着自我批判意识的典型文学形象。莫言重视自然人性真实合理的伦

① 鲁迅：《鲁迅选集》（第二卷），四川人民出版社 1983 年版，第 830—832 页。

② 张志忠：《莫言论》，北京联合出版公司 2012 年版，第 272 页。

理实现，赞美他们坚韧的生命力，同时亦鞭挞了人性虚伪、自私与丑恶的一面。他在第二届东亚论坛上的发言中这样说：“在这样的时代，我们的文学其实担当着重大责任，这就是拯救地球拯救人类的责任，我们要用我们的作品告诉人们，尤其是那些用不正当手段获得了财富和权势的富贵者们，他们是罪人，神灵是不会保佑他们的。我们要用我们的作品告诉那些虚伪的政治家们，所谓的国家利益并不是至高无上的，真正至高无上的是人类的长远利益……”[①]

莫言从小生长在齐地，深受开放旷达的齐文化以及儒释道、基督精神的影响，他将各家智慧相互整合，他认同佛祖以及耶稣的悲悯，同时，他又有着对信仰的反思，更有着批判神的勇气。莫言深受相信万物有灵的民间信仰的影响，他从小在农村接受的是对鬼神的敬畏态度。莫言说他是多神论者，上大学后他学习了马克思无神论，但仍然相信各种各样的宗教信仰是人类的财富。[②]在触及精神信仰层次的写作时，莫言的创作思维是开阔的。他用儒家的思维写对祖先的敬拜，他以道家的思维写精灵般的孩童，用佛家的思维写《生死疲劳》的轮回转世故事，用基督的思维写上官金童，他用民间的思维写他对万物有灵的敬畏……他以天马行空的想象向自己未知的灵魂世界进发，他的作品指向是丰富的。他在向天道追问的同时，从来没有放弃过对尘世生命的关怀。人道与天道，在莫言的笔下融合为一。莫言在表达一切的宗教信仰都是人类最宝贵的精神财富观点的同时，又敢于冲破宗教的禁忌，他提出文学就是“在上帝的金杯里撒尿”，他说“我痛恨所有的神灵”，“如果连渎神的勇气都没有，哪有批判神的勇气？”他主张打破神像，张扬人性，他说：“总有一天，神圣的祭坛被推翻，解放了的儿孙们，干出了胜过祖先的业绩。”[③]莫言曾痛感“种的退化”，但他还是把信心和希

① 莫言：《悠着点，慢着点——在第二届“东亚文学论坛”上的发言》，《中国青年》，2011年第4期。

② 《莫言接受诺贝尔基金会专访：不用再为养家快速拼命地写作》，《东方早报》，2012年12月10日。

③ 张志忠：《莫言论》，北京联合出版公司2012年版，第273—274页。

望寄予给未来的“儿孙们”。

1994年，莫言的母亲去世，令莫言深深痛苦，他在那个时候寻找到了基督，相信人死后可以进入天堂，对沉浸在失去母亲痛苦中的莫言是极大的安慰。莫言的好友毛维杰和李大伟都曾陪伴莫言去过高密的基督教堂，莫言会静静地坐在教堂里听道，于是，就有了《丰乳肥臀》中母亲上官鲁氏与上官金童追寻基督信仰的故事。莫言曾说，他研究得越深入，“越感觉到大自然赋予他的一切越神奇，越不可思议。‘没有得到关于大自然、宇宙最终的答案，我们不能轻易否定上帝的存在’”[①]。莫言亦曾在访谈中提及他曾在写作《生死疲劳》前参观过承德一个很有名的庙宇，在庙宇的墙上就画着六道轮回的壁画。1990年，莫言在香港中文大学做访问学者时，曾经聆听过星云大师的演讲，他后来在台湾的佛光山与星云大师有过多次交流，[②]他对于佛法的认识亦是步步精进。正因为对佛法有了更为深入的了解，才有了《生死疲劳》中西门闹的六道轮回以及蓝解放的生命故事。2013年9月，莫言获聘佛光山第一位佛陀纪念馆的驻馆荣誉作家。佛教规劝人心向善，发善念，做好事，莫言亲近佛教，对佛学经典感兴趣，他以小说形式探讨生命的因果、善恶、轮回，探讨人生的价值和意义。中国的民间历来宣扬“善有善报，恶有恶报”，人们相信行善积德可以长寿，可以福荫子孙。俄罗斯的陀思妥耶夫斯基等作家则相信人生而有罪，对人灵魂中的罪性剖析得无比深刻，中国的作家普遍缺乏忏悔意识，在向西方学习的过程中，莫言亦深深地领悟到了这一点，他对蝌蚪认定“我是罪人，我要赎罪”的书写，将这样的忏悔意识明确地表达了出来。莫言站在人类的立场上进行小说人物创作，他揭示的是最普遍的人性，苦苦思索的是人类未来的命运。[③]

① 吴永强、马军:《对话莫言：什么是“人间佛教”》,《齐鲁周刊》,2014年12期。

② 吴永强、马军:《对话莫言：什么是“人间佛教”》,《齐鲁周刊》,2014年12期。

③ 莫言:《写给父亲的信：散文》，春风文艺出版社2003年版，第258页。

文学之所以被人类需要，就在于文学能够唤醒人的良知，温暖人心，并带给人类新的梦想与希望。莫言立足于自身的成长经历、个性特点以及精神价值观，发挥了天马行空的想象力，创作了一系列融合了“自我”“非我”“超我”意象的小说中的“我”的人物形象，他通过元小说、不可靠叙述等多种叙事手法，令文学人物超越了现实原型，展现出慈爱悲悯的人性情怀。莫言的心灵是宽广的，他的小说是向真善美进发的，充满着人道关怀的力量。莫言将自我反省与忏悔深沉潜隐于小说人物，他以“踉跄”的文学探险为人类的灵魂救赎寻找出路。莫言“让个人从无名人海中突出”，以狂欢的生命亮色与炽热的生命激情勾勒出一幅浩瀚的人类历史生活画卷，既彰显了人的生命价值的可贵，亦反映了时代的风云变迁，鞭挞了丑恶的社会现实。黑孩、上官金童、李一斗、蓝解放、蝌蚪等以莫言自身为原型的小说人物既扎根于高密的民间乡土文化，又吸收借鉴了西方文化的精华，既具有鲜明的高密地域文化特色与“莫言特色”，又具有丰厚的东西方文化精神内涵，深刻反映了作者的精神人格追求。

结 语

莫言从事文学创作四十多年来坚持写人，写人性，他宣称自己是“作为老百姓写作”，是“把好人当坏人写，把坏人当好人写，把自己当罪人写”，总之离不开一个“人”字，直刺人性深处，他通过原型人物在笔下的重构，再现了人类永恒的乡村记忆。莫言笔下的乡村，正是在人类现代文明中逐步走向消亡的乡村。在莫言的笔下，乡村人物与乡村原貌得到最原始的呈现，作者莫言亦混迹于他的小说人物中间。莫言用他的生花妙笔变形、重构了原型人物，他用最本真最质朴的呈现写出了高密人物风骨，也写出了一个多世纪的历史生命传奇。通过莫言笔下的人物，我们发现了自己，看清了世界，亦理解了众生。

在当代文坛，莫言小说中的人物是响当当独霸高密东北乡一方领土的，其人物个性鲜明，生机勃勃，跃然纸上。谱系化是莫言小说人物群体的突出特征。莫言出生在山东，山东是儒家思想的发源地。在莫言的故乡高密，是非常重视传统的家族谱系的。莫言小说中的人物家族谱系，也是有其现实生活原型的。莫言从蕴涵丰富的故乡历史与现实生活中获取了创作的灵感，历史人物、故乡传奇、民间传说、家族谱系中的人物，都被莫言所用，进入了他的小说。这些精彩的原型人物，皆是生长在高密这片神奇的土地上，他们以鲜明的高密地域文化特征，为莫言小说灌注了原始的生命活力。莫言又将古今中外那些能够激发他创作冲动的人物故事素材运用到了他的小说人物创作之中，通过对原型人物的谱系化建构以及精神境界的提升，这些人物实现了神奇的蝶变——他们超越原型、超越故乡、超越时代，彰显出广博宽厚的精神内涵，这是莫言所追寻的博大的精神境界，也是他心路历程的集中展现。

一、莫言小说原型人物的谱系化

莫言小说人物众多，基本上可以分为父系、母系以及以故事主角为核心的星座式人物谱系。在父系中，基本沿用了以男性为主导的家族谱系——自先祖至爷爷至父亲、到我以及儿子这样的以男性为主导的家庭承袭结构，同时，由父系还延伸出另外一支由婆媳关系代代相传而形成的依托于父系的女性沿袭结构。在母系中，则是以曾外祖母、外婆、母亲、女儿至外孙女这样的母系家庭沿袭结构。此外，具有明显谱系性特征的是以故事的主角为核心向外衍射的星座式人物谱系结构。通过这种谱系化的建构，莫言笔下的个人便贯串成一个个家族，构成了莫言小说有机统一的人物王国。

（一）父系人物谱

莫言小说以父系人物谱进行创作的作品有很多，具有典型父系特征的小说有《红高粱家族》《食草家族》以及《生死疲劳》等。在莫言 1985 年创作的《红高粱家族》中，可以清晰地看出从“我爷爷”到“我父亲”以及到“我”的以父系家族为核心的人物谱系结构。小说以“我爷爷”余占鳌与“我奶奶”戴凤莲的传奇爱情为起点，后来叙述到“我父亲”余豆官与“我母亲”倩儿相爱的故事，故事的讲述人“我”是以仰视祖辈父辈们的丰功伟绩为视角进行叙述的。在《食草家族》一书中，也是以我的家族传奇的谱系进行创作的。《食草家族》共有六个故事，这些故事彼此独立却又彼此关联。小说中讲述了爷爷、父亲、我、儿子青狗儿，四老爷、四老妈、七老爷、九老爷、九姑等等家庭成员之间的纠葛。《四十一炮》是以罗小通的视角讲述了父亲罗通与母亲杨玉珍以及野骡子姑姑的感情纠葛，也属父系人物谱系。《生死疲劳》又是一部非常典型的以父系人物谱系创作的小说，小说的家族成员之间的纠缠更为复杂：地主西门闹与二姨太迎春生了儿子西门金龙与西门宝凤，西门闹在土改时含冤死去，死后变成了驴、牛、猪、狗、猴，不断轮回转世；西门闹的二姨太迎春后来改嫁给了蓝脸，生了儿子蓝解放。西门闹的三姨太吴秋香后来改嫁给了黄瞳，生了女儿黄互助与黄合作，互助、合作同时爱上了西门金龙，后来黄合作在不得已的情形之下与蓝解放结婚，生了儿子蓝开放。西门金龙与老英雄庞虎的女儿庞抗美相好，生了女儿庞凤凰，后来，蓝开放爱上了庞凤凰，在得知凤凰是自己的堂妹不能与之相爱时他开枪自杀，庞凤凰则在火车站旁的小旅馆里生下了大头儿子蓝千岁之后因失血过多而死去了。这个大头儿子，正是西门闹再次轮回转世而来。《生死疲劳》是莫言酝酿多年的作品，六道轮回的佛家智慧给予了莫言创作的灵感，西门家族的人物谱系体现了莫言小说的复杂性、有机性以及构思的精巧性。

莫言笔下的父系人物谱系，是有其现实家族原型的，莫言自己的家族以及邻居单家——曾经开过烧酒锅、在家中建过教堂的单姓地主家，便是其父系人物谱系的主要家族原型。莫言旧居的大门上贴着这样一副对联："忠厚传家久，诗书继世长"。这副对联就充分展现了莫言家的家风。管家历来重视培养后代的善良品格和勤奋精神，也非常敬重有学问的人，始终有一种乐观向上、助人为乐、好学坚毅的精神品质在家族血脉中传承。莫言的爷爷、大爷爷、二姑姑等家人都是讲故事的高手，优良的家族遗传基因也是莫言后来能够脱颖而出的重要原因。莫言的爷爷管遵义是个聪明灵巧的农民，他种田一把好手，木匠活也做得漂亮。爷爷虽是文盲，但博闻强记，他能打一手好算盘，还能背诵不少诗词戏文。他特别擅长讲故事，可以从三皇五帝讲到明清民国，改朝换代的名人轶事他都能一桩桩讲得头头是道。他自称见过狐狸炼丹、神仙下凡，在夏日河堤上，在冬日炕头上，莫言听了许许多多爷爷讲的神仙鬼怪的故事。[①]这些故事已在民间流传多年，是人类集体智慧的结晶，莫

① 管谟贤：《大哥说莫言》，山东人民出版社2013年版，第13—14页。

言对故事的迷恋使他从小就浸润在民间神话传说所营造的精神氛围中。莫言把爷爷作为原型写进了他的小说《大风》中,《生死疲劳》中单干户蓝脸的原型之一也是莫言的爷爷。爷爷是村里数一数二的庄稼人,他一把好手艺,坚持不加入农业合作社,他的理由很简单:“亲兄弟还要分家,人民公社是兔子的尾巴——长不了。”爷爷当时就预言:“人民公社折腾来折腾去,非饿死人不可。”爷爷说得不错,合作社刚开始的时候吃大锅饭挺热闹,吃得也挺好,可是1958年时忙着大炼钢铁,秋天的庄稼当时人们没有时间也没有心思去收,大部分都烂在地里了。1959—1961年期间,饥荒就席卷了高密大地,很多人都被活活饿死了,当时的人口增长率为负数,饿死的人数远远超过了出生的人数。直到1962年大量种植地瓜,人们的饥饿才有所缓解,就在这一年,人口补偿式增长,生下了一批批的“地瓜小孩”。爷爷是理性的,爷爷对合作社的态度,亦使其成为《生死疲劳》里的“全国唯一的单干户”蓝脸形象的原型之一。[①]莫言的奶奶管戴氏勤劳能干,心灵手巧,乐善好施,《红高粱》小说中戴凤莲的形象也有莫言奶奶管戴氏的身影。[②]莫言的奶奶二十岁时与十九岁的爷爷结婚,他们有一女二男三个孩子。奶奶1971年去世。莫言的奶奶与小说中的戴凤莲颇有些相似之处:首先,她们都一样的坚强勇敢。据莫言的长兄管谟贤讲,奶奶面对日军时从容自若,面不改色:“有一年,日本鬼子在外面砸门,爷爷去开门,鬼子进门一脚将爷爷踢倒,刺刀对准爷爷,吓得爷爷面如土色。倒是奶奶走上前去扶起爷爷。爷爷出门想跑,那鬼子一勾扳机,子弹从爷爷身边飞过。从此,只要听说鬼子来了,鬼子影子未见,爷爷就先跑了,往往奶奶在家留守。后来,凡是与兵们打交道的事,莫言爷爷再不敢出面,哪怕后来的八路军、解放军来了,开大会都是奶奶去。”[③]其次,奶奶与戴凤莲一样心灵手巧。她不仅针线活做得漂亮,而且剪窗花也是好手。村里人家结婚,窗花、馒头

---

① 管谟贤:《大哥说莫言》,山东人民出版社2013年版,第13—16页。
② 管谟贤:《大哥说莫言》,山东人民出版社2013年版,第16—17页。
③ 管谟贤:《大哥说莫言》,山东人民出版社2013年版,第16—17页。

花常找她剪，丧事也找她去帮着办。《红高粱》中戴凤莲剪窗花的场景，即取材于莫言的奶奶。[①]莫言的父亲管贻范上过四年私塾，在平安庄也算是知识分子了，解放后参加了各种社会工作，还在大队里当过会计。父亲对莫言管教甚严，他是《枯河》中小虎父亲的原型。莫言的母亲高淑娟勤劳善良、待人宽厚，一生为子女操劳，莫言深爱他的母亲，以母亲为原型塑造了《丰乳肥臀》中的母亲上官鲁氏形象。莫言的大爷爷管遵仁是读书人出身，清末废了科举，读书人断了仕途，只好务农。他从十九岁开始，一边干活，一边学医，后来开了润生堂药铺，给人治病，擅长妇科、儿科，在高密东北乡小有名气。[②]莫言失学后曾跟着大爷爷学过医，也听大爷爷讲过许多神奇的故事，大爷爷后来成为《蛙》中神医万六府的原型之一。莫言的三爷爷管遵礼任性出格，农活不愿干，天天酒不断，专交社会上的游侠人物，三爷爷的故事对于莫言创作小说中的土匪形象也有一定的启发。莫言的四叔管贻寿是三爷爷的二儿子，自小没了爹娘，他勤劳能干，公社化时担任过生产队长，莫言在队里干活时，曾得到过四叔的多方关照。1984 年 10 月，四叔赶着牛车往县糖厂送甜菜，途中被一汽车轧死。结果，仅赔了三千五百元了事。他是《天堂蒜薹之歌》中四叔的原型。[③]莫言的小姑管贻兰是大爷爷的女儿，是高密东北乡有名的妇产科医生，她是小说《蛙》中姑姑的人物原型。小说中戴凤莲嫁给了麻风病人的情节，其故事原型来自莫言所在村子以及周围村里麻风病人的原型，在莫言家族中，莫言的二姑姑被莫言的大爷爷做主许配给了一个家境殷实的麻风病丈夫。二姑姑婚姻不幸，麻风病丈夫早早过世，二姑姑后来还学会了给人接骨、治疗跌打损伤，她还会讲神神鬼鬼的故事，可惜二姑姑在四十来岁时就离世了。[④]莫言辍学后就成了生产队里的小社员，他在田间地头上、冬天编草鞋的草鞋窨子里，“用耳朵阅读”，听了

① 管谟贤:《大哥说莫言》，山东人民出版社 2013 年版，第 17 页。
② 管谟贤:《大哥说莫言》，山东人民出版社 2013 年版，第 23 页。
③ 管谟贤:《大哥说莫言》，山东人民出版社 2013 年版，第 13—34 页。
④ 莫言:《碎语文学》，作家出版社 2012 年版，第 77 页。

许多的民间故事。莫言的大哥在莫言读小学时就考上了华东师范大学，他对引导莫言走上文学创作道路产生过重要影响，莫言早期的小说创作，也凝结着大哥的心血。他留在家中的《文学》课本成了莫言最好的童年读物，这套课本选取了中华传统文化中最精华的部分，也包含着中华文化古老的神话原型意象。童年时期接触到的这些生活原型与神话原型，培养了莫言最初的文学兴趣和文学素养，对其后来走上文学创作道路也产生了重要影响。

在莫言的家乡平安庄，距离莫言家东边的不远处，曾有一家姓单的地主。莫言与单家的单亦敏、单亦诚等皆有很深的交往，他以单家的传奇经历为原型创作了许多小说故事。从《红高粱》中的单庭秀及单扁郎开的烧酒锅，到《丰乳肥臀》中的马洛亚牧师所在的基督教堂，再到《生死疲劳》中多次轮回转世的仁义地主西门闹，都可以看出莫言的小说创作受单家影响巨大。莫言小说的许多人物，就是以单家的人物为原型塑造的。单家人聪明勤劳，敢闯敢干。根据管谟贤的说法，单家亦是从县城以东的夏庄镇一带搬到平安庄的。明、清两代，高密的单氏家族曾经出过很多进士、举人、官员。《红高粱》中的单扁郎在历史上也确有“单边郎”与之对应，“单边郎”姓单名崇，字景姚，号郑窑，生于明朝万历九年（1581），殁于清顺治元年（1644），于万历三十七年（1609）参加乡试，第二年会试后考中进士。后来单崇先后在山西和京城做官。因为单崇以郎中身份在辽东守过边，所以故乡人称他为“单边郎”，在《红高粱》中，莫言取他的名字的谐音用，写作“单扁郎”。单边郎为高密单家第一个进士，此后三百年间，高密单家共产生了二十八名进士。高密单家不愧为“进士之家”，海内鲜见。《生死疲劳》中西门闹的原型，正是乐善好施、勤劳致富的单家地主。单家地主靠聪明勤劳致富，单家兄弟二人在家里开烧酒锅，叫“增记烧锅”。他们的高粱酒做得好，不但在高密本地卖得好，还远销平度、胶县。生活中的单大单际行与单二单际衡都是非常勤劳善良的地主。单家对看家护院的人和长工们都很客气，每年夏天和秋天，会给每人做一套夏装和冬服，中秋春节都有节礼，从不拖欠工钱。农

忙的时候，单大、单二和下地干活的长工们天天吃细粮，妇女、孩子们在家吃粗粮。[①]在饥荒的年代里，他们曾周济过很多的穷人，资助过许多没钱上学的学子。单际衡信奉基督教，在自己家里盖起了礼拜堂，周日礼拜，其他时间礼拜堂就被作为教会的小学使用，单家在土改的时候被斗争，扫地出门，他们一家就搬迁到了青岛。解放后，他们的房子成为大栏中心小学的校址，这儿正是莫言后来上小学时就读的学校。与西门闹所不同的是，单大与单二并非像西门闹那样被枪毙。在兵荒马乱的年代里，高密东北乡的土匪们横行霸道，他们把单大掳去做了人质，以此敲诈单家的钱财。后来单家交了三千大洋给土匪，而土匪内部出现了争斗，单大就再也没能回来。单二则卒于 1968 年，享年八十二岁。因为单二的三女儿单亦洵参加了解放军，地主出身的单二解放后的生活还是较好的，他颐养天年而逝，并非被枪毙而死。不仅《生死疲劳》中西门闹的人物原型与单家有关，《红高粱家族》中戴凤莲的人物原型也与单家有关。单大去世之后，单家就靠单大的妻子单张氏以及单二支撑门面。《红高粱家族》中的“我奶奶”戴凤莲的原型之一便是单张氏。单张氏聪明、能干，在家中带领着长工们开烧酒锅，酿高粱酒。单二则负责跑外。值得一提的还有单二的第一个妻子单杜氏。她生于 1892 年左右，卒于 1928 年左右，享年仅三十六岁。单杜氏是非常泼辣能干的，她会双手使枪，为了防止土匪进犯，她在炮楼子上望门。据她的后人回忆，她过日子有打算，既能干又泼辣，性格火暴，她的个性特征与戴凤莲也颇有相似之处。单家的人有本事，能闯荡，单家发生了许多精彩的故事。单家与管家是近邻，莫言从小就听村里人和家人说起过许多单家的故事。解放后上山下乡期间，山师毕业的单二家的儿子单亦敏被遣返回到高密东北乡，与莫言一起参加劳动，就是他给莫言说当作家可以一天三顿吃饺子的故事，激发了莫言当作家的童年梦想，莫言又通过单亦敏了解到了单家更

① 管谟贤、管襄明：《莫言与红高粱家族》，江苏凤凰文艺出版社 2015 年版，第 150 页。

多的人物及故事。单大的儿子们在“文革”期间也被从青岛遣返回乡，也住在莫言家隔壁。他们一家五个儿子，都是好小伙子，在体育方面都很有天分。后来粉碎了“四人帮”，他们都回了青岛，单大还有一个儿子在台湾。[①]单家的一些故事后来被莫言经艺术加工写进了小说《红高粱家族》《生死疲劳》等小说中。从原型到小说人物，莫言对其人物个性及故事都进行了全新的演绎。而单大被土匪绑票这一故事也被莫言移花接木地用在了戴凤莲的故事中，成为丰富戴凤莲人物形象不可或缺的一个重要情节。

随着莫言创作的日益成熟，他驾驭复杂人物以及人物关系的功力越来越高超，越来越得心应手。在“红高粱家族”以及“西门家族”等父系家族人物谱系的建构中，莫言将管家、单家两个主要家族的主要人物、高密东北乡众多家族的典型人物乃至动物的故事灵活地组合运用，创造出高密东北乡王国中众多的父系家族故事。

莫言笔下的父系人物谱也是可以再分类的，比如说英雄人物谱系、农民人物谱系、知识分子人物谱系等等，这些人物谱系也都有各自的谱系特征，莫言在塑造这些人物形象的时候，既抓住了同一类人的典型特征，比如英雄人物的英勇豪迈、侠骨柔情，知识分子人物的负重前行、内心软弱等等，同时他笔下的人物又各自有其鲜明的个性特征，通过这样的谱系化建构，莫言创作出了生动、灵活又丰富的父系人物群像。

（二）母系人物谱

莫言母系人物谱最具有代表性的作品就是他的《丰乳肥臀》，《丰乳肥臀》打破了传统的以父系为中心的人物谱系叙事，以母亲为中心，建构起了由母亲、女儿们到下一代孙辈的女性人物为主线的母系人物谱，莫言构建的这样的母系人物谱在现当代文学史上是

① 莫言:《碎语文学》，作家出版社 2012 年版，第 79 页。

非常罕见的，亦是具有其深刻的现实意义以及独特的象征意义的。《丰乳肥臀》以“母亲”一生九十五年的生命传奇为主线，以她九个子女的生命历程为星座，搭建起了民间与政治相交织的历史空间。母亲命运多舛：年幼时就失去了亲生父母，童年不得不忍受裹脚的折磨，出嫁之后又在婆婆家受尽凌辱。她的丈夫没有生育能力，无奈之下她不得不到处借种生子，生下了九个孩子。兵匪、战乱、亲人的死亡……她默默地承受，九十五年的生命，九十五年的隐忍与坚持。“母亲”的女儿们，一个个也都是个性鲜明、坚韧顽强，但也是命运多舛。她们在动乱的环境中开始恋爱，老大上官来弟嫁给了抗日时期的黑驴鸟枪队队长沙月亮，沙月亮却在走投无路时投靠了日本鬼子，后被抗日别动队打败自杀身亡，留下女儿沙枣花和精神不正常的上官来弟，后上官来弟被迫嫁给哑巴孙不言，由于无法忍受孙不言的虐待，在与从日本回来的鸟儿韩通奸时，被孙不言发现，在搏斗中打死孙不言，被处决；老二上官招弟嫁给司马库，司马库在抗日战争中立功，后在与鲁立人领导的解放军独纵十六团的战斗中做了俘虏，上官招弟被打死；后来司马库逃脱、暴露、自首，被公审枪毙。老三上官领弟爱上了捕鸟专家鸟儿韩，鸟儿韩被抓后她成了“鸟仙”，后来因练习飞翔而摔死；老四上官想弟为了救生病的母亲和养活幼小的弟妹，自卖自身做了妓女；老五上官盼弟嫁给了爆炸大队政委鲁立人，“文革”中自杀身亡，鲁立人在困难时期，在水灾中因心脏病发作而死；老六上官念弟爱上了美国飞行员巴比特，可却被炸死在山洞里；老七上官求弟被卖给了白俄贵妇，后来又被火车站站长收养，可是却在三年自然灾害时因吃豆饼过多而胀死……而他们的孩子，也都有着苦难辛酸的童年，大姐生下了女儿沙枣花，二姐生下了司马凤和司马凰（后来她们因其父司马库的罪行被株连枪毙），三姐生了孙大哑和孙二哑（他们在战争中被炸死），五姐生了鲁胜利，大姐后来又生了鹦鹉韩……当女儿们把一个个婴儿都交给上官鲁氏时，上官鲁氏依然顽强地为她们撑起了一片天空，艰难地抚养他们成人。母亲满怀悲悯之心，看待分别属于不同政党和集团的孩子们的生死搏斗。无论是谁

死去，都会让母亲痛心。[①]饥饿、病痛、凌辱、颠沛流离、痛失儿女……母亲默默地承受和容纳着一切，历尽坎坷与磨难。

莫言《丰乳肥臀》中这个典型的母系人物谱，也是有其家族原型的，与小说不同的是，这个家族的原型是高密东北乡的一个父系家族。这个家族也是莫言的邻居，姓王，富农，老两口生了六个儿子，个个身强力壮又能干，所以家里生活比较好。1947 年土改时，他们家被划成了富农，土地财产被分掉了一些。后来国民党反攻，解放军撤退，还乡团回来报仇，老大吊打了一个村干部的娘，当天共产党的武工队来了，第二天早上，老大被拉到桥头上枪毙了。老二是个商人，后来失踪了。三儿子跟他哥闹腾，被判无期徒刑，在青海格尔木一带，一直到八十年代才放回来，他当过游击队的财粮副官，后来得到了照顾和优待，每个月发三十元的补贴。老四，莫言曾经跟他干了十几年农活，是个农业高手，好把式，他是莫言的干兄弟。老五一脸麻子，当过国民党兵，淮海战役时投降了。曾经在潍坊北部劳改，放羊，找了个胶南人做妻子。老六一开始就参加八路，是在打潍县时牺牲的。这户人家的六个儿子，有的是还乡团，反革命，有的是革命烈士，“文革”时，因为是反革命的家属，老头、老太太被拉出去挨批斗。老太太说我们是烈属，烈属也不行。八十年代时，老太太享受烈属待遇，每年补助几十块钱。当年六个儿子只剩下老四在家里，一群孤儿寡母，但老头每天还是很高兴，嘴里永远哼着小调，老两口都活到九十多岁。[②]每当到了过

---

① 莫言:《写给父亲的信》，春风文艺出版社 2003 年版，第 254—260 页。

② 莫言:《碎语文学》，作家出版社 2012 年版，第 79—82 页。

莫言的说法与大哥管谟贤的说法与此略有出入，参见管谟贤、管襄明:《莫言与红高粱家族》，江苏凤凰文艺出版社 2015 年版，第 25—26 页：六个儿子中的老大、老二和老五参加了还乡团，他们反攻倒算，吊打了分他家土地财产的贫下中农。当天晚上，解放军就打回来了，老大就被解放军枪毙了。老二和老五跑掉了，老二到青岛参加了国军，一直干到了上校军官，在解放广州时被捉住了，被押送到青海劳改，一直到粉碎“四人帮”，才得到特赦，被释放回家之后，还安排了工作。老五逃跑后在胶县被捉，被判了刑，在劳改农场服刑，他干活勤快，被提前释放，还和农场附近的一个姑娘结了婚，回到了村上。他们家的老三，一直在外经商，下落不明。

年的时候，在除夕上午村干部就率领着一群小学生上门慰问烈属，送上几斤猪肉，把“烈属光荣”的光荣牌挂在他们家的大门口。到了除夕下午，民兵营长就会召集四类分子开会训话，然后分配他们扫大街。这个会老头必须参加。一天之内，上午光荣下午反动，多么滑稽又多么残酷！莫言以这个家族的故事为现实原型创作了小说《丰乳肥臀》，充分反映了当时农村阶级斗争的荒谬、复杂和残酷。[①]在创作中，他根据小说故事情节的需要，将现实生活中的父系家族原型改写成为母系家族谱系，以此充分体现了母亲形象的伟大，展现了历史的复杂和民间的疾苦，反映了高密东北乡女性百折不挠、乐观向上的精神风貌以及对历史苦难的担当。

在《丰乳肥臀》中，包含着莫言小说的许多母题和素材，有很多长、中、短篇小说的故事或细节都能与之对应起来。上官鲁氏以胃袋偷粮食与《粮食》中的母亲偷粮食的故事相似；鸟儿韩被掠去日本的经历与《红高粱家族》以及《人与兽》中“爷爷”在日本北海道深山中的经历相似；鸟仙上官领弟与《翱翔》中的燕燕都能飞翔；上官金童与沙枣花、司马粮吃羊奶的经历与《梦境与杂种》中的莫洛亚先生吃羊奶的情节相似；司马库火烧石桥与《红高粱》里的“我爷爷”带领队伍在石桥上烧鬼子汽车的情节有相似之处，等等。民间英雄司马库与余占鳌、花脖子、孙丙这些亦正亦邪的土匪英雄人物或有血性的高密汉子亦有相似之处。另外，“饥饿、馋嘴、爱情、水、狗、猫、鬼、杏花”等等也是曾经被莫言反复书写的母题或“原型”。《丰乳肥臀》中所表现出来的历史观亦可以看作是《红高粱》中已初露端倪的“作为老百姓写作”“为民间书写历史”的历史观的深化和发展。[②]

莫言笔下的母系人物谱系也是可以再分类的，比如说浪漫多情的少女谱系、勇敢去爱的少妇谱系、博爱隐忍的母亲谱系、神秘莫

① 管谟贤、管襄明：《莫言与红高粱家族》，江苏凤凰文艺出版社2015年版，第25—26页。

② 付艳霞：《莫言的小说世界》，中国文史出版社2011年版，第170—171页。

测的魅幻女性谱系等等，莫言笔下的女性又有着由少女到少妇、母亲等形象的角色演变，是一个不断生成的动态过程，莫言用心感受身边的女性们，描摹出了她们浪漫自由的精神与不羁的灵魂。

（三）以故事的主角为核心的星座式人物谱

除了父系与母系，莫言创作的另一类人物谱系是以故事的主角为核心向外衍射的星座式人物谱系。比如《天堂蒜薹之歌》是以金菊为核心向外衍射的人物谱系：金菊的父亲方四叔与母亲方四婶，哥哥方一相与方一君，爱人高马等人物的故事由此展开。《檀香刑》是以孙眉娘为核心向外衍射的“一个女人与她的三个爹”的人物谱系。《红树林》是以女主角林岚为中心向外衍射的人物谱系结构。当然，莫言的创作亦有两个主角为核心的人物谱系，这两个主角一明一暗，一主一辅，既各自发散，又相互交叉，构成一个有机的整体人物谱系。比如说《酒国》是以男主角丁钩儿以及李一斗两个主角为核心向外衍射的，《蛙》是以姑姑与蝌蚪两个主角为核心向外衍射的，《十三步》是以物理老师方富贵以及张赤球为两个核心向外衍射的，这两个中心发散出的人物既有联系，又有交叉，故事的矛盾张力与立体精彩的画面也由此展开。

以故事的主角为核心的星座式人物谱系与前面的父系人物谱、母系人物谱既有区别，又有着相互交叉的关系。比如说，《红高粱家族》可以认为是父系人物谱系，同时又可以看作是以余占鳌、戴凤莲为核心的星座式人物谱；《丰乳肥臀》既可看作是母系人物谱系，同时又可以看作是以母亲、上官金童为核心的星座式人物谱；《蛙》既可以看作星座式人物谱系，也可以看作是以蝌蚪的家族为核心的父系人物谱系。通过这样的关联，也可以轻松找到星座式人物谱系的家族原型。《天堂蒜薹之歌》是以金菊为核心向外衍射的人物谱系，也可以与现实生活中莫言四叔的家族人物谱系对应起来。前文提及的农民人物谱系，又可以包括男性和女性。莫言构造的小说人物谱系，如同现实生活中的人物谱系一样复杂，既各成体系又彼此交叉，呈现出一幅精彩纷呈的社会关系图谱。

本论文的结构亦可以看作一个莫言小说的家族谱系。在这个谱系中，既有爷爷余占鳌，母亲上官鲁氏，又有父亲马洛亚牧师，儿子上官金童、黑孩，还有亲戚姑姑，而曹梦九代表的是以传统的儒释道精神立身的民国官员的官方立场，孙丙则是乡野民间的传奇英雄形象。正因为莫言小说具有丰富性和复杂性的特征，莫言小说的人物谱系就既有交叉，又有联系，又可以自由组合，通过对这一临时组合而成的家族人物原型的分析，亦可以发现莫言小说人物设计的精妙，莫言家族的亲人、单家家族以及高密东北乡的乡亲们都是莫言小说人物创作的重要原型。这些人物散落在百年历史进程中，莫言以谱系化将其有机整合，构建了莫言的文学王国。这些人物谱系交叉的中心和焦点，恰恰正是莫言自己。

二、莫言小说人物创作的精神走向

现代科技的迅猛发展带来了物质的极大丰富，但由此带来的环境恶化、私欲膨胀却使人类深陷精神迷茫的“世界黑夜”。面对如此危局，海德格尔提出，诗人应“在走向神圣之踪迹的途中，在大地之上歌唱着神圣”[①]，“大地是涌现着—庇护着的东西。立于大地之上并在大地之中，历史性的人类建立了他们在世界之中的栖居。由于建立一个世界，作品制造大地。作品把大地本身挪入一个世界的敞开领域中，并使之保持于其中。作品让大地成为大地。”[②]莫言小说关注海德格尔所说的那个生命的“大地”，他小说中的人物是接地气的，是本真的，具有超越性的特征。从现实原型到小说中人物的蝶变与升华，突显着莫言小说关注社会现实，同时意欲将人们

① （德）海德格尔:《林中路》，孙周兴译，上海译文出版社 1997 年版，第 326 页。

② （德）海德格尔:《林中路》，孙周兴译，上海译文出版社 1997 年版，第 30 页。

引向更高层次心灵境界的文学企图。

莫言笔下的人物体现了莫言自身复杂的人格特质以及火热的生命激情。莫言将对传统儒家文化的反叛与对酒神精神的渴望，儒、释、道、基督精神、齐文化的化育皆融入小说人物的创作中，他笔下的人物大多具有丰厚的精神文化内涵，他们包含着人类潜意识中共同渴望的蓬勃粗犷的生命力、坚韧的品格、浪漫的情怀、博大的胸怀以及勇于追求自由的生命精神。无论是《红高粱》《食草家族》《丰乳肥臀》，还是后来的《檀香刑》《天堂蒜薹之歌》《生死疲劳》《蛙》，莫言小说中的人物，皆洋溢着叛逆意识与反抗精神。从传统伦理道德来看，他们也许会被视作离经叛道，然而恰恰是由于他们勇敢地反叛传统，才彰显出人的存在的重要价值。

二十世纪八十年代，莫言《透明的红萝卜》《红高粱》《欢乐》《天堂蒜薹之歌》等一系列优秀小说在文坛炸响，同时亦开启了当代文学小说人物创作的新篇章，这个时期莫言小说的人物创作是立足于"狂放无羁"境界之上的。在莫言的笔下，张扬着被压迫者的反抗以及不甘凌辱的血性。在二十世纪八十年代的小说中，莫言以中国传统知识分子特有的担当意识，肩负起了"为民请命"的历史重任。莫言冷静客观地剖析人性，赤裸描写人性的复杂，揭示命运的残酷，他以男人的血性控诉着战争与杀戮，控诉人间不公，实践着中国传统知识分子积极入世伸张正义的抱负与生命理想。例如他笔下《红高粱》中的女主角戴凤莲在追寻自我欲求的满足中彰显出勃勃的生命意识，同时她的身上又具有高密东北乡女性特有的智慧良善、侠义豪情、美丽野性等性格特征。这样的人物形象是独特又傲然屹立的，突破了中国传统儒家文化推崇的"温柔贤淑"等女性规约，彰显着勃勃的生命美学特质和独特的地域文化风情。高密高粱辉煌，红高粱爱情激荡。三十几岁初出茅庐的莫言，具有狂放、热情、张扬、不拘礼法的齐文化个性特质，他笔下的人物则展现出生命自然的本性与激扬的生命活力，其"狂放无羁"的美学境界亦是二十世纪八十年代中国社会走向开放自由、个性张扬的时代特征的显现。

二十世纪九十年代，莫言创作了《酒国》《丰乳肥臀》《牛》《师傅越来越幽默》等小说。在这些小说的创作中，成就最为突出的当数《丰乳肥臀》，它贯串了二十世纪近百年的中国历史，它的伟大正体现在它的人性关怀方面。莫言在这部小说中以极其精彩的人物描写，为读者展现了在历史潮流汹涌澎湃中的世人百相，他们或勇立潮头争做弄潮儿，或随波逐流浮浮沉沉，或颠沛流离被席卷而去……在对那一段历史的书写中，莫言超越了政治、阶级立场，他甚至不做道德评判，《丰乳肥臀》中母亲的女婿，既有共产党，又有国民党，又有土匪汉奸，不管他们是怎样的政治立场，母亲都能宽容地对待他们。四十几岁的莫言显然已不再以知识分子自居，他坦言自己就是一介百姓，就是一个农民，他并不高于任何人，他在“作为老百姓”的写作中找回了自己。他曾说：“其实对作家来说，重要的不是拯救万民的灵魂，而是拯救自己的灵魂。”也正是因为这样的写作立场，令其在二十世纪九十年代创作的小说人物以独特的生存论意义“作为老百姓”融入了历史，彰显出海纳百川的磅礴气势。虽然在那个时期，莫言的作品曾饱受争议，但是历史的车轮终究滚滚向前，中国社会的发展也带来了文学环境的改变，《丰乳肥臀》也在被禁后终于解禁，重新回到了人们的视野，为越来越多的人们所理解和接受。

莫言 2000 年之后的小说人物创作随着莫言自身的历练、打磨亦越发厚重、成熟起来，其《檀香刑》《生死疲劳》《蛙》等小说，皆恢宏博大，具有深刻的人性悲悯意识。在《檀香刑》中，他笔下的赵甲、孙丙、钱丁、孙眉娘等人物的命运，皆浮浮沉沉在由猫腔、铁路与外敌入侵营造的时代背景之下，透出深刻的生命悲怆之感。在《生死疲劳》中，莫言更是运用了佛教六道轮回的方法进行小说人物创作，透出对人类命运劫难的反思以及“生死疲劳，从贪欲起，少欲无为，身心自在”的生命感悟。在《蛙》中，姑姑对那成千上万流产婴儿的焚香祭拜，更是透出他深切的悲悯意识，他是把自己当“罪人”来写的。他写出了人在历史现实中的罪与忏悔，困惑与挣扎。无论是现实苦难，还是人生不幸，小说都化作了爱，给予关怀与同情，他在被苦难现实扭曲的生命中，寄托了深切的悲悯，完成了对二十世纪中国历史的全新书写。

人性是超越民族和种族的。莫言曾表示写“人”是其唯一的目的，是“用历史的环境来表现人的灵魂、人的情感、人的命运的变化”，而“小说只有描写了人性、描写了情感才更丰富，影响更长远”。莫言作品既有对人性爱与良善的讴歌，也有对人性创伤与人性之恶的深刻揭露。人性爱与创伤的深刻体验，使莫言深刻洞察人性的复杂，他将对人类永恒的爱恨、生死、善恶等主题的深刻揭示皆倾注在他的人物创作之中，正是因为立足于原型又超越原型，莫言才创作出众多既生动感人又自然本色的人物形象，亦使莫言小说具有旺盛的生命力和普世价值，使其可以穿越时空阻隔，走向世界。长长短短的莫言小说已被翻译成为英文、法文、德文、日文、意大利文等多种文字，在全世界得以广泛传播。

莫言获得诺奖之后在回答法新社的记者提问时说：“作家的写作是在他良心的指引下，面对着所有的人，研究人的命运，研究人的情感，然后做出自己的判断……如果这些人读过我的书或者在座的朋友们读过我的书，就会知道我对社会的黑暗面的批判，向来是非常凌厉，是非常严肃的。我写的《天堂蒜薹之歌》《酒国》《十三步》《丰乳肥臀》这些作品，都是站在人的立场上，对社会上我认为的一切的不公正现象进行了批判。”[①]

从二十世纪八十年代的为民请命，到九十年代的“作为老百姓写作”融入历史，到2000年之后的“把自己当罪人写”的忏悔与悲悯，莫言笔下的人物始终与莫言对生命、历史、现实以及自身的思考与反省紧密联系在一起。他们传递着莫言的喜怒哀乐，也承载着世人的风雨坎坷。莫言用他的生花妙笔构建起他的高密东北乡人物谱系，亦用最本真最质朴的方式重构原型人物，刻画出高密人物风骨，也写出了一个多世纪的历史生命传奇。精彩独特的人物创作点亮了神奇丰饶的高密东北乡，也成就了世界的莫言。

① 卫毅:《莫言的国》,《南方人物周刊》, 2012 年 10 月 22 日。

三、超越原型、超越故乡、超越时代

在文学史上，那些一流的作家，往往是“既具有旺盛的情欲、顽强的生命意志、高亢的生命活力，又有敏锐的思考、强烈的社会责任感、丰富的人生阅历之辈……他们都有着丰富多彩的人生阅历，他们对社会现实，对历史发展，都始终投以关切的目光”[①]。莫言正是这样的优秀作家，他将自己丰富的人生阅历、生命体验以及对社会历史的敏锐思考倾注到笔下小说人物的创作之中。从《透明的红萝卜》《红高粱》《天堂蒜薹之歌》《食草家族》《酒国》到《丰乳肥臀》《檀香刑》《四十一炮》《生死疲劳》《蛙》……莫言每一部小说作品中的主人公，无不充盈着勃勃的生命强力，同时亦具有个性化、多面性、成长性、自由性、超越性等特征。莫言以人物原型的重构与再创作，勾画出高密东北乡的历史生命传奇，并扩展到恢宏的民族、人性叙事，体现了莫言独特的生命情怀。莫言以自己敏锐的艺术眼光选择原型故事，以自己的生命体验激活丰富的原型素材，他敢于冲破传统思维的局限，借助天马行空的想象力给原型插上了飞翔的翅膀，以此揭示人生命运的坎坷和人性的复杂。莫言笔下的人物是自然的，他们有着人性善良美好的一面，亦有着人性的黑暗、贪婪与自我的另一面。为了生存，他们也许做出过不道德的事情，然而莫言却在尊重人性自然需要的同时彰显了个体生命存在的重要价值。在残酷的现实环境下，他们打破了囚禁他们的牢笼。从莫言小说的诸多人物身上，我们感受到了一个个不甘沉沦的平凡人的悲欣交集，亦读到了莫言史诗般的生命颂歌。在莫言小说的人物谱系中，我们读到了众生，也读到了我们自己，他们既具有人类的共性，亦具有高密东北乡人的特性。生命与生命在这儿碰撞，人物原型、

① 杨守森:《艺术想象论》，百花文艺出版社 1991 年版，第 95 页。

小说人物、作者、读者的生命、思想、情感在这儿交融，人类的苦痛命运在这儿呈现。莫言笔下的人物，已远远超越了历史现实生活中的原型，实现了神奇的蝶变。

十九世纪法国文学批评家泰纳认为，种族、环境和时代三种因素对文艺创作和发展起到了决定作用。[①]高密东北乡原型人物的种族、环境、时代因素，也对莫言的文学创作产生了重要影响。种族基因是“内部动力”，高密东北乡人天生和遗传而来的坚韧、乐观、向上的种族特性，也体现在莫言小说人物形象的创作中，莫言笔下人物自由豪放的生命特征，正是彰显了高密东北乡人在血统和智力上的共同特点，种族基因也构成了莫言小说发展的原始动力。自然人文环境是“外部动力”，高密东北乡的地理自然环境和社会人文环境，高密数千年文脉和武脉的传承，陶冶和锻造了莫言及其故乡人的人格心性，也由此造就了莫言笔下人物刚健、智慧、洒脱的精神品格。而二十世纪的时代风云则是其“后天动力”，莫言具有敏锐的感知力和洞察力，时代风俗、时代精神也都对莫言的生命经历和思想情感产生过重要影响，同时也在他笔下人物的生命中留下了足迹。在种族、环境和时代等多种因素的共同作用下，莫言成功塑造了一系列典型人物，也建构了高密东北乡的历史生命传奇。莫言小说的人物，以 1900 年之后至 2000 年左右的高密人居多，莫言以这些人物动荡坎坷的生命经历重新书写了一个多世纪以来的历史风云变迁。莫言小说溢出了官方历史与教科书中的历史，他书写高密东北乡英雄、土匪、农民、民间艺人、女性等的生命轨迹，颂赞他们勃勃的生命力、不屈的意志和勇于追求自由的精神，他重新还原了民间的生存图景，向读者展现了中国社会从封建末落王朝走向全球化今天的民间的生命的历史。

莫言称故乡是他的“血地”，故乡有祖先的坟茔，有母亲生他时流的血，这块土地是他出生、长大的地方，这儿有他的童年，有

① 伍蠡甫主编:《西方文论选》(下卷)，上海译文出版社 1979 年版，第 236 页。

他少年成长时期的经验，书写故乡就是书写记忆。然而故乡记忆与故乡经历总有面临枯竭的时候，莫言认为一个作家能否源源不断地创作出富有新意的作品来，就看他有没有“超越故乡”的能力，而“超越故乡”的能力实际上就是同化生活的能力。[①]莫言把书上看到的、耳朵听到的、自己亲身感受到的素材皆融入他的小说人物创作中，他运用魔幻、想象、意识流、人物心理描写等多种创作技巧书写人物故事，他的叙事在人与动物以及仙灵鬼怪、过去与未来、前世与今生之间切换，呈现出新奇鲜明的特色。

故乡人物、故乡传奇、民间艺术、地域自然……高密独特的地域文化风情，熔铸了莫言独特的思维方式、思想观点和精神风貌，莫言立足于高密地域文化，精心描绘高密东北乡人特有的乡土特质，这些人物形象走出了中国，走向了世界。莫言将古今中外能够引起他创作冲动的故事材料，都移植到他熟悉的高密东北乡，在他的笔下，高密东北乡有了摩天大楼，有了现代化的设施……莫言笔下的高密东北乡已远远超越了地域上的高密东北乡，成为莫言创作的一个开放的文学世界。[②]莫言靠个人经验把外来的故事同化，用他的想象力把它们变成好像是他自己亲身经历过一样，写作时他不是在叙述故事，而是在经历故事。[③]其小说中的人物既立足故乡原型，又超越了故乡的限制，他们纵横驰骋的疆域亦进一步拓展，他笔下人物所展现的人格特征亦越来越具有普世性与超越性。正因如此，莫言小说在世界得以广泛传播。

在中国小说史上，小说发展历经古代神话到六朝志怪、唐传奇、话本小说、明代四大奇书、神魔小说到清代的讽刺、谴责、人情、侠义小说等，已经历经数千年。在中国小说的源流史变中，莫言正是传承了《西游记》《三国演义》《水浒传》《红楼梦》《孽海

---

① 莫言:《碎语文学》，作家出版社 2012 年版，第 167—172 页。

② 兰传斌:《莫言:“把自己当罪人写”——与莫言对话茅盾文学奖作品〈蛙〉》，杨守森、贺立华主编:《莫言研究三十年》(下)，山东大学出版社 2013 年版，335—336 页。

③ 莫言:《碎语文学》，作家出版社 2012 年版，第 170 页。

花》《阿Q正传》《家》《春》《秋》《苦菜花》等小说源于生活原型与神话原型又超越原型的小说创作传统。放眼世界文学，也可以看到曾经对莫言的创作产生过重要影响的《雪国》《伤心咖啡馆之歌》《南方高速公路》《静静的顿河》等小说，也有基于原型又超越原型的特点。《山海经》《封神演义》《聊斋志异》等神魔灵怪小说，也为莫言的小说人物创作提供了神话原型的范式。历史学家顾颉刚曾经提出了"层累地造成的中国古史"的观点，民间累加的历史传奇故事经一代代传承，也进入了莫言的视野。中国现当代文学史上的鲁迅、孙犁等作家的小说以及抗战小说等也对莫言产生过深刻的影响。莫言在复杂的历史进程中描绘人性的复杂，从百年来的历史来看，二十世纪的历史风云变迁是前所未有的，从二十世纪初民族的救亡图存到后来的内战、新中国的成立以及解放后的历次政治运动，八十年代以来的改革开放、思想解放，九十年代以来中国的政治、经济以及社会结构的巨大变化，中国社会的发展可谓翻天覆地。莫言小说中的人物正是处在这样一个时代变革的风口浪尖，处在历史激变的洪流之中。他的小说从中国小说乃至世界文学以及数千年的历史文化积淀中汲取营养，其涵盖的内容色彩斑斓，超越了时代的局限。

莫言在与李敬泽的对话中对"捍卫长篇小说的尊严"达成了共识，莫言认为真正伟大的长篇小说，"没有必要像宠物一样遍地打滚赢得准贵族的欢心，也没有必要像鬃狗一样欢群吠叫。它应该是鲸鱼，在深海里，孤独地遨游着，响亮而沉重地呼吸，波浪翻滚地交配着，血水浩荡地生产着，与成群结队的鲨鱼，保持着足够的距离。长篇小说不能为了迎合这个煽情的时代而牺牲了自己应有的尊严"。李敬泽则说，"《生死疲劳》是一部向我们伟大的古典小说传统致敬的作品。在中国古典小说中，人的命运就是世界的命运，人物带动着他的整个世界"[1]。莫言通过他的小说人物

① 莫言、李敬泽:《向中国古典小说致敬》，林建法主编:《说莫言》（上），辽宁人民出版社2013年版，第31页。

创作，对社会丑恶现象予以揭露，对苦难的人们表达悲悯，他以磅礴激扬的文字，给人以喜怒哀乐的感染，带给人们心灵的震撼。他写男女之间热烈的相恋，写悲剧英雄的慷慨悲歌，写饱经忧患的母亲决绝的挣扎求生，写青年人对既定命运奋力的抗争，他的笔下呈现的已不仅仅是高密东北乡人，而是广泛的人类。二十世纪八十年代国门打开，莫言这一代作家接触了大量的西方理论以及文学著作，西方文化也对莫言产生了极其深刻的影响。西方从中世纪的黑暗走向文艺复兴，人性得以解放，人的生命价值得到了尊重。现代社会以来，对功利的过分追求导致了自然生态环境的恶化和人的异化，发展到了后现代的否定一切，批判一切，解构一切，上帝缺席，人类又当何去何从？莫言笔下的许多人物则象征着向自然的复归，向人性的复归，母亲、姑姑、忏悔的蝌蚪等形象就象征着人类灵魂深处渴望以爱来彼此连接的需求，因此莫言的小说人物是建立在原型人物基础之上又超越原型、超越故乡、超越时代的。莫言将“爱”注入了他的小说人物创作，以直面未来、积极入世的人生态度给读者以精神的振奋。深入挖掘莫言笔下人物形象的内涵，又会发现人类数千年的智慧也凝结在这些人物形象的塑造中。他们既有着与老子《道德经》中之“道”相符的玄妙，又有着儒家积极进取、匡世救人的情怀，更有着佛家轮回、慈悲的精神，民间的丰厚广博与藏污纳垢以及西方基督文化的忏悔、救赎等等思想也蕴含其中。莫言在进行小说人物创作时，将自己的生命灵性灌注于小说人物的灵魂塑造之中，他以自己的生命体验来创作小说人物的生命，与他们一同哭笑，一同听闻人世间的市井嘈杂人声，一同体验生死轮回。

在诺奖的颁奖词中，有这样一段话：“莫言是一个诗人，一个能撕下那些典型人物宣传广告而把一个单独生命体从无名的人群中提升起来的诗人。他能用讥笑和嘲讽来抨击历史及其弄虚作假，也鞭挞社会的不幸和政治的虚伪。他用嬉笑怒骂的笔调，不加掩饰地讲说声色犬马，揭示人类本质中最黑暗的种种侧面，好像有意无意，找到的图像却有强烈的象征力量。高密东北乡包容着中国的传说和历史……你感到整个人类的生活都能在他的笔尖下呈现。”[①]在2012年11月山东大学文学院主办的莫言文学创作学术研讨会上，莫言的大哥管谟贤这样表达对莫言获奖的感想：“我觉得莫言能获得诺奖，是中国文学的进步，是中国社会的进步，是人类的进步。”诚哉斯言！回顾莫言的创作之路，充满艰辛与风险，曾遭遇无数风雨坎坷。然而困境中，“莫言开辟了一个属于自己的文学领地——高密东北乡文学王国，建立起了属于自己的人物体系，形成了一套自己的叙述风格”[②]。莫言对小说人物的重视以及立足原型、超越原型的开拓式书写，对人类生存状态的持续关注和深刻描绘，也为中国文学乃至世界文学的发展做出了独特贡献。莫言的获奖也为莫言小说人物原型的深入研究提供了新的契机。

人性是超越民族和种族的。“天地之大德曰生”，上天有好生之德，莫言则告诉我们说：“人只有认识到灵魂深处的阴暗面，才能达到对别人的宽容。作为作家，应该对他人抱有同情。哪怕他是十恶不赦的恶棍……成为恶棍，是他的最大不幸。如果能达到这一高度，才是真正的宽容，才能达到真正的悲悯。”[③]人的罪与救赎，正是莫言小说人物书写中最具震撼力的超越性主题。这一主题在莫言近些年来的创作中表现得尤为突出。例如莫言小说《蛙》以真诚犀利的笔触通过计划生育这一视角，姑姑与蝌蚪等典型人物的罪与救赎主题的书写，揭示了人类共有的苦难命运与复杂人性乃至罪性，反映了在历史发展的洪流中，每一个生命既离不开爱的浇灌，也难逃苦痛创伤的洗礼，寻找苦难命运与苦痛心灵的救赎之路，唯有回归永恒的爱。莫言对小说人物立足原型、贴近生命、揭示人性的本真书写，反映出他深厚的悲悯情怀。

---

① 维斯特拜里耶：《瑞典学院院士维斯特拜里耶在诺贝尔颁奖典礼上的致辞》，万之译，莫言：《盛典——诺奖之行》，长江文艺出版社2013年版，第142、144页。

② 管谟贤：《大哥说莫言》，山东人民出版社2013年版，第148—149页。

③ 《莫言：土是我走向世界的重要原因》，《人民日报·海外版》，2010年4月2日。

莫言小说故事的发生地大多在高密东北乡，莫言的小说人物取材于高密东北乡的人物原型还有很多，还有许多重要的莫言小说人物原型有待于进一步研究挖掘。例如对《生死疲劳》中的蓝脸、《蛙》中的神医万六府等人物的原型，笔者也到高密东北乡进行了大量的走访调查，这些研究还有待于在后续的研究中进一步深化。莫言曾经阅读过大量的东西方文学作品，许多文学作品中的人物，也变身走入莫言小说中，成为莫言小说值得研究的人物原型之一，例如《檀香刑》中的赵小甲、《拇指铐》中的阿义等等，都是以莫言读过的文学作品中的人物为原型进行塑造的。研究这些人物原型及其演变规律，也都可以生成为莫言小说人物原型研究新的学术生长点。

从研究莫言小说人物创作的不足入手，也可以发现一些新的学术生长点。例如莫言依据原型创作的部分人物有重复性、语言欠字斟句酌的功夫、某些人物塑造有缺憾、写得虎头蛇尾、对知识女性形象创作有所欠缺、对个别人物采用反讽的表现手法太过冲淡了庄严的主题等等。在莫言进行人物创作之时，也存在为了艺术创新而扭曲、改变原型人物的情况。比如《红高粱》中余占鳌向酒篓里撒尿、单扁郎是个麻风病人等故事情节，就惹恼了当年开烧酒锅的单家的后代以及单氏家族的人。后来莫言在进行人物创作时改变了策略，他将这些人物改头换面，更名换姓，进行了更加艺术化的处理，这样也就避免了现实生活原型对号入座的尴尬。笔者在调查中还发现，莫言不仅在创作小说时进行虚构，在创作散文时也进行虚构，他在接受采访时的某些说法，也存在着前后矛盾、与事实有出入等问题。笔者通过调查莫言的家乡平安庄的老人，发现在平安庄的两户地主皆没有如西门闹那样在土改时被枪毙的历史。单家地主因为有个女儿当解放军，解放后成为军属，生活得一直不错，直到去世。这些原型故事都可以作为莫言写作的新素材，在小说创作中可以生成更为精彩的人物和故事，同时，这些值得探讨的问题也为莫言小说人物原型研究提供了一些值得深入发掘的学术生长点。

莫言对于小说人物的存在性书写，决定了莫言小说的人物研究

在未来的世界文学研究中，将会是一个值得深度言说下去的话题。在学界，关于莫言小说人物原型的研究受关注的程度，还是远远不够的。在 2012 年荣获诺奖的数年之后，莫言携他的一系列新作再度归来，他在《地主的眼神》《等待摩西》等小说中塑造老地主孙敬贤、回头浪子摩西等精彩的人物形象，在这些精彩人物的背后，又有着怎样的原型人物？这些原型人物又有着怎样的生命故事？在莫言的笔下又经历了怎样神奇的蝶变？这是本书可以继续延展的话题。从莫言新作中，依然可以发现莫言对“写人”的高度重视，如果说莫言近几年来的短篇小说创作开启了他新时代的创作征程，那么，在未来，莫言笔下将会呈现怎样精彩的人物故事更是值得读者们拭目以待。随着 2021 年莫言微信公众号的开播，莫言对自己的创作体验与人生经验的深度揭秘，以及与读者的在线互动交流，笔者亦相信针对莫言小说人物原型的研究，将会生发出更多有价值、有意义的学术生长点，呈现更为广阔的研究前景。

参考文献

1. 莫言著作

长篇小说：

[1] 莫言:《红高粱家族》，作家出版社，2012 年。
[2] 莫言:《天堂蒜薹之歌》，作家出版社，2012 年。
[3] 莫言:《十三步》，作家出版社，2012 年。
[4] 莫言:《食草家族》，作家出版社，2012 年。
[5] 莫言:《丰乳肥臀》，北京十月文艺出版社，2010 年。
[6] 莫言:《酒国》，作家出版社，2012 年。
[7] 莫言:《红树林》，作家出版社，2012 年。
[8] 莫言:《檀香刑》，长江文艺出版社，2010 年。
[9] 莫言:《生死疲劳》，作家出版社，2012 年。
[10] 莫言:《四十一炮》，作家出版社，2012 年。
[11] 莫言:《蛙》，上海文艺出版社，2009 年。

短篇小说：

[12] 莫言:《白狗秋千架》，作家出版社，2012 年。
[13] 莫言:《与大师约会》，作家出版社，2012 年。

中篇小说：

[14] 莫言:《欢乐》，作家出版社，2012 年。

[15] 莫言:《怀抱鲜花的女人》，作家出版社，2012 年。
[16] 莫言:《师傅越来越幽默》，作家出版社，2012 年。
[17] 莫言:《会唱歌的墙》，作家出版社，2012 年。
[18] 莫言:《我们的荆轲》，作家出版社，2012 年。

访谈录:

[19] 莫言:《碎语文学》，作家出版社，2012 年。

演讲录:

[20] 莫言:《用耳朵阅读》，作家出版社，2012 年。

2. 莫言研究文献

[1] 莫言、王尧:《莫言王尧对话录》，苏州大学出版社，2003 年。
[2] 杨扬:《莫言研究资料》，天津人民出版社，2005 年。
[3] 孔范今、施战军:《莫言研究资料》，山东文艺出版社，2006 年。
[4] 朱宾忠:《跨越时空的对话——福克纳与莫言比较研究》，武汉大学出版社，2006 年。
[5] 张文颖:《来自边缘的声音:莫言与大江健三郎的文学》，中国传媒大学出版社，2007 年。
[6] 叶开:《莫言评传》，河南文艺出版社，2008 年。
[7] 张灵:《叙述的源泉——莫言小说与民间文化中的生命主体精神》，中央编译出版社，2010 年。
[8] 付艳霞:《莫言的小说世界》，中国文史出版社，2011 年。
[9] 莫言研究会:《莫言与高密》，中国青年出版社，2011 年。
[10] 任瑄:《高粱红了:对话莫言》，人民日报出版社，2012 年。

[11] 杨扬:《莫言作品解读》，华东师范大学出版社，2012 年。

[12]朱向前:《莫言:诺奖的荣幸》，百花洲文艺出版社，2012 年。

[13] 杨守森:《读莫言 游高密》，山东文艺出版社，2012 年。

[14] 张志忠:《莫言论》，北京联合出版公司，2012 年。

[15] 任瑄:《人生与文学的奋斗历程: 走近莫言》，人民日报出版社，2012 年。

[16] 张清华、曹霞:《看莫言: 朋友、专家、同行眼中的诺奖得主》，华中科技大学出版社，2013 年。

[17] 林建法:《说莫言》，辽宁人民出版社，2013 年。

[18] 陈晓明:《莫言研究》，华夏出版社，2013 年。

[19] 林间:《莫言和他的故乡》，厦门大学出版社，2013 年。

[20] 郭小东等:《为什么是莫言》，花城出版社，2013 年。

[21] 王德威等:《说莫言》，上海书店出版社，2013 年。

[22] 叶开:《莫言的文学共和国》，北京大学出版社，2013 年。

[23] 张秀奇:《走向辉煌:莫言记录》，山西人民出版社，2013 年。

[24] 管谟贤:《大哥说莫言》，山东人民出版社，2013 年。

[25] 刘再复:《莫言了不起》，东方出版社，2013 年。

[26] 杨守森、贺立华:《莫言研究三十年》，山东大学出版社，2013 年。

[27] 李斌、程桂婷:《莫言批判》，北京理工大学出版社，2013 年。

[28] 莫言:《盛典——诺奖之行》，长江文艺出版社，2013 年。

[29] 徐怀中等:《乡亲好友说莫言》，山东大学出版社，2013 年。

[30] 齐林泉等:《莫言弟子说莫言》，山东大学出版社，2013 年。

[31] 宁明:《海外莫言研究》，山东大学出版社，2013 年。

[32] 王俊菊:《莫言与世界》，山东大学出版社，2014 年。

[33] 胡沛萍:《“狂欢化”写作: 莫言小说的艺术特征与叛逆精神》，山东大学出版社，2014 年。

[34] 张书群:《莫言创作的经典化问题研究》，山东大学出版社，2014 年。

[35] 范晓琴:《莫言作品及研究文献目录汇编: 1981—2013》，

北岳文艺出版社，2014 年。

[36] 张志忠、贺立华:《莫言：全球视野与本土经验》，山东大学出版社，2014 年。

[37] 林青:《莫言的另类解读：西蒙与莫言写作比较》，山东大学出版社，2014 年。

[38] 管谟贤、管襄明:《莫言与红高粱家族》，江苏凤凰文艺出版社，2015 年。

[39]（日）吉田富夫:《莫言神髓》，曹人怡等译，上海文艺出版社，2015 年。

[40] 王育松:《莫言小说研究》，社会科学文献出版社，2016 年。

[41] 管笑笑:《莫言小说文体研究》，北京师范大学出版社，2016 年。

3. 地方文献史志

[1] 高密县地方史志编纂委员会:《高密县志》，山东人民出版社，1990 年。

[2] 青岛市史志办公室:《青岛市志 · 交通志》，新华出版社，1995 年。

[3] 潍坊市政协:《潍坊重大历史事件》，中国文联出版社，2003 年。

[4] 张家骥:《高密重大历史事件》，香港华夏文化出版社，2008 年。

[5] 姜祖幼:《高密史话》，人民日报出版社，2011 年。

[6] 政协山东省高密市文史委编:《文史资料选辑》，2010 年。

4. 博士学位论文

[1] 廖增湖:《沸腾的土地——莫言论》，华东师范大学，2004 年。

[2] 朱宾忠:《福克纳与莫言比较研究》，武汉大学，2005 年。

[3] 胡沛萍:《狂欢化写作：莫言小说论》，南京大学，2007 年。

[4] 徐闫祯:《莫言民间叙事的原型与祭仪特征》，复旦大学，2008 年。

[5] 杨枫:《民间中国的发现与建构——莫言小说创作综论》，吉林大学，2009 年。

[6] 刘广远:《莫言的文学世界》，吉林大学，2010 年。

[7] 宁明:《论莫言创作的自由精神》，山东大学，2011 年。

[8] 斋藤晴彦:《心理结构与小说——用分析心理学解读莫言的作品世界》，复旦大学，2012 年。

[9] 付艳霞:《莫言小说文体论》，北京师范大学，2005 年。

[10] 何媛媛:《莫言的世界和世界的莫言 ——世界文学语境下的莫言研究》，苏州大学，2013 年。

[11] 董国俊:《莫言小说的虚幻现实主义》，兰州大学，2014 年。

[12] 鲍晓英:《中国文学“走出去”译介模式研究——以莫言英译作品美国译介为例》，上海外国语大学，2014 年。

[13] 于红珍:《民俗文化资源与莫言及其文学世界》，山东大学，2015 年。

[14] 赵霞:《蒲松龄莫言比较研究》，山东师范大学，2015 年。

[15] 吴晓东:《试论莫言与媒介的关系》，山东大学，2016 年。

[16] 孙宇:《文化转向视域下的莫言小说英译研究——以葛浩文的英译本〈红高粱家族〉和〈檀香刑〉为例》，吉林大学，2017 年。

[17] 张相宽:《莫言小说创作与中国口头文学传统》，山东大学，2017 年。

[18] 阮氏金莺:《比较研究视野下莫言与谢维英作品中的乡土问

题》，华东师范大学，2017 年。

[19] 王汝蕙:《莫言小说在美国的传播与接受研究》，吉林大学，2018 年。

[20] 朱芬:《莫言作品在日本的译介——基于文化语境的考察》，华东师范大学，2018 年。

[21] 古川由美:《莫言小说中的病态人格及其心理学解读》，海南师范大学，2018 年。

[22] 陈淑贞:《金庸武侠小说人物研究》，苏州大学，2003 年。

[23] 伏漫戈:《“二拍”人物研究》，陕西师范大学，2006 年。

[24] 严丽珍:《论巴金小说中的人物形象》，复旦大学，2008 年。

5. 硕士学位论文

[1] 刘红:《从鲁迅到莫言》，山东师范大学，2002 年。

[2] 张明:《腾挪跌宕的灵魂——莫言创作论》，山东师范大学，2003 年。

[3] 徐红妍:《人性·原始生命力·民间——论沈从文与莫言创作中的三种取向》，山东师范大学，2005 年。

[4] 王美春:《莫言小说中的女性世界》，山东大学，2005 年。

[5] 曹金合:《喧嚣与沉默的精灵——论莫言的小说创作特色》，曲阜师范大学，2005 年。

[6] 田甜:《莫言创作的心理分析》，南京师范大学，2005 年。

[7] 赵子美:《黑暗大地上空的自由精灵——论莫言的自由精神与艺术自由》，山东大学，2005 年。

[8] 林啸轩:《大江的“峡谷村庄”与莫言的“高密东北乡”》，山东师范大学，2005 年。

[9] 王西强:《从故乡记忆到多重话语叙事的视角转换》，陕西师范大学，2006 年。

[10] 代柯洋:《论莫言〈丰乳肥臀〉中的生命意识》，吉林大学，

2007年。

[11] 张翼:《苏童、莫言家族叙事比较论》，湖南师范大学，2007年。

[12] 雷瑞福:《论莫言小说的高密文化特征》，河北师范大学，2009年。

[13] 胡群昌:《山东方言在莫言作品中的运用》，福建师范大学，2009年。

[14]张乔:《新时期小说“地母”原型论》，华中师范大学,2011年。

[15] 弓晓瑜:《论莫言小说中的生命原型意象》，广东技术师范学院，2012年。

[16] 李玮:《鲁迅与莫言“复仇”叙事比较研究》，广西师范大学，2012年。

[17] 陈丽华:《地域文化视野下的20世纪八九十年代山东作家家族小说研究》，南京师范大学，2012年。

[18] 张旋子:《〈聊斋志异〉对莫言小说创作的影响》，集美大学，2014年。

[19] 盛平娟:《莫言与福克纳笔下故乡神话比较》，湖南师范大学，2014年。

[20] 朱晓琳:《马尔克斯与莫言的魔幻小说比较研究》，扬州大学，2014年。

[21] 张洋:《论新时期的轮回转世母题小说》，西南大学，2014年。

6. 学术期刊论文

[1] 李陀:《现代小说中的意象——莫言小说集〈透明的红萝卜〉》,《文学自由谈》，1986年第1期。

[2] 莫言:《两座灼热的高炉——加西亚·马尔克斯和福克纳》，《世界文学》，1986年第3期。

[3] 朱向前:《天马行空——莫言小说艺术特点》,《小说评论》,1986年第2期。

[4] 雷达:《游魂的复活——评〈红高粱〉》,《中国现当代文学研究》,1986年第7期。

[5] 朱向前:《莫言小说“写意”散论》,《当代作家评论》,1986年第4期。

[6] 张志忠:《论莫言的艺术感觉》,《文艺研究》,1986年第4期。

[7] 程德培:《被记忆缠绕的世界——莫言创作中的童年视角》,《上海文学》,1986年第4期。

[8] 樊星:《文学的魂——张承志、莫言比较论》,《当代文坛》,1987年第3期。

[9] 吴俊:《莫言小说中的性意识——兼评〈红高粱〉》,《当代作家评论》,1987年第5期。

[10] 胡河清:《论阿城、莫言对人格美的追求与东方文化传统》,《当代文艺思潮》,1987年第5期。

[11] 季红真:《忧郁的土地,不屈的精魂——莫言散论之一》,《文学评论》,1987年第6期。

[12] 季红真:《现代人的民族民间神话——莫言散论之二》,《当代作家评论》,1988年第2期。

[13] 张德祥:《人的生命本体的窥视与生存状态的摹写——莫言小说对世界的认识与表现方式》,《小说评论》,1988年第4期。

[14] 王干:《反文化的失败——莫言近期小说批判》,《读书》,1988年第10期。

[15] 谭好哲:《“祖宗崇拜”与莫言文化选择的偏执》,《文学评论家》,1989年第1期。

[16] 陈炎:《生命意志的弘扬　酒神精神的赞美——以尼采的悲剧观释莫言的〈红高粱家族〉》,《南京社联学刊》,1989年第1期。

[17] 杨联芬:《莫言小说的价值与缺陷》,《北京师范大学学报》,1990年第1期。

[18] 胡小林、刘伟:《福克纳、莫言比较论》,《枣庄师专学报》,

1990 年第 1 期。

[19] 张学军:《莫言小说与西方现代主义文学》,《齐鲁学刊》,1992 年第 8 期。

[20] 周英雄:《酒国的虚实——试看莫言叙述的策略》,《当代作家评论》,1993 年第 2 期。

[21] M . 托马斯 · 英奇、金衡山:《比较研究: 莫言与福克纳》,《当代作家评论》,2001 年第 2 期。

[22] 彭荆风:《〈丰乳肥臀〉: 性变态视角》,《文学自由谈》,1996 年第 2 期。

[23] 李俏梅:《论中国当代作家的"宗教热"》,《广东社会科学》,1996 年第 4 期。

[24] 杨守森:《重振泱泱齐风》,《走向世界》,1996 年第 5 期。

[25] 杨义:《道家文化与中国现代文学》,《中国社会科学》,1997 年第 2 期。

[26] 陈吉德:《穿越高粱地——莫言研究综述》,《山东师大学报(社会科学版)》,1997 年第 3 期。

[27] 陈春生:《在灼热的高炉里锻造——略论莫言对福克纳和马尔克斯的借鉴吸收》,《外国文学研究》,1998 年第 3 期。

[28] 张献荣:《论莫言小说对生命强力的张扬》,《河北学刊》,2001 年第 5 期。

[29] 谢有顺:《当死亡比活着更困难——〈檀香刑〉中的人性分析》,《当代作家评论》,2001 年第 5 期。

[30] 谭桂林:《论〈丰乳肥臀〉的生殖崇拜与狂欢叙事》,《人文杂志》,2001 年第 5 期。

[31] 洪治纲:《刑场背后的历史——论〈檀香刑〉》,《南方文坛》,2001 年第 6 期。

[32] 张柠:《文学与民间性——莫言小说里的中国经验》,《南方文坛》,2001 年第 6 期。

[33] 李建军:《是大象,还是甲虫?》,《文学自由谈》,2001 年第 6 期。

[34] 罗兴萍:《试论莫言〈酒国〉对鲁迅精神的继承——鲁迅传统在 1990 年代研究系列之一》,《安徽师范大学学报》(人文社会科学版),2002 年第 6 期。

[35] 李晓辉、李艳梅:《游走于两个世界间的作家——马尔克斯与莫言创作的类同比较》,《内蒙古民族大学学报》(社会科学版),2003 年第 2 期。

[36] 张清华:《叙述的极限》,《当代作家评论》,2003 年第 2 期。

[37] 张清华:《莫言与新历史主义文学思潮——以〈红高粱家族〉〈丰乳肥臀〉〈檀香刑〉为例》,《海南师范学院学报》(社会科学版),2005 年第 2 期。

[38] 赵歌东:《"种"的退化与莫言早期小说的生命意识》,《齐鲁学刊》,2005 年第 4 期。

[39] 罗关德:《人类学视角下的民族文化关照:莫言乡土小说的文化意蕴》,《东南学术》,2005 年第 6 期。

[40] 叶开:《开篇:莫言传》,《当代作家评论》,2006 年第 1 期。

[41] 曹金合:《莫言小说创作的独特心理机制探寻——顽童心态、先锋意识、民间立场的和谐统一》,《当代文坛》,2006 年第 4 期。

[42] 孙郁:《莫言:与鲁迅相逢的歌者》,《当代作家评论》,2006 年第 6 期。

[43] 王者凌:《"胡乱写作",遂成"怪诞"——解读莫言长篇小说〈生死疲劳〉》,《当代作家评论》,2006 年第 6 期。

[44] 张文颖:《无垢的孩童世界——莫言、大江健三郎文学中的儿童视角》,《日语学习与研究》,2007 年第 4 期。

[45] 陈思和:《人畜混杂、阴阳并存的叙事结构及其意义》,《当代作家评论》,2008 年第 6 期。

[46] 王德威:《狂言流言,巫言莫言——〈生死疲劳〉与〈巫言〉所引起的反思》,《江苏大学学报》(社会科学版),2009 年第 3 期。

[47] 颜水生:《莫言"种的退化"的历史哲学》,《小说评论》,2010 年第 3 期。

[48] 吴义勤:《原罪与救赎——读莫言长篇小说〈蛙〉》,《南方

文坛》，2010 年第 3 期。

[49] 王春林：《历史观念的重构 \ 罪感意识表达与语言形式翻新——评莫言长篇小说〈蛙〉》，《南方文坛》，2010 年第 3 期。

[50] 宁明：《理性批判与感性认同的交融——论莫言的贞节观》，《山东大学学报》（哲学社会科学版），2011 年第 1 期。

[51] 管笑笑：《发展的悲剧和未完成的救赎——论莫言〈蛙〉》，《南方文坛》，2011 年第 1 期。

[52] 王恒升：《论莫言艺术想象的民间资源及其表现》，《齐鲁学刊》，2011 年第 2 期。

[53] 邱华栋：《故乡 \ 世界与大地的读书人——莫言论》，《文艺争鸣》，2011 年第 3 期。

[54] 刘江凯：《本土性、民族性的世界写作——莫言的海外传播与接受》，《当代作家评论》，2011 年第 4 期。

[55] 王西强：《莫言小说叙事视角实验的反叛与创新》，《求索》，2011 年第 8 期。

[56] 莫言：《我的文学经验：历史与语言》，《名作欣赏》，2011 年第 10 期。

[57] 宁明：《莫言海外研究述评》，《东岳论丛》，2012 年第 6 期。

[58] 张书群：《最早的〈莫言研究资料〉校读札记》，《文艺争鸣》，2012 年第 8 期。

[59] 孟文彬：《齐文化视野的文学创作及其审美风格：张炜与莫言》，《重庆社会科学》，2012 年第 8 期。

[60] 刘琛：《把“高密东北乡”安放在世界文学的版图上——莫言先生文学访谈录》，《东岳论丛》，2012 年第 10 期。

[61] 樊蕊：《圣母与巫婆——原型批评视野下〈丰乳肥臀〉中母亲形象》，《佳木斯学院学报》，2012 年第 11 期。

[62] 王春林：《莫言小说创作与中国文学传统》，《山西大学学报》（哲学社会科学版），2013 年第 1 期。

[63] 刘洪强：《试论莫言小说中的“婴宁”现象》，《蒲松龄研究》，2013 年第 2 期。

[64] 于红珍:《莫言研究三十年硕士博士论文综论》,《东岳论丛》,2013 年第 6 期。

[65] 王育松:《莫言与麦卡勒斯——以小说〈民间音乐〉〈透明的红萝卜〉和〈伤心咖啡馆之歌〉为中心》,《世界文学评论》(高教版),2014 年第 2 期。

[66] 叶开:《莫言小说中的少女形象》,《南方文坛》,2014 年第 5 期。

[67] 原帅:《莫言小说人物原型考》,《中国现代文学研究丛刊》,2015 年第 8 期。

[68] 张志忠:《莫言研究的新可能性》,《中国现代文学研究丛刊》,2016 年第 4 期。

[69] 陈晓燕:《论莫言小说中的河流叙事》,《中国现代文学研究丛刊》,2016 年第 4 期。

7. 理论经典文献

[1](古希腊)亚里士多德:《诗学》,罗念生译,人民文学出版社,1962 年。

[2](古罗马)贺拉斯:《诗艺》,杨周翰译,人民文学出版社,1962 年。

[3](德)康德:《判断力批判》,邓晓芝译,人民出版社,2002 年。

[4] 伍蠡甫:《西方文论选(上卷)》,上海译文出版社,1979 年。

[5] 伍蠡甫:《西方文论选(下卷)》,上海译文出版社,1979 年。

[6](德)G.E. 莱辛:《汉堡剧评》,张黎译,上海译文出版社,1981 年。

[7](意)克罗齐:《美学原理 · 美学纲要》,朱光潜译,外国文学出版社,1983 年。

[8] 伍蠡甫:《现代西方文论选》,朱光潜译,上海译文出版社,

1983 年。

[9]（奥）弗洛伊德：《精神分析引论》，高觉敷译，商务印书馆，1984 年。

[10]（古希腊）柏拉图：《理想国》，郭斌和、张竹明译，商务印书馆，1986 年。

[11]（德）尼采：《悲剧的诞生》，周国平译，生活 · 读书 · 新知三联书店，1986 年。

[12]（英）弗雷泽：《金枝　巫术与宗教之研究》，徐育新等译，中国民间文艺出版社，1987 年。

[13]（瑞士）荣格：《心理学与文学》，冯川、苏克译，生活·读书 · 新知三联书店，1987 年。

[14]（瑞士）荣格：《现代灵魂的自我拯救》，黄奇铭译，工人出版社，1987 年。

[15]（美）马斯洛：《动机与人格》，许金声、程朝翔译，华夏出版社，1987 年。

[16]（美）马尔库塞：《爱欲与文明——对弗洛伊德思想的哲学探讨》，黄勇、薛民译，上海译文出版社，1987 年。

[17]（奥）阿德勒：《自卑与超越》，黄光国译，作家出版社，1987 年。

[18]（法）克劳德·列维 – 斯特劳斯：《野性的思维》，李幼蒸译，商务印书馆，1987 年。

[19]（德）H.R. 姚斯、（美）R.C. 霍拉勃：《接受美学与接受理论》，金元浦、周宁译，辽宁人民出版社，1987 年。

[20]（美）韦恩布斯：《小说修辞学》，周宪等译，北京大学出版社，1987 年。

[21]（美）埃·弗洛姆：《为自己的人》，孙依依译，生活·读书·新知三联书店，1988 年。

[22]（美）加登纳：《艺术与人的发展》，兰金仁译，光明日报出版社，1988 年。

[23]（法）萨特：《想象心理学》，褚朔维译，光明日报出版社，

1988 年。

[24]（美）温诺:《创造的世界——艺术心理学》，陶东风等译，黄河文艺出版社，1988 年。

[25]（法）热拉尔 · 热奈特:《叙事话语　新叙事话语》，王文融译，中国社会科学出版社，1990 年。

[26]（美）华莱士 · 马丁:《当代叙事学》，伍晓明译，北京大学出版社，1990 年。

[27]（德）黑格尔:《美学》，朱光潜译，商务印书馆，1979 年。

[28]（美）库尔特 · 考夫卡:《格式塔心理学原理》，黎炜译，浙江教育出版社，1997 年。

[29]（美）鲁道夫·阿恩海姆:《视觉思维——审美直觉心理学》，滕守尧译，四川人民出版社，1998 年。

[30]（加拿大）弗莱:《批评的剖析》，陈慧、袁宪军、吴伟仁译，百花文艺出版社，1998 年。

[31]（法）热奈特:《热奈特论文集》，史忠义译，百花文艺出版社，2000 年。

[32]（德）爱克曼:《歌德谈话录》，吴象婴、潘岳、肖芸译，上海社会科学院出版社，2001 年。

[33] 马恒君注释:《周易》，华夏出版社，2002 年。

[34] 苏南注评:《道德经》，江苏古籍出版社，2002 年。

[35]（美）海登 · 怀特:《后现代历史叙事学》，陈永国、张万娟译，中国社会科学出版社，2003 年。

[36] 刘勰:《文心雕龙》，郭晋稀注译，岳麓书社，2004 年。

[37]（法）罗兰 · 巴特:《罗兰 · 巴特随笔选》，怀宇译，百花文艺出版社，2005 年。

[38]（英）爱德华 · 泰勒:《原始文化：神话、哲学、宗教、寓言、艺术和习俗发展之研究》，连树声译，广西师范大学出版社，2005 年。

[39]（苏）弗拉基米尔·雅可夫列维奇·普罗普:《故事形态学》，贾放译，中华书局，2006 年。

[40]（英）E.M. 福斯特:《小说面面观》，冯涛译，人民文学出版社，2009 年。

[41]（俄）米哈伊尔 · 巴赫金:《陀思妥耶夫斯基诗学问题》，中央编译出版社，2010 年。

[42]（法）萨特:《存在与虚无》（修订译本），陈宣良译，生活 · 读书 · 新知三联书店，2012 年。

[43]（德）卡西尔:《人论：人类文化哲学导引》，甘阳译，上海译文出版社，2013 年。

8. 其他参考文献

[1] 鲁迅:《鲁迅选集》，四川人民出版社，1983 年。

[2] 杨守森:《艺术想象论》，百花文艺出版社，1991 年。

[3] 童庆炳:《艺术创作与审美心理》，百花文艺出版社，1992 年。

[4] 杨义:《中国叙事学》，人民出版社，1997 年。

[5] 杨春时:《百年文心：20 世纪中国文学思想史》，黑龙江人民出版社，2000 年。

[6] 赵卓:《鲁迅小说叙事研究》，吉林文史出版社，2001 年。

[7] 曹布拉:《金庸小说技巧》，杭州出版社，2006 年。

[8] 马钰玶:《中国古典小说女性形象源流考论》，南京师范大学出版社，2008 年。

[9] 李桂奎:《中国小说写人学》，新华出版社，2008 年。

[10] 杨守森:《艺术境界论》，上海人民出版社，2008 年。

[11] 张清华:《存在之镜与智慧之灯：中国当代小说叙事及美学研究》，福建教育出版社，2010 年。

[12] 余瀛波:《图解西方文论》，世界图书出版西安公司，2010 年。

[13] 叶舒宪:《文学人类学教程》，中国社会科学出版社，2010 年。

[14] 陈思和:《当代文学与文化批评书系：陈思和卷》，北京师范大学出版社，2010 年。

[15] 刘再复:《人论二十五种》，中信出版社，2010 年。

[16] 刘再复、林岗:《罪与文学》，中信出版社，2011 年。

[17] 鲁迅:《中国小说史略》，上海古籍出版社，2011 年。

[18] 莫言等:《写书记》，金城出版社，2012 年。

[19] 夏秀:《原型理论与文学活动》，中国社会科学出版社，2012 年。

[20] 殷颖:《岁月沉香》，道声出版社，2012 年。

[21] 杨守森:《追寻诗性之光》，人民出版社，2015 年。

9. 外文文献

[1]Inge, Thomas M. "Mo Yan and William Faulkner : Influence and Confluence." Chinese Culture The Faulkner Journal 6, 1 (1990): 15 — 24.

[2]Wang, David Der — wei. "Imaginary Nostalgia : Shen Congwen, Song Zelai, Mo Yan, and Li Yongping." In Ellen Widmer and David Wang, eds., From May Fourth to June Fourth : Fiction and Film in Twentieth — Century China. Cambridge : Harvard UP, 1993, 107 — 132.

[3]Zhu, Ling. "A Brave New World ? On the Construction of 'Masculinity' and 'Femininity' in The Red Sorghum Family." Lu Tonglin, ed. Gender and Sexuality in Twentieth — Century Chinese Literature and Society. Albany : SUNY Press, 1993, 121 — 34.

[4]Kong, Haili. "The Spirit of 'Native — Soil' in the Fictional World of Duanmu Hongliang and Mo Yan." China Information 11, 4 (Spring 1997): 58 — 67.

[5]Ling Tun Ngai. "Anal Anarchy : A Reading of Mo Yan's 'The Plagues of Red Locusts.'" Modern Chinese Literature 10, 1 /2, Stanford university press, 1998, 7 — 24.

[6]Zhong, Xueping. "Zazhong gaoliang and the Male Search for

Masculinity." In Masculinity Besieged ? Issues of Modernity and Male Subjectivity in Chinese Literature of the Late Twentieth Century. Durham : Duke UP, 2000, 119 — 49.

[7]Wang, David Der — wei. "The Literary World of Mo Yan." World Literature Today 74, 3 (summer 2000) : 487 — 94.

[8]Inge, Thomas M. "Mo Yan Through Western Eyes." World Literature Today 74, 3 (Summer 2000) : 501 — 06.

[9]Chen, Jianguo. "The Logic of the Phantasm : Haunting and Spectrality in Contemporary Chinese Literary Imagination." Modern Chinese Literature and Culture 14, 1 (Spring 2002) : 231 — 65.

[10] Yang, Xiaobin. "The Republic of Wine : An Extravaganza of Decline." Positions 6, 1 (1998) : 7 — 31. Rpt. In In Yang, The Chinese Postmodern : Trauma and Irony in Chinese Avant — garde Fiction. Ann Arbor : University of Michigan Press, 2002, 207 — 29.

[11]Cai, Rong. "Problematizing the Foreign Other : Mother, Father, and the Bastard in Mo Yan' s Large Breasts and Full Hips." Modern China 29, 1 (Jan. 2003) : 108 — 37.

图书在版编目（CIP）数据

神奇的蝶变：莫言小说人物从生活原型到艺术典型 / 李晓燕著. -- 北京：作家出版社，2021. 11
ISBN 978-7-5212-1581-6

Ⅰ. ①神… Ⅱ. ①李… Ⅲ. ①莫言 - 人物形象 - 小说研究 Ⅳ. ①I207.42

中国版本图书馆CIP数据核字（2021）第218914号

神奇的蝶变：莫言小说人物从生活原型到艺术典型

作　　者： 李晓燕
责任编辑： 郑建华　李　雯
装帧设计： 孙惟静
出版发行： 作家出版社有限公司
社　　址： 北京农展馆南里10号　　**邮　　编：** 100125
电话传真： 86-10-65067186（发行中心及邮购部）
86-10-65004079（总编室）
E-mail:zuojia@zuojia.net.cn
http://www.zuojiachubanshe.com
印　　刷： 唐山嘉德印刷有限公司
成品尺寸： 152×230
字　　数： 259千
印　　张： 18
版　　次： 2021年11月第1版
印　　次： 2021年11月第1次印刷
ISBN　978-7-5212-1581-6
定　　价： 78.00元